A. HAMON ET GEORGES BACHOT

L'Agonie d'une Société

HISTOIRE D'AUJOURD'HUI

Deuxième édition

PARIS

VELLE LIBRAIRIE PARISIENNE

RT. SAVINE, ÉDITEUR

12, RUE DES PYRAMIDES, 12

L'AGONIE D'UNE SOCIÉTÉ

ÉVREUX, IMPRIMERIE DE CHARLES HÉRISSEY

A. HAMON ET GEORGES BACHOT

L'AGONIE D'UNE SOCIÉTÉ

HISTOIRE D'AUJOURD'HUI

PARIS
NOUVELLE LIBRAIRIE PARISIENNE
ALBERT SAVINE, ÉDITEUR
12, *rue des Pyramides*, 12

1889

INTRODUCTION

Il y a cent ans, dans notre beau pays de France, la Société noble tremblait sur sa base. La Bourgeoisie revendiquait hautement une place au soleil, pacifiquement d'abord, révolutionnairement ensuite.

Cette bourgeoisie jouit donc du pouvoir depuis un siècle et depuis un siècle elle en a abusé. Egoïste elle a été, égoïste elle est restée, trompant le peuple par de belles paroles, faisant, défaisant ou refaisant les lois politiques, mais négligeant volontairement toutes les réformes sociales auxquelles elle aurait pu travailler.

Dans ce milieu bourgeois, le Juif s'est alors introduit flattant les uns, insultant les autres, se servant de quelques-uns et volant tout le monde. Parti de rien, il arrive à tout dominer. Il a corrompu avec rapidité cette classe qui ne demandait qu'à l'être, parce que l'absence de moralité lui procurait de sérieux bénéfices.

Si les bienfaits politiques de 89 ont dépassé les frontières françaises, les méfaits sociaux ne sont pas restés en arrière; et la Société bourgeoise des bords de la Tamise à ceux du Volga, des rives de la Seine à celle de la Néva, se rallie partout et toujours au même mot d'ordre : *jouir*, *acquérir* et *s'enrichir;* pour y arriver tous les moyens sont bons.

Comme dans la première partie de ce siècle, comme aussi dans quelques-uns des siècles passés, l'homme, à l'époque actuelle, veut satisfaire à tout prix ses besoins et ses plaisirs. C'est le seul but vers lequel tendent tous ses efforts et la civilisation n'a fait qu'accroître la dureté de cette loi sauvage, la lutte pour l'existence.

Plus le progrès industriel et scientifique fait de pas en avant, plus l'homme entre en possession de moyens perfectionnés pour fabriquer les objets nécessaires à la vie ou au luxe, plus la misère s'accroît, plus l'acuité de la lutte grandit, plus enfin le nombre de ceux qui profitent de ces inventions du génie humain est restreint.

Cette nécessité de satisfaire des besoins, réels ou factices, naturels ou acquis, est ce que les sociologues actuels ont appelé l'*Economique.*

C'est l'Economique qui, dans sa direction de l'Humanité, l'a fait évoluer depuis le commencement du monde jusqu'à nos jours.

C'est cette nécessité qui, de l'Homme vivant seul ou par couple, a fait par modifications successives l'Homme actuel, vivant en de grandes associations où il se trouve toujours plus isolé que dans sa Tribu d'autrefois.

A cette antique période de la tribu, tous étaient unis, car tous avaient besoin de l'être pour se défendre contre les attaques des animaux féroces et se procurer leur nourriture. La propriété était commune, les droits et les devoirs égaux.

Lorsque est venue la propriété individuelle, primitivement vol fait à la tribu, accaparement d'un au détriment des autres, tout change, l'union disparaît, la solidarité fait place à l'égoïsme qui invente l'héritage, de façon à augmenter peu à peu la différence sociale qui vient de naître et de créer des pauvres et des riches.

Dans la suite des siècles, cette différence s'accentue sans cesse et nous assistons aujourd'hui à son plein épanouissement.

L'*individualisme* a tout envahi : l'Homme marche dans la vie, écrasant les faibles en les méprisant; luttant contre les forts ou se courbant devant eux; insouciant de l'avenir et du présent des autres, qui ne le touche pas lorsque son *moi* est satisfait. Bah! fait-il, après moi la fin du monde!

- Ces gens volontairement aveugles passent sur

la terre sans regarder autour d'eux, ne songeant qu'à jouir tranquillement de leurs biens plus ou moins mal acquis presque toujours. Ils sont heureux... donc tout le monde doit l'être.

Mais, tandis que vous vivez somptueusement dans des hôtels, ou modestement dans de confortables appartements, il en est d'autres qui couchent dans la rue; tandis que vous mangez des mets recherchés ou des plats communs, d'autres mangent du pain sec, d'autres encore ne mangent pas du tout!

Qu'est-ce que cela leur fait à ces gens, plus sauvages dans leur impudeur que les animaux du désert? Que les malheureux travaillent, disent-ils, s'ils trouvent de l'occupation, sans cela tant pis! au fond cela m'est égal; la fraternité, la solidarité, balançoires tout cela! moi je dors bien et je mange à mon goût!

Chaque jour, on peut entendre parler ainsi un bourgeois quelconque, craignant que la discussion des graves questions sociales ne vienne à troubler sa digestion.

Parmi eux cependant, quelques-uns moins cyniques ou dont le sens moral est moins oblitéré, conviennent que vous avez raison, que la Société humaine est mal équilibrée, que la justice n'existe pas en fait, que la solidarité est un mot inconnu dans la vie journalière. Mais, se hâtent-ils d'ajouter, nous n'y pouvons rien; ni vous ni moi n'arriverons à changer quelque chose à ce qui existe ; cela a toujours été ainsi, cela est, donc cela sera toujours de même. Conclusion : Laissons cela et vivons tranquillement sans nous occuper des malheureux moins favorisés que nous.

Les hommes qui tiennent de pareils raisonnements seraient dignes d'être esclaves ; ils courberaient la tête sous le fouet, parfaitement incapables qu'ils seraient de rien faire pour se libérer.

Les possédants actuels, mécontents qu'on vienne, une fois encore, étaler en public leurs ignominies, nous accuseront les uns d'excitation à la Révolution, les autres de chantage, les troisièmes, peut-être, d'être payés par le général Boulanger; ils se tromperont tous.

Premièrement, nous n'approuvons pas la Révolution, et pour transformer la société actuelle en la faisant reposer sur la solidarité et la justice, il suffirait d'une Evolution. Etant donné les influences ancestrales qui ont laissé dans notre cerveau un grand désir d'employer la force, il est probable que cette transformation sociale n'arrivera à s'opérer que révolutionnairement. Nous constatons simplement cette tendance sans l'approuver ni la blâmer.

Secondement, nous ne voulons faire chanter

personne, à moins que l'on ne partage l'opinion d'un jeune bourgeois de notre connaissance qui nous disait récemment : « Drumont, Chirac, etc., ont fait des œuvres de chantage, puisque leurs livres se vendent et leur font gagner de l'argent!! »

Troisièmement, nous ne sommes payés par aucun parti, mais nous pensons que le mouvement politique boulangiste qui a envahi notre pays est un indice certain de l'écœurement du peuple et de l'approche d'une rénovation sociale, en un mot de l'enfantement d'une nouvelle organisation que nous décrirons peut-être un jour dans un autre volume « *La Naissance d'une Société* ».

En écrivant ce livre, nous avons voulu lutter contre le *far niente* des jouisseurs bourgeois et aider au réveil de l'esprit de justice qui sommeille au fond de tout cerveau aryen.

Nous avons voulu étaler une fois de plus, après nos devanciers, la richesse des uns et la misère des autres.

Nous avons voulu montrer à tous le mal qui s'étend rapidement et qui gangrène toute la société actuelle, tant latine que slave ou germaine, et nous espérons l'avoir fait avec impartialité, sans haine et sans défaillance.

Nous avons décrit la Société telle que nous la voyons, avec ses iniquités sans nombre.

Nous voulons, dans la mesure de nos moyens, porter un coup de plus aux financiers, aux possédants, aux exploiteurs juifs ou judaïsants.

Après tant d'autres sociologues et socialistes, nous entrons à notre tour dans l'arène, espérant que d'autres de notre génération nous suivront pour nous aider à semer, au milieu du peuple et de l'humanité, le mépris et le dégoût de tous les accapareurs qui répandent la misère autour d'eux, de tous ces dirigeants qui consciemment ou inconsciemment sont les plats valets de cette juiverie qui enserre la race aryenne d'un bout du monde à l'autre, en Russie comme en France, en Italie comme en Angleterre.

A. HAMON et G. BACHOT.

L'AGONIE D'UNE SOCIÉTÉ

HISTOIRE D'AUJOURD'HUI

CHAPITRE PREMIER

La Répartition des richesses en Europe. — La Spéculation. — Les Juifs. — La Fortune des Rothschild. — La Noblesse juive et financière. — Ferdinand de Lesseps et le Panama. — Jacques Meyer et M. Thévenet. — L'affaire Bex. — Les Scandales financiers. — Les Syndicats et l'accaparement. — Vander-Taelen et les blés. — Secrétan, Laveissière et les cuivres. — Le Comptoir d'Escompte. — La société des métaux. — La création d'un nouveau Comptoir. — L'accaparement du sucre. — L'interpellation de M. Laur. — Le Syndicat de l'or. — F. de Rothschild et le centenaire de 1789. — Les Rothschild et l'Emprunt Russe. — Les associations de voleurs. — Les fraudes commerciales. — Les falsifications. — Les Rails de l'aciérie d'Osnabruck. — Girard et le *XIXe Siècle*. — Une histoire à... Pékin. — Usure et consignations. — Electrical sugar Raffining Company. — Les soumissions au chapeau. — A. de Rothschild, le chemin de fer du Nord, et sa boucherie. — La moralité de la bourgeoisie russe. — Le chemin de fer de Moscou à Riazan. — Puffisme de la science. — Marcel Deprez. — Pasteur. — Puffisme de l'art. — Benjamin Constant et Dagnan-Bouveret. — Rothschild et Say, membres de l'Institut. — Wilson, décoration d'Edm. Blanc. — Veil-Picard et Ch. Laurent. — C. Dreyfus et sa décoration. — Numa Gilly et ses dossiers. — Procès Raynal, Gilly, Savine, Chirac. — MM. Cordier et Raynal. — Clémenceau et Guillout. — Clémenceau et Maurel. — Coulon et la *Lanterne*. — Genouille. — Grodet et le *XIXe Siècle*. — Les vols à l'Etranger. — L'huissier Dhuicque. — M. Alphand. — La Compagnie des eaux et les tuyaux de plomb. — La vénalité de la Presse. — La magistrature. — Les huissiers D.... et Barroz. — Le substitut Cren et son beau-père. — Quesnay de Beaurepaire. — La magistrature suisse. — L'affaire Winiwarter. — La moralité bourgeoise. — Le moral restraint. — Les avortements. — Les mariages. — Les héritages en France. — L'affaire Hériot.

La Société actuelle se divise en deux groupes bien distincts : la classe dirigeante et la classe dirigée ; c'est-à-dire les riches et les pauvres, les exploiteurs et les exploités.

Autrefois, en France, la richesse était répartie entre les mains du clergé et de la noblesse ; cependant, la petite propriété, qui tend à disparaître de jour en jour, était largement représentée. Il en était de même en Allemagne, en Autriche et en Italie.

Depuis 1789, la propriété a changé de maître. Elle est passée de la noblesse à la bourgeoisie. C'est surtout en France que cette transformation s'est fait sentir. En Angleterre, au contraire, l'ancien état de choses n'a presque pas changé. Dans ce pays, il existe encore, par suite de privilèges, d'immenses propriétés territoriales qui appartiennent depuis des siècles à la même famille.

La Bourgeoisie a fait la Révolution avec le Peuple, mais elle l'a faite à son profit personnel. Le peuple est resté pauvre après comme avant. La bourgeoisie s'est enrichie et a pris la place des Seigneurs. Ceux-ci avaient encore parfois des sentiments généreux et chevaleresques, mais celle-là n'a rien de noble, ni d'élevé. Elle rabaisse tout à son point de vue mesquin, elle est lâchement égoïste. Ses membres les plus généreux pratiquent l'égoïsme familial ; ils sont d'ailleurs assez rares. Elle n'a qu'un but, elle ne voit qu'une chose en la vie : la fortune. Pour l'acquérir, elle commettra, s'il le faut, des forfaits et des crimes ; tous les moyens lui seront bons pourvu qu'elle arrive à ses fins.

Malheureusement pour l'humanité, elle y est presque arrivée et y parvient chaque jour davantage. Elle accapare au détriment de tous; et, pendant que les patrimoines de quelques-uns augmentent dans d'énormes proportions, les petites propriétés disparaissent de plus en plus. Les valeurs mobilières et immobilières se répartissent chaque jour en un plus petit nombre de mains.

C'est ainsi que la moitié de l'Angleterre appartient à 150 individus, et la moitié de l'Ecosse à 10 ou 12[1].

En 1882, plus de la moitié du sol anglais appartenait à 2,238 personnes seulement[2]. Sur ce nombre 17 propriétaires (ducs de Norfolk, de Northumberland, du Devonshire, etc.), en possédaient 1,197,000 hectares, évalués à 2,250 millions. La fortune *mobilière* de 17 Anglais s'élève à 575 millions et ce chiffre est au-dessous de la vérité. D'après W. Saunders, 30,000 riches tiennent entre leurs mains la destinée de 30 millions d'individus anglais et prélèvent chaque année sur leur travail 3,750 millions[3].

Londres, dont la superficie est de 316 kilomètres carrés, qui a une population de plus de 4 millions d'habitants, est une terre féodale. Sauf les maisons de la City, et quelques édifices publics dont le terrain a été exproprié, le sol de la ville appartient à trois personnes : aux comtes de Middlesex, de Surrey et de Kent[4].

Quoique moins effrayants qu'en Angleterre, ces chiffres ne laissent pas que d'étonner en France.

[1] Letourneau. *Evolution de la morale.*

[2] La superficie de l'Angleterre est de 31 millions d'hectares. — *Les rois de la République,* par A. Chirac, 1888.

[3] Communication au Congrès agraire. *Petit Champenois,* 16 juin 1889.

[4] Dr Palmberg. *Traité de l'hygiène publique d'après ses applications.*

Ainsi 19,000 propriétaires possèdent 12 millions d'hectares, soit près de 1,700,000 francs chacun en moyenne. Sur 49 millions d'hectares imposés, 32 millions appartiennent à 500,000 individus. Six millions d'habitants possèdent 11 millions d'hectares[1] et le reste n'a rien[2].

1,300,000 personnes ont la propriété bâtie des villes, usines, etc.; parmi elles 700,000 sont propriétaires des maisons d'habitation[3].

En France, on compte, d'après Chirac, un million de capitalistes ou propriétaires, ayant à leur tête 1,000 gros accapareurs. Dix-huit pour cent de la population française forme la classe des possédants. Cette proportion

[1] Letourneau. *Evolution de la morale.*

[2] La valeur du territoire agricole en France est d'environ 130 milliards ce qui donne 2,653 francs pour valeur moyenne de l'hectare.

La propriété du sol se répartit ainsi :

11 millions d'hectares appartiennent à 6 millions de propriétaires, ayant de 0 à 5 hectares.

6 millions d'hectares appartiennent à 529,000 propriétaires ayant de 5 à 10 hectares.

14 millions d'hectares appartiennent à 137,000 propriétaires ayant de 10 à 50 hectares.

5 millions d'hectares appartiennent à 43,000 propriétaires ayant de 50 à 100 hectares.

12 millions d'hectares appartiennent à 19,000 propriétaires ayant 100 hectares et au-dessus.

Il y a 49,389,570 hectares imposables dont 49,144,677 non bâtis et 244,893 bâtis. (Chirac. *Les Rois de la République.*)

Un tiers de la surface de la France n'est pas cultivé. Un tiers est mal cultivé et le troisième tiers l'est bien. Les trois quarts des propriétaires français ne possèdent qu'un dixième de la surface du pays. (Communication Toubeau au Congrès agraire, 1889.)

[3] Il y avait en 1886, en France, 7,706,137 maisons dont 252,817 inoccupées; en moyenne 6,74 habitants par maison, et 4,92 habitants par ménage. On trouve 11,154,296 logements occupés par 10,582,251 ménages. Il y avait donc 571,965 logements inoccupés. (*Bulletin de l'Institut international de statistique. Rome*, 1889.)

va sans cesse en augmentant comme on peut le voir dans le tableau ci-dessous[1], extrait du remarquable ouvrage de Chirac : *L'Agiotage sous la troisième République.*

En Italie, notamment dans la Calabre, les terres, pendant des dizaines de kilomètres, appartiennent à un seul individu[2]. Dans ce pays la petite propriété diminue constamment ; c'est ainsi que de 1873 à 1883, près de 100,000 petits propriétaires ont été expropriés pour n'avoir pu payer l'impôt[3].

En Allemagne, Autriche, Hongrie, surtout en Bohême, Prusse rhénane et Tyrol la petite propriété a disparu presque complètement. Dans le sud et le centre de l'Allemagne où la petite propriété est le plus répandue, 40 p. 100 des petits propriétaires ont leur terre hypothéquée[4].

Années.	Capitaux mobiliers, immobiliers, financiers.	Nombre des possédants	Moyenne par unité.	Population.	Pos-sé-dants 0/0	Non possédants. Nombre 0/0
Fin 1881.	223.361.500.000	7.534.000	29.647 Fr.	37,672,048	20	30.138.000—80
» 1882.	225.810.000.000	7.176.000	31.620	37.769.073	19	30.593.000—81
» 1883.	236,124.000.000	7.195.000	32.950	37.865.918	19	30.671.000—81
» 1884.	221.384.000.000	7.589.000	29.560	37,944·892	20	30.356.000—80
» 1885.	245.714.000.000	6.816.000	36.000	38.032.553	18	31.187.000—82
» 1886.	238.742.000.000	6.855.000	34.700	38.219.563	18	31.363.000—82
» 1887.	240.263.000.000	6.899.000	34.826	38.329.837	18	31.430.000—82

A fin 1886 : Capitaux financiers........................ 43.800.000.000
» immobiliers........................ 122.400.000.000
» mobiliers........................ 72.500.000.000

TOTAL........................ 238.700.000.000

En 1882 : Capital foncier........................ 119.432.000.000
» mobilier........................ 106.388.000.000

TOTAL........................ 225.810.000.000

Valeurs financières........................ 35.572.000.000
» mobilières........................ 70.816.000.000

[2] *La question sociale*, 1885.

[3] *La question sociale*, 1885.

[4] Communication Flürscheim au Congrès agraire, 1889.

Dans les provinces baltiques de la Russie, le sol appartient pour les trois quarts à la noblesse composée de 5,000 membres et pour un quarantième seulement aux paysans[1].

Dans le reste de la Russie les terres de plus en plus deviennent la propriété des commerçants et des industriels habitant les villes[2].

Cette concentration de la richesse en un petit nombre de mains a considérablement augmenté la part des uns pour diminuer celle des autres. En Angleterre on compte plus de 100,000 millionnaires, avec un état-major de 10,000 grands seigneurs[3].

En France leur nombre est aussi fort élevé. Berlin en compte près de 1,100. Le plus riche de tous aurait une fortune d'environ 100 millions[4]. Enfin il était réservé à notre époque de voir un être inconnu à tous les siècles précédents : le milliardaire. La famille juive des Rothschild en est le plus beau spécimen. *Elle possède à elle seule plus de trois milliards deux cents millions[5], le budget entier de la France!*

La moitié de cette somme, soit plus d'un milliard et demi est possédée par les Rothschild de Paris.

Ces fortunes considérables et scandaleuses ne peuvent

[1] Tikhomirov. *Russie politique et sociale*, 1886.

[2] En Russie, un quart des terres appartiennent aux nobles, un tiers et demi aux paysans et le reste à l'Etat. Le capital des sociétés par actions s'élevait à 6,600 millions en 1879 répartis ainsi:

Compagnies de chemins de fer et de bateaux.	5,371	millions
Banques et Compagnies d'assurances	400	—
Sociétés commerciales et industrielles.	835	—

(Tikhomirov. *La Russie politique et sociale.*)

[3] Chirac. *Les Rois de la République.*

Petit Champenois, 26 janvier.

[5] *Réveil-Matin*, 22 octobre 1887.

pas être acquises par le travail. Quelle que soit l'intelligence d'un homme, quelle que soit son activité, il lui est matériellement impossible d'amasser autant d'or par un labeur productif et personnel. Ces richesses ne peuvent donc que provenir d'une succession d'héritages, ou bien être le fruit de spéculations financières et commerciales.

Quelle qu'elle soit, la spéculation est un vol; donc pas un financier qui ne soit un voleur. Et, en effet, peut-on appeler d'un autre nom ceux qui trouvent le moyen d'acquérir sans produire, de devenir riches sans travailler? La spéculation n'est que la manière de faire passer dans sa bourse l'argent des autres sans rien leur donner en échange.

Cet art a ses maîtres; ils sont surtout de race israélite pour les spéculations financières[1]. Combien de juifs arrivés en France, pauvres, sales, en haillons, étalent maintenant leur morgue hautaine dans de somptueux palais. On n'aurait pas voulu de ces hommes comme valets d'écurie; les femmes auraient à peine trouvé une place de souillon dans une cuisine d'auberge. Maintenant, ils sont les rois du jour, ils trônent au milieu de toutes les sociétés; leurs femmes sont les reines de toutes les fêtes. Ils ont des hôtels, des galeries de tableaux; ils se posent en Protecteurs des arts et des sciences; ils sont les maîtres du monde, et tout courbe la tête sous leur domination. Cependant, ils n'ont acquis leur fortune que par des spéculations, ce vol légal et honoré de toute la bourgeoisie pourrie. Non seulement ils sont inutiles à tous, mais ils sont un fléau mortel pour la Société. C'est

[1] Dans un recueil spécial de la finance, on trouve plus de 2,000 noms d'administrateurs financiers et parmi eux 1,600 au moins sont notoirement de race sémite hébraïque.

la pieuvre qui s'attache à sa victime et ne la lâche que lorsqu'il ne lui reste plus une goutte de sang.

La fortune des Rothschild (à tout seigneur, tout honneur) n'a d'autre origine que le vol légal[1]. Combien a-t-il fallu à ces maltôtiers, d'affaires et d'opérations de bourse, d'emprunts d'Etat pour en arriver là ? Il en est de même de Hirsch qui a acquis sa fortune par l'exploitation sans borne des Turcs. Bischoffsheim, l'amoureux des étoiles de théâtre, a également gagné en Turquie l'or et les billets qui lui permettent de construire des Observatoires. Erlanger a peut-être encore une fortune plus sale. Ce consul de Grèce n'a exploité que des affaires mauvaises dans lesquelles ses actionnaires se sont ruinés et lui s'est enrichi[2].

Ces juifs, millionnaires de la veille sont nombreux, et nous n'en finirions pas, si nous voulions les citer tous. Ils ne se contentent pas de la richesse, il leur faut les titres et les honneurs. En France, en Autriche, les Rothschild sont créés barons. En Angleterre on les nomme lords. Il en est de même des Stern, Reinach, Cahen, Bamberger, etc. Si cela continue, nous aurons une jolie noblesse ! Seulement, tous ces nobles, au lieu

[1] Quelques-uns ont dit que le fondateur de la dynastie de Rothschild, Salomon, étant domestique chez la duchesse de Bouillon, se trouva, après la Révolution, possesseur d'une partie des domaines et des diamants de la duchesse qui avait été guillotinée. (*Réveil-Matin*, 22 octobre 1887.) La fortune des Rothschild aurait alors pour origine le vol illégal. Chirac dans ses *Rois de la République* donne un autre origine, tout aussi *honnête* d'ailleurs que celle-là. Mais en fait cela n'a pas d'importance. Le vol, qu'il soit légal ou non est immoral et doit être puni. La famille milliardaire s'en apercevra dans un temps plus ou moins éloigné.

[2] Pour plus de détails sur Hirsch, Bischoffsheim et Erlanger voir *les Rois de la République*, de Chirac, la *France juive* et *La Fin d'un Monde* de Ed. Drumont.

de parler des prouesses de leurs ancêtres, raconteront à leurs enfants leurs hauts exploits dans l'art d'exploiter les gogos.

Il ne faudrait pas croire que tous les financiers sont juifs; il est des aryens qui se distinguent également dans cet art. Les Donon, Lebaudy, Léon Say en sont des exemples.

M. Ferdinand de Lesseps en est un autre spécimen très original et bien curieux à étudier. On se demande avec étonnement comment il a pu à un tel point engouer le public que, malgré la catastrophe de Panama, on continue toujours à le porter aux nues et à ne l'appeler que le Grand Français. Certainement, si on savait comment le jugent et l'apprécient nos voisins les Anglais, l'opinion changerait un peu chez nous.

Sa vie politique commença en 1848, où il fut chargé de représenter la France auprès de la République Romaine. Comment s'acquitta-t-il de ses fonctions? On n'en sait trop rien, mais ce fut assez mal, puisqu'à son retour il faillit être livré aux tribunaux et que le conseil d'Etat lui infligea un blâme officiel[1]. Plus tard, l'impératrice Eugénie le fit rentrer en faveur, et l'empereur Napoléon III lui confia le percement de l'isthme de Suez. Il n'était en somme que chargé de diriger les travaux. Hélas! les devis se trouvaient faux, les machines ne fonctionnaient point, les combinaisons financières avortaient. Enfin il commit tant de bévues qu'en 1866, la Compagnie fut sur le point de faire faillite. Ce fut l'empereur qui la sauva, par l'argent qu'il donna lui-même, et par 80 millions d'indemnité qu'il fit verser par le Gouvernement égyptien. Voilà toutes les raisons pour lesquelles on lui a donné le titre de Grand Français!

[1] *Peuple*, 20 décembre 1888.

Voici ce qui se passait à Suez, il y a vingt ans; aujourd'hui à Panama les mêmes faits et la même incurie se présentent. Pourquoi M. de Lesseps voulut-il mettre à exécution l'idée déjà émise du percement de l'isthme de Panama? A quoi bon user ses forces et son argent pour la réalisation de travaux aussi lointains? Pourquoi ne point faire par exemple le canal des deux mers en France, ou Paris port de mer? Peut-être, pensait-il à ce proverbe: à beau mentir qui vient de loin? Peut-être, pensait-il aussi qu'il est plus facile de tripoter à quelques mille lieues de distance que dans son pays?

Quoi qu'il en soit, après avoir mûri son projet et fait toutes les études préliminaires possibles, il fonde une société qui prend le nom de Compagnie universelle du Canal interocéanique de Panama et qui a pour but de faire un canal à niveau entre Panama et Colon. Il ouvre des souscriptions aussitôt couvertes par le public qu'allèchent les tartines d'une Presse enthousiaste. Hélas! les bons souscripteurs ne savaient pas que la Compagnie a payé, pour tous ces chants d'allégresse et pour frais de réclame en général, plus de 75 millions.

Pendant ce temps, les journaux techniques, qui n'étaient point aveuglés par les reflets de l'or qu'on jetait à foison aux autres feuilles, démontraient dans leurs articles que jamais le canal ne pourrait être terminé avec les sommes annoncées et demandées par l'illustre ingénieur de Lesseps.

Les travaux commencent à Panama. Aux Bourses de Paris, de Londres, et de Berlin, on spécule sur les actions de la Compagnie. La hausse ou la baisse se fait au gré des hauts financiers. Les Christophle, les Seligmann, Erlanger, J. Meyer et un tas de Lévy se livrent à des opérations de bourse plus ou moins fructueuses. Les uns perdent, les autres gagnent; pendant ce temps, le gros public, toujours naïf, voyant la baisse vend pour acheter de nouveau au moment de la hausse !

Les fonds de la Compagnie s'épuisent, puisqu'il faut pendant tout ce temps payer la Presse, les ouvriers, les forts traitements des employés supérieurs, M. de Lesseps lui-même, et satisfaire encore à l'incurie et au désordre qui règnent à Panama [1].

A la fin de 1885, M. de Lesseps sollicite du Gouvernement l'autorisation d'émettre des obligations de valeurs à lots et transforme son projet de canal à niveau en un projet de canal à écluses. Le Gouvernement charge un ingénieur, juif (?) paraît-il, M. Rousseau, d'aller vérifier la situation. Il revient et fait un rapport dans lequel il déclare impossible l'achèvement du canal dans les conditions actuelles. Ce rapport reste secret sauf un passage ou deux que le *Temps* publie par indiscrétion. Cette publication, connue d'avance par quelques financiers, amène une baisse. Nous sommes en novembre 1886, sous le ministère de M. Baïhaut.

La commission parlementaire retardant la demande de la Compagnie, M. de Lesseps la retire. Il s'adresse alors directement au public qui, cette fois, ne répond point à son attente et en 1888 il redemande l'autorisation. La chambre la vote après avoir entendu le rapport favorable d'Henri Maret, rapporteur de la commission parlementaire. Le temps écoulé avait permis à la compagnie de faire parler la Presse et d'agir sur l'esprit de nos honorables. Quelques-uns, qui, en 1886, avaient voté contre, votèrent pour en 1888 [2].

[1] Journaux de décembre 1888.

[2] Les noms sont au *Journal Officiel*.

Que s'était-il passé? Comment s'y était pris M. de Lesseps? nos lecteurs apprécieront.

Cette fois, la souscription de valeurs à lots ne devait pas réussir, messieurs les financiers, Christophle et Lévêque en tête, faisant au Panama une guerre acharnée. Lorsqu'on sut l'échec de la souscription quelques journaux publièrent la date fixe du jour où devait arriver la ruine du Panama.

Ils ne se trompaient point et en décembre 1888, M. de Lesseps négociait avec le Gouvernement pour obtenir la prorogation de ses échéances à trois mois. La Presse est en grande partie favorable à cette demande. On publie des consultations. Les légistes déclarent que la Compagnie n'est pas une société commerciale et que par conséquent elle ne peut faire faillite. On chante sur les tons les plus dithyrambiques la gloire du Grand Français. Malheureusement pour M. de Lesseps la Chambre des députés ne fut pas de cet avis. Elle refuse toute prorogation et ne veut pas faire de loi d'exception. Voilà ce que c'est que d'avoir une caisse vide!

En résumé l'affaire du Panama se solde par 1,400 millions [1] de perte pour les six cent mille souscripteurs,

[1] Voici le relevé des capitaux engagés dans l'entreprise.

Capital social réellement versé :

Actions souscrites		300.000.000
Obligations	5 0/0	109.375.000
—	3 0/0	171.000.000
—	4 0/0	158.969.871
—	6 0/0 1re série	206.460.900
—	6 0/0 2e série	113.910.280
—	6 0/0 3e série	35.000.000
—	à lots de juin 1888	305.000.000
		1.399.716.051 fr.

(*Petite République française*, 17 décembre 1888.)

travailleurs pour la plupart, qui se sont, pendant longtemps, privé de tout superflu, du nécessaire peut-être, et dont les labeurs n'ont servi qu'à enrichir quelques financiers malhonnêtes.

M. de Lesseps, avec l'aide de la Banque Parisienne, essaie de sauver la situation. Il faut encore 450 millions, déclarait-il dans l'assemblée générale des actionnaires à l'Hippodrome, le 26 janvier [1]. Il s'adresse à ses actionnaires et obligataires ; il ouvre une nouvelle souscription qui naturellement échoue. Entre temps, le tribunal civil de la Seine nommait un liquidateur judiciaire, M. Brunet, tandis que le tribunal de commerce prononçait la faillite [2]. La Compagnie alla en appel et la nouvelle loi des faillites étant devenue applicable, la liquidation judiciaire fut prononcée et M. Brunet fut confirmé dans ses fonctions de liquidateur.

Les actions sont à 45 francs environ. Les porteurs de ces titres ont perdu leur argent, qui s'en est allé dans la poche des gros bonnets de la finance, comme les petits ruisseaux vont aux grandes rivières. Mais dans cet effondrement, qui atteint des milliers de gens, il est des responsabilités. La compagnie a été dirigée sans soin; l'incurie la plus grande a régné dans les travaux ; il y a eu des dilapidations et des malversations. Des faits erronés ont été affirmés par M. de Lesseps relativement à la salubrité du pays [3].

Ainsi en quatre ans, il a été dépensé pour les hôpitaux et soins médicaux donnés aux employés du canal la modique somme de 59 millions. Preuve évidente que

[1] Journaux de janvier.
[2] *XIXe Siècle*, 6 février.
[3] *Peuple*, 21 février.

le pays était très salubre! La Compagnie paya un vagon de luxe 210,000 francs au Directeur qui résidait à Panama! Elle donnait 36 francs par mètre cube de terrassement aux entrepreneurs qui, eux, ne le payaient que 6 francs aux ouvriers! M. de Lesseps a affirmé que MM. Couvreux et Hersent s'étaient chargés de l'entreprise des travaux pour 512 millions. C'était faux! M. de Lesseps a annoncé sept dates différentes pour l'inauguration de son canal de 1887 à 1889; et il n'est pas près d'être inauguré! [1]

Les actionnaires sont ruinés, mais les entrepreneurs se sont enrichis grâce à la complicité de la Compagnie qui autorisait des dilapidations sans nom.

Poursuivra-t-on enfin les auteurs de cette gigantesque escroquerie!

Le liquidateur, M. Brunet, gère la Société, cherche par tous les moyens à se procurer de l'argent et aujourd'hui M. de Lesseps n'a plus aucun pouvoir dans cette entreprise. Il semble d'ailleurs qu'en toute cette affaire, il a été plus dupé que dupeur. Son entourage, profitant de sa vieillesse et de son manque d'ordre, a dilapidé à loisir, en même temps que la Haute Banque lui faisait une guerre acharnée en dépréciant les titres par la spéculation la plus effrénée.

Un quart du canal est achevé et sur les trois quarts restant, d'importants travaux ont été exécutés [2], mais il faut encore beaucoup d'argent et il n'y en a pas.

Le liquidateur judiciaire s'abouchant avec des maisons de crédit notamment la Banque d'Escompte (de Soubeyran, directeur), imagina une émission de 1,500,000

[1] *Peuple*, 22 et 26 février, 3 mars.

[2] Communication de Mr Brunet aux actionnaires. (*XIXe Siècle*, 17 avril.)

bons de 25 francs remboursables à 100 francs en soixante-quinze ans. Le gouvernement refusa l'autorisation car M. Brunet ne put présenter une convention ferme avec les maisons de crédit.

Enfin le 13 juin le Gouvernement déposa sur le bureau de la Chambre le projet de loi suivant [1].

ARTICLE PREMIER. — Le liquidateur de la Compagnie universelle du Canal interocéanique de Panama est autorisé à négocier, sans limitation de prix et sans intérêts, celles des obligations à lots dont l'émission a été autorisée par la loi du 8 juin 1888 qui n'avaient pas encore été placées le 4 février 1889, date de la dissolution et de la mise en liquidation de ladite Compagnie.

Le produit de ce placement sera insaisissable jusqu'à concurrence de 34 millions.

Dans le cas où le liquidateur ferait apport ou cession de tout ou partie de l'actif de la liquidation à une Compagnie créée pour l'achèvement du canal, la nouvelle Société ne pourra émettre les obligations, à ce moment non placées, autrement que dans les conditions déterminées par la loi du 8 juin 1888 en ce qui concerne le minimum du prix d'émission et le service des intérêts.

ART. 2. — Au fur et à mesure du placement de celles de ces obligations sur lesquelles n'a pas été fait le versement intégral de la somme nécessaire pour constituer le capital de garantie prescrit par l'article premier de la loi du 8 juin 1888, le liquidateur devra verser le complément de cette somme à la Société civile qui a été créée pour la constitution dudit capital.

Une commission fut nommée le 18 juin ; elle était en partie favorable au projet et avait pour président M. J. Roche [2]. La Chambre a voté ce projet, M. Brunet trouvera ainsi quelques ressources lui permettant

[1] *Gazette française*, 15 juin.
[2] *XIX siècle*, 20 juin.

d'attendre le rapport d'une commission d'ingénieurs chargée d'étudier la manière d'achever le canal. Mais il faudra toujours un capital considérable pour cet achèvement, il faudra de nouvelles souscriptions et les anciens actionnaires n'en seront pas moins ruinés.

Beaucoup de spéculateurs heureux ont fait fortune; ils ont toujours côtoyé le code avec beaucoup d'adresse et ne sont jamais tombés sous la férule de la loi. Mais il y en a d'autres qui réussissent moins bien. Il sont obligés de fuir, d'abandonner la Bourse, ce temple dont ils sont les prêtres et où ils ont le droit de voler sous l'œil paternel de la police. Bien rarement ils s'en vont les mains vides. Avec l'argent volé, ils fuient au pays voisin sinon jouer au grand seigneur, du moins vivre en paisibles bourgeois.

Que peut faire un scandale financier de plus ou de moins? On en parle pendant quelques jours; les journalistes écrivent là-dessus de longs articles, puis un autre scandale vient étouffer le premier. Personne n'y pense plus que les malheureux qui ont eu la naïveté de confier leur argent à ces filous et qui, s'ils sont trop vieux pour recommencer à travailler, sont obligés de finir leur vie dans la misère.

Comme spécimen de ces spéculateurs malheureux, nous avons vu, il y a quelque temps, un nommé Jacques Meyer, type bien connu du monde des boulevards.

Admissible en 1870 à l'Ecole normale il prit part à la Guerre, et se fit après reporter de petits journaux. En 1876, il devint secrétaire de M. Christophle alors Ministre des travaux publics, au moment de l'agiotage sur les chemins de fer [1]. Plus tard il fut secrétaire du ministre de Mar-

[1] *L'Agiotage sous la troisième République*, par Chirac (t. I, p. 182).

cère et sous-chef de cabinet de M. Dufaure[1]. Ce fut là le commencement de sa fortune. Quelques petites spéculations de bourse, qu'il fut à même de faire dans sa nouvelle situation, le sortirent momentanément de la gêne dans laquelle il se trouvait. Puis il se lança complètement dans le monde de la finance où il se sentit tout à fait à son aise. Il débuta dans la Banque de Prêts à l'Industrie comme secrétaire du conseil d'administration. Au moment de la construction de l'hôtel des Postes, quelles relations avait-il donc avec son ami et coreligionnaire Fribourg, alors Directeur du personnel, pour avoir pu déclarer qu'il faisait ce qu'il voulait dans cette entreprise?

La Banque de Prêts à l'Industrie étant morte, il crée, avec 40,000 francs prêtés par MM. Barbe et Vian, la société mobilière dont le gérant est M. le baron Chatelain. J. Meyer fonde alors deux journaux, l'*Echo financier* et l'*Eclaireur financier*, qui lui amènent de nombreux clients[2].

Il semble que Mercure qui protège ces sortes d'affaires va enfin le favoriser. Il spécule sur le Rio-Tinto où il gagne, sur la Banque de France où il gagne encore.

Mais hélas! son étoile baisse bien vite. Les sommes provenant de l'argent de ses clients s'engouffrent dans le Panama ; son crédit tombe à la Bourse. Il lutte avec toute l'opiniâtreté dont un juif est capable, mais il succombe enfin et part en laissant la caisse vide (300 fr. 25) et un déficit de 4 millions (exactement 4,379,921 francs).

Au moment de sa fuite, il allait être nommé secrétaire général de la Préfecture de police!

Ce financier n'eut pas de chance. Après de nombreuses pérégrinations en Angleterre, Italie et Suisse, il

[1] *XIXe siècle*, 20 juin.
[2] *XIXe siècle*, 17 juin.

fut, le 19 janvier, deux mois après sa fuite qui avait eu lieu le 14 novembre, arrêté à Bruxelles chez un de ses amis M. de Bullemont, ancien secrétaire général de la Préfecture de police, tout aussi honorable que lui.

Son extradition fut demandée par le Gouvernement français, Jacques fit des objections et appela pour l'aider de ses conseils un avocat, M. Thévenet, ministre actuel de la justice.

Soit que les objections fussent importantes, soit que le Gouvernement français mît peu d'empressement à l'obtenir, l'extradition de Meyer ne fut accordée que le 6 avril. On a prétendu que M. Thévenet avait fait tout son possible pour la retarder. Il voulait sauver son client et surtout le mettre dans l'impossibilité de faire des révélations. Car, racontait-on, notre ministre n'a pas la conscience tranquille : il aurait reçu autrefois de Meyer 35,000 francs, pour interpeller le ministère au sujet de la Banque de France, quand ce juif jouait sur les valeurs de cette maison. Le magistrat instructeur aurait trouvé la preuve de tous ces tripotages, dans un dossier chez un nommé Pénin chargé des affaires du banqueroutier[1]. On aurait perquisitionné aussi chez Autchistky, rédacteur à l'*Observateur français*, afin de reprendre une lettre très compromettante pour M. Thévenet. Mais tout cela ce sont des racontars, n'est-ce pas, M. le Ministre? Vous ne connaissez pas J. Meyer ? Vous n'avez jamais reçu de pots-de-vin ? Allons donc ! !

Jacques Meyer aurait dit autrefois en parlant du ministre de la Justice : « Il n'est pas à Paris, c'est dommage, car je n'aurais eu qu'à le siffler et il serait venu de suite. »

Le procès en correctionnelle de notre financier vint

[1] *XIX*e *siècle*, 20 juin.

devant la 10e chambre, le 18 juin dernier. Il était poursuivi sous la prévention d'abus de confiance (article 406 du Code pénal). Les débats se terminèrent le 21 juin. Les témoins ne chargèrent point l'accusé qui fut condamné à un an de prison et 5,000 francs d'amende. Dans le cours de la plaidoirie du défenseur, Me Strauss, un autre juif, il fut donné lecture d'une lettre envoyée à Jacques[1]. Cette lettre proposait de l'argent contre remise d'un dossier vrai ou au besoin faux sur les hommes politiques du jour. Il n'y eut aucune réponse à ce sujet. D'après le *Radical*[2], cette lettre serait due à Arthur Meyer (du *Gaulois*) qui d'ailleurs a nié. Il a été prouvé depuis qu'elle avait été écrite par Ivan de Wœs-

[1] *Eclair*, 23 juin. Voici cette lettre :

« ... Avez-vous des documents sur les hommes politiques du jour?

« Livrez-moi ces documents, en tout ou en partie, et s'il n'en existe pas, constituez un dossier par des lettres écrites sur du papier de 1888 à votre en-tête, envoyées à n'importe qui. Il faudrait que les dates de ces lettres fussent habilement espacées en suivant la marche des faits avec lesquels elles devraient concorder sans erreur.

« Elles commenceraient ainsi :

« Mon cher ami », seraient dépourvues d'enveloppe à cause des timbres de la poste qui forcément manqueraient.

« Ceci admis, documents ou dossiers constitués, m'étant d'abord communiqués en originaux, ou en copie pour que j'en apprécie la valeur, quelle somme voulez-vous que je tienne à votre disposition?

« Pour le moment, je ne vous demande que ceci :

« 1° La copie d'un dossier sérieux que vous seriez disposé à me céder ;

2° Ce que vous en voulez.

« Par contre, vous aurez toutes garanties d'argent et la certitude que, quoi qu'il arrive, monarchie, empire ou boulangisme, vous échapperez à la prison.

« C'est donc de l'argent et la liberté qui vous sont offerts. »

[2] N° du 23 juin.

tyne. La lumière ne se fera jamais d'une manière complète sur cette lettre qu'il est inadmissible de supposer écrite par un homme politique tant soit peu intelligent.

Dans toute cette affaire Jacques Meyer, la conduite des dupes assez nombreuses a étonné le public. Il a eu bien tort de s'étonner, car Jacques a fait des abus de confiance, mais ils n'ont été tels que parce que le succès n'a pas couronné les opérations de ce financier. Combien d'autres sont décorés et promus aux plus hautes fonctions qui ont fait pis! La justice a eu raison de condamner ce joueur malheureux qui avait osé s'attaquer aux Rothschild et à la Banque de France, mais pourrait-on nous dire pourquoi cette justice ne condamne pas Erlanger coupable des mêmes délits, avec cette différence qu'au lieu de 4 millions de pertes pour les particuliers, il s'agit de 529 millions [1] !!!

Encore une histoire semblable que tout le monde a présente à la mémoire. Le 19 décembre 1888, sous le titre d'un scandale à la Bourse, les journaux annonçaient qu'un agent de change Bex venait de partir, laissant un passif de 11 millions. La nouvelle était vraie. M. Bex, membre de la Chambre syndicale, venait de faire une faillite frauduleuse [2].

Il était agent de change depuis un an à peine. Des bruits fâcheux avaient déjà couru sur son compte, et la Chambre syndicale avait envoyé un de ses membres pour examiner ses livres. Mais Bex avait pris ses précautions. Toutes ses écritures étaient fausses. Toutes les opérations de bourse faites pour son compte étaient marquées

[1] *L'Agiotage sous la Troisième République*, par A. Chirac, t. II, page 230. Paris, 1888.

[2] Journaux de décembre 1888.

au nom des plus grands banquiers : les Rothschild, les Cahen d'Anvers, etc., etc... On ne put donc rien découvrir. Bex paraissait avoir une clientèle de premier ordre et de tout repos. Mais cela ne pouvait durer longtemps. Pressé de tous les côtés, voyant qu'on allait découvrir ses fraudes, il écrivit une lettre, dans laquelle il déclarait vouloir se retirer pour des raisons de santé, et céder sa charge à son fondé de pouvoir. A la réception de cette lettre, le syndic de la Chambre, avec deux adjoints, se rendit chez lui. L'examen des caisses, l'interrogatoire qu'ils firent subir au caissier ainsi qu'aux différents chefs de service, ne tardèrent pas à faire découvrir la vérité.

La Chambre syndicale des agents de change déclara que dans cette affaire elle n'avait rien à payer ; qu'elle ne pouvait être solidaire, car en agissant ainsi elle créerait un précédent fâcheux et consacrerait d'une façon absolue l'immunité des agents coupables et de leurs complices. Du reste elle est coutumière de ce fait, et chaque fois qu'un de ses membres manque à ses engagements, elle a commencé par dénier toute responsabilité, sauf ensuite à s'exécuter sans mot dire comme dans l'affaire Wuaflard.

Les agents de change ont un monopole reconnu par la loi et forment une Compagnie qui, par la surveillance et la solidarité de ses membres, doit apporter au public une sécurité absolue et entière. Dans plusieurs cas, malgré elle, il est vrai, elle s'est reconnue responsable de la faute des siens. Elle ne l'a pas fait dans l'affaire Bex, sachant que s'il est avec le ciel des accommodements, il en est encore bien plus avec le Gouvernement français inféodé à la ploutocratie. La loi est bien rarement appliquée pour la féodalité bourgeoise judaïque ou judaïsante.

Quelques jours après, pour étouffer l'affaire, on annonçait et on prouvait le suicide de Bex. Mais il paraîtrait qu'il n'en est point ainsi et que le financier frauduleux est tout simplement passé en Amérique. Qui le sait et le saura jamais? La faillite de cet individu a été prononcée le 31 mars dernier. C'est la première fois qu'un agent de change est mis en faillite, mais ce ne sera pas la dernière.

Nous n'en finirions pas si nous voulions citer les noms des financiers en rupture de ban qui nous sont signalés chaque jour. Tantôt c'est un nommé Parisot, ex-directeur de l'Agence Financière Parisienne, qu'on extradie, sous l'inculpation de banqueroute frauduleuse, de Jersey où il s'était réfugié et vivait sous le faux nom de Vernier.

Le lendemain, c'est un nommé Rabagny, ancien conseiller municipal de Paris et ami de Gambetta, que la police belge fait prisonnier à Bruxelles, en vertu d'une demande d'extradition du Gouvernement français. Rabagny avait été le directeur du Comptoir des Capitalistes et d'un journal financier, *la Gazette des Capitalistes*. A l'aide d'une adroite publicité faite dans son journal, il était arrivé à se faire confier des sommes importantes dont il s'empara. Puis il avait mis la frontière belge entre lui et ses naïfs correspondants[1].

Hier, c'était un nommé Hugo Lœvy, directeur de la Petite Bourse Directe, qu'on arrête à Berlin[2]. Il ne possède plus que 66,000 francs, c'est le reliquat du million que ce Juif avait volé à ses bons clients. Tantôt c'est à Paris même qu'on les arrête, comme MM. Lefort et Lebreton directeurs de l'Agence financière de la Petite Bourse[3].

[1] *Peuple*, 7 janvier.
[2] *XIXe Siècle*, 10 janvier.
[3] *Peuple*, 9 février.

En province, à l'étranger, nous assistons au même spectacle. Ici, à Grenoble, c'est la banqueroute frauduleuse des banquiers Baud et G. Perrier[1]; là, à Agen, c'est celle de M. Guizot, le neveu du célèbre ministre[2]. Ailleurs, à Rodez, un mandat d'amener est décerné contre un banquier, M. Germain[3]. A Rome, un agent de change, Gentili[4], s'enfuit, laissant un passif de trois cent mille francs; ce n'était pas grand'chose relativement aux krachs parisiens.

Inutile d'ajouter que tous ces voleurs vivaient somptueusement : hôtels, voitures, chevaux, domestiques, ils se payaient tout avec l'argent des autres!

Quand on les arrête et que le tribunal correctionnel ou la cour d'assises les a condamnés à des peines en général peu importantes, on leur adoucit la prison ou même on les gracie. Témoins Crouzet, le trésorier de l'Association des journalistes républicains qui, condamné à deux ans de prison pour vol de 200.000 francs, est gracié quelques mois après; Bourguet, l'agent de change, condamné en août 1886 pour faillite et abus de confiance à huit ans de travaux forcés. Sa peine fut commuée en cinq ans de réclusion et en janvier dernier, il était gracié complètement[5].

Pendant que ces voleurs se promèneront libres dans les rues de Rodez, de Paris ou d'ailleurs en narguant leurs victimes, les socialistes et anarchistes Gyvoct, Gallo, Duval, etc., bien moins coupables, sont à la Nouvelle-Calédonie. La justice est égale pour tous!!

[1] *XIXe Siècle*, 24 janvier.
[2] *XIXe Siècle*, 9 février.
[3] *XIXe Siècle*, 19 février.
[4] *Il Roma* de Naples, 22 janvier.
[5] *Petit Champenois*, 22 février.

Nous n'avons parlé jusqu'ici que des spéculations de bourse, des tripotages et vols de financiers. Nous ne saurions nous arrêter en si beau chemin. Messieurs les Chevaliers de l'industrie et du commerce ne le cèdent en rien aux barons de la banque. Ils ont aussi leurs spéculations qui ne sont pas plus honnêtes.

Une des plus fructueuses et des plus répandues est l'accaparement des matières premières, blé, soie, suif, métaux, etc. Quelques individus ou syndicats traitent avec les producteurs pour la possession exclusive des matières; ils font alors à volonté la hausse ou la baisse. Il existe bien l'article 419 du code pénal qui défend l'accaparement. Mais ceux qui le violent sont riches à millions, comment voulez-vous qu'on puisse leur appliquer la loi?

Les syndicats des blés sont nombreux en Belgique, en Hollande, en France, aux Etats-Unis, etc. Depuis 1875 il s'est créé au Havre, à New-York, Chicago, Londres, Marseille, Hambourg et Anvers des marchés à terme sur les marchandises. La fièvre spéculative des syndicats et des négociants est intense; les uns vendent, les autres achètent des milliers de sacs de blés, de cafés, etc., mais personne ne prend livraison, on règle par différence. C'est du jeu, rien que du jeu.

Dans les premiers mois de 1889, la place d'Anvers était à la hausse sur les blés; elle a payé 100 millions de différence en peu de temps. Dans la dernière semaine de mars, ces pertes ont été de 50 millions. Des maisons de commerce suspendent leurs paiements. Des banques sont ruinées. Un des premiers négociants d'Anvers, M. Vander-Taelen se tue; il perd près de vingt millions[1].

[1] *Eclair*, 31 mars. *Presse*, 30 et 31 mars.

Le syndicat de Chicago avait fait la baisse, tandis quelu jouait à la hausse. Les marchés du Havre, de Rotterdam et de Dunkerque ont une panique, on exécute ce négociant, tandis que le Juif Ephrussi, spéculateur parisien, empoche quelques millions.

La situation de Vander-Taelen se résumait comme suit : Actif : 0 ; passif 17 millions. Sa mort est racontée de la manière suivante par le *Courrier de Bruxelles* : « Mercredi à 9 heures 30, Vander-Taelen reçut une lettre de Paris du Juif Ephrussi. Après en avoir pris connaissance, il sortit précipitamment de son bureau, alla embrasser sa fille qui jouait au piano dans la salle à manger, puis monta à sa chambre où il se donna la mort au moyen d'un poison violent : le cyanure de potassium[1]. »

Au Mans, la baisse des grains provoque la déconfiture des maisons de banque Fouqué et Talvande[2]. La liquidation judiciaire fut prononcée le 15 mars et M. Talvande emprisonné, sous l'inculpation de banqueroute. Il laissait 4 francs (!!) en caisse, un passif de 12 millions et un actif de 8. Le chef d'une importante maison de chaussures, M. Célerier, fut déclaré en faillite et arrêté à cause de cette ruine. Il laissait un passif de 1.500,000 francs et un actif insignifiant. Un autre se suicida, M. Alloix.

M. Chambris, autre banquier, fut mis en faillite (passif 800,000, actif 500,000) ; un quincaillier en gros, M. Catois, vit prononcer la liquidation judiciaire de sa maison. Voilà les œuvres des spéculateurs sur les matières premières[3].

[1] *Observateur français*, 1er avril.
[2] *XIXe Siècle*, 20, 23, 30 mars, 4 avril.
[3] *XIXe Siècle*, 10 juin. *Cocarde*, 28 mars.

Il est heureux, toutefois, que ces syndicats ne puissent accaparer tous les blés, car nous courrions grand risque de payer le pain 1 franc la livre, si toutefois ils daignaient le vendre à ce prix-là !

Une autre spéculation a été l'origine des plus grands scandales qui se soient étalés au grand jour. L'accaparement des métaux, particulièrement du cuivre, occupe le public depuis près de deux ans. Il a été conçu par M. Eugène Secrétan et exécuté avec un génie qui fait regretter que cet individu emploie son intelligence à des œuvres aussi criminelles.

En 1873, M. Secrétan était un petit négociant en métaux ; ses affaires étaient loin de prospérer, il prit même des arrangements avec ses créanciers qui lui accordèrent un délai de huit années pour se libérer. Commandité par Rothschild, recommandé par Gevelot, député de l'Orne, il obtint en 1874 la fourniture du cuivre jaune pour cartouches dont Gevelot était le seul fabricant.

Secrétan [1] s'enrichit scandaleusement avec ces laitons; il possédait cinq usines et en 1880, il fonde la Société Métallurgique du Cuivre au capital de 20 millions [2]. L'émission des actions de cette Société fut faite par la Caisse Centrale du Travail et de l'Epargne [3], qui, d'après

[1] Eugène Secrétan a marié une de ses filles, en 1887, avec le fils du Président de la Cour des Comptes, Mr Bethmont. Magistrats et financiers s'allient pour l'exploitation du public.

[2] Les administrateurs étaient : Arbel, sénateur, Pierre Donon, baron Poisson, Champouillon, Secrétan et Théodore Villard, conseiller municipal. Sur les 24.000 actions, il y en avait 21.910 d'apport, libérées de 375 francs seulement, contrairement à la loi de 1867 sur les sociétés. (*Circulaire*, Alb. Hubner.)

[3] Les administrateurs étaient les sénateurs Arbel, Claude, Labiche, Feray (d'Essonnes) ; les députés Paul Bert, Etienne, de Hérédia, Lepère, Martin-Nadaud, Frédéric Passy, Crozet-Fourneyron, Cyprien

ses statuts, avait pour mission *d'aider à l'émancipation économique du travailleur.*

L'année suivante, la Société Métallurgique liquidait parce qu'elle était irrégulièrement constituée. Alors des pourparlers eurent lieu avec des financiers et avec MM. Laveissière, grands négociants en métaux. Ils fondèrent la Société Industrielle et Commerciale des Métaux[1] au capital de 25 millions dont 12 à M. Secrétan et 12 à MM. Laveissière. Des obligations pour 20 millions furent créées et en 1888 le capital-action fut porté à 50 millions. Les nouvelles actions émises le furent à 750 fr. au lieu de 500 comme les anciennes. Ce qui avait permis l'entente entre MM. Secrétan et Laveissière, c'était que ces derniers avaient une situation assez obérée, leurs usines étaient hypothéquées par le Comptoir d'Escompte qui exigeait le remboursement de ses avances. En outre, E. Laveissière était administrateur du Comptoir et le beau-frère de J. Laveissière, M. Bisson[2], en était le Sous-Directeur. Il fut nommé commissaire de la Société des Métaux lors de sa création.

Jusqu'en 1887, la Société des Métaux fonctionna régu-

Girerd; MM. Th. Villard, Bixio, Denis Poulot, Gros-Hartmann, Secrétan, E. Japy et Armand Donon.

[1] Les administrateurs étaient : Lucien Arbel, Champouillon, Girod, Ed. Hentsch, Joubert, Labelonye, Lécuyer ; J.-J. et J.-E. Laveissière, Pucrari, P.-E. Secrétan. Depuis J.-J. Laveissière est mort. Quant à Arbel, l'ancien sénateur, c'est lui qui faisait frapper des pièces belges de 5 francs en argent et les mettait ensuite en dépôt à la banque de France. Il gagna ainsi 5 à 6 millions.

[2] Ce M. Bisson avait un fils qui épousa la *baronne d'Ange*, de célèbre mémoire. A la mort de cette femme, devenue très riche, M. Bisson fils fut héritier. Le mariage fut annulé par jugement, mais l'héritage fut confirmé en la possession du mari. Quelle moralité ! M. Bisson père avait été autrefois marchand de nouveauté ; il ne fut sauvé de la faillite que grâce à son beau-père, un Laveissière. (*Circulaire* Albert Hubner.)

lièrement; mais, à cette époque, il germa dans le cerveau du directeur administrateur, M. Secrétan, l'idée d'accaparer tout le cuivre du monde, afin d'être le seul maître du marché. Il fallait des capitaux. Le 10 septembre 1887, Secrétan eut une entrevue avec M. de Rothschild. Le baron donna sa pleine et entière adhésion à l'affaire. Il permit qu'on inscrivît son nom sur la liste des membres du Syndicat d'accaparement [1]. Aussi le 27 décembre 1887 une note du *Temps* annonçait la formation d'un *consortium* du cuivre; il avait une durée de deux ans et se composait de Gustave de Rothschild [2], Maurice Ephrussi, Secrétan, Joubert, Denfert-Rochereau, Girod, Mathiesson, etc. Des traités de trois ans, devant durer jusqu'en 1891, furent passés avec le Rio-Tinto, le Tharsis, le Cape Copper, etc... Le cuivre qui valait en octobre 1887, 110 francs les 100 kilos, valait au 30 décembre suivant 220 francs. Les actions minières avaient encore plus monté; ainsi le Rio-Tinto était en octobre 1887 à 190 francs et en janvier de l'année suivante à 550.

Les mines, par leurs traités, s'engageaient à livrer, au Syndicat seul, une quantité déterminée de cuivre à un prix variant entre 90 et 100 francs les 100 kilogrammes. Plus tard les traités furent prorogés d'une durée de 12 ans et les cuivres étaient achetés à 150 et à 162 francs les 100 kilogrammes. Les opérations du Syndicat marchaient bien. Il gagnait sur le cuivre métal, il gagnait sur les actions minières, sur celles de la Société des Métaux et il empochait des millions. Malheureusement pour

[1] Rothschild, quoique bailleur de fonds pour cette affaire, ne voulut pas signer l'acte de syndicat. Il tenait à ne pas figurer en nom, croyant ainsi esquiver les responsabilités.

[2] *XIXe Siècle*, 25 mai.

lui, son stock augmentait chaque jour, car la consommation avait diminué et la production s'accroissait. Des mines fermées, faute de capitaux pour l'exploitation, ou de production de bénéfice, se rouvrirent et jetèrent sur le marché des quantités considérables de cuivre, que le Syndicat achetait pour soutenir les cours. Le stock, à la fin de 1888, dépassait 110,000 tonnes; pendant cette année, les cours se maintinrent à 205 francs les 100 kilogrammes. Les industriels français payèrent au Syndicat 45 millions en plus du cours normal.

Lors des traités avec les mines, le Comptoir d'Escompte était entré dans l'affaire; il avalisait ces dits traités; car les mines n'avaient qu'une confiance fort limitée dans la Société des Métaux. L'importance totale des traités cautionnés par le Comptoir s'élève à la somme de 700 millions[1]. Le Syndicat des cuivres versait au Comptoir le capital souscrit par ses membres qui s'élevait à 70 millions, mais qui fut réduit à 62 par suite de diverses transformations.

Le Comptoir warranta alors chez divers banquiers les cuivres que le Syndicat lui donnait en nantissement de ces avances, car il payait aux mines beaucoup plus que le consortium ne lui versait. Il escompta des warrants à la Banque de France pour 80 millions, a-t-on dit.

Comme toutes les mines américaines n'étaient pas syndiquées, des pourparlers s'engagèrent avec elles à Londres. M. Joubert y va, tout paraît marcher à souhait. Il revient pour faire accepter les propositions par les autres membres du Syndicat. On est en janvier 1889. M. Secrétan refuse et il se produit une baisse de 55 francs sur les actions des métaux. Secrétan jouant à la baisse

[1] *Eclair*, 30 avril. Journaux de mars, avril et mai.

gagne, mais Ephrussi perd 12 millions que son beau-père, Rothschild, paye sous la condition que les agents n'exécuteront plus ses ordres. On recommence les négociations ; elles allaient aboutir quand arriva le krach du Comptoir d'Escompte. Le Syndicat français des cuivres allait passer la main à un Syndicat anglo-français *la Métal corporation*. Tout fut rompu par le suicide de M. Denfert-Rochereau, directeur du Comptoir [1], survenu

[1] Les administrateurs du Comptoir d'Escompte étaient

ADMINISTRATEURS :

Edouard Hentsch, président du conseil d'administration, administrateur de la Banque de Paris et des Pays-Bas, de la Compagnie algérienne, de la Banque des Pays autrichiens;

Baudelot, censeur de la Banque de France, administrateur de la Compagnie du chemin de fer du Nord, fabricant de briques, tuiles, ardoises;

Bérard (E.);

Christofle, manufacturier;

Gibert, ancien banquier, ancien juge au tribunal de commerce;

G. Girod, agent de change honoraire, banquier;

C. Guibal, ancien juge au tribunal de commerce, ancien président de la chambre de commerce, administrateur de la Compagnie des chemins de fer de l'Est;

Raoul Guillemard, ancien juge au tribunal civil de la Seine;

Alfred Hentsch, banquier, de la maison Hentsch et Compagnie;

Emile Laveissière, négociant;

G. Masson, négociant en librairie, membre de la chambre de commerce;

Talamon, négociant en draps;

Teissonnière, administrateur de la Banque de France, vice-président de la chambre de commerce de Paris, administrateur de la Caisse d'épargne, du Canal de Corinthe;

Thomas, négociant, censeur de la Banque de Paris et des Pays-Bas;

Vernes d'Arlandes.

LES CENSEURS ÉTAIENT :

Berthier, ancien président du tribunal de commerce, ancien membre de la chambre de commerce, censeur à la Banque de Paris et des Pays-Bas, administrateur de la Compagnie parisienne

le 5 mars 1889. La panique se mit chez tous ceux qui avaient des dépôts et dans les journées des 6 et 7 mars, ils retirèrent 64 millions. Les jours suivants, cela continua.

Quelle était la cause de ce suicide ?

On l'ignora d'abord, mais on finit par savoir que le Gouvernement russe, sans avis préalable, avait le 3 mars retiré 20 millions que le Comptoir avait eu beaucoup de peine à trouver. Le tzar, prévenu par Bleichrœder et les Rothschild, avait donné cet ordre en apprenant que le Comptoir était très engagé dans les métaux. Maintenant ce sont les juifs qui sont chargés des finances russes au lieu et place des banques françaises. Pendant le krach même, la maison Rothschild frères lança avec l'appui de Bleichrœder et de la Disconto Gesellschaft l'emprunt russe de 700 millions.

Rothschild triomphait, il coulait ainsi la première maison de banque française où il n'avait que peu d'influence. Ce fut en effet la mort du Comptoir. Il fallut recourir à la Haute Banque pour avoir de quoi rembourser les dépôts. Les Rothschild, cachant leur jeu, donnèrent avec d'autres banquiers et maisons de crédit une somme de 24 millions. Cela ne suffisait pas, M. Rouvier, l'intègre ministre des finances, intervint. Il réunit chez lui les banquiers, le 7 mars, à 10 heures du soir ; la conférence dura jusqu'à deux heures du matin. Gustave représentait les Rothschild, dont le chef Alphonse avait télégraphié de Cannes : « Pour le Comptoir, je ferai tous les sacrifices possibles. » Comble de l'hypocrisie !!!

du Gaz, de la Compagnie générale des Omnibus et membre du comité des chemins de fer de l'Est ;

Daguin, ancien président du tribunal de commerce, administrateur de la Banque d'Escompte de Paris, de la Compagnie des chemins de fer de l'Est, commissaire de surveillance du Crédit Lyonnais ;

Truchy, ancien juge au tribunal de commerce.

Il fut décidé que la Banque de France prêterait 100 millions au Comptoir dont 20 garantis par la Haute Banque[1].

Cela ne suffisait pas encore, car aucun dépôt en argent n'existait au Comptoir. Les administrateurs Hentsch, Masson, Laveissière avaient tout employé en achat de titres : Chemins serbes, Emprunts helléniques, Canal de Corinthe, République Argentine et en warrants de cuivre. Grâce à l'influence de Hentsch et de Laveissière qui faisaient partie de la Société des Métaux, le Comptoir avait prêté 60 millions sur des cuivres à un prix supérieur à celui d'achat de ces mêmes cuivres par le syndicat. Ces administrateurs abusaient de leur situation à leur profit et au détriment des actionnaires du Comptoir.

Mais la panique s'accentue; à Marseille, Lyon, les succursales du Comptoir sont assiégées par la foule qui veut être remboursée. A Moulins, trois personnes se suicident à cause des pertes subies. M. Dubois, directeur d'une maison de bourse de cette ville, est mis en faillite et arrêté pour abus de confiance. Les autres maisons de crédit sont fortement atteintes; les actions de la Banque

[1] MM. de Rothschild frères ont souscrit pour 3.000.000
Les administrateurs du Comptoir. 2.500.000
Le Crédit Foncier 2.000.000
Banque de Paris et des Pays-Bas. 2.500.500
Banque d'Escompte 1.000.000
Crédit Mobilier 1.000.000
M. Michel Heine 1 000.000
M. A.-J. Stern 1.000.000
M. Hottinguer 1.000.000
André Girod 1.000.000
Hentsch 1.000.000
Société de Dépôts et de comptes courants 1.000.000
Crédit Lyonnais 500.000
Société Générale 500.000
Crédit Industriel 300.000
Divers 300.000

de Paris baissent de 250 francs en quelques jours ; un de ses administrateurs, M. Joubert, aurait été ruiné (?). On retire des dépôts au Crédit lyonnais, aux Comptes courants, à la Société générale.

A la Bourse, la baisse est considérable ; les actions du Comptoir, de la Société des Métaux, des mines du Rio, du Tharsis, du Cape Copper, et de toutes les valeurs du Comptoir tombent à des prix dérisoires. Le cuivre métal baisse beaucoup[1]. A Genève, un agent de change, M. Cougnard, se suicide ; d'autres maisons de finances sont atteintes ; c'est une ruine.

Mais il faut encore de l'argent pour rembourser les dépôts du Comptoir. Une nouvelle réunion a lieu chez M. Rouvier, le 17 mars, à dix heures du matin. Alphonse de Rothschild est là. A midi, on se sépare sans avoir rien décidé ; à deux heures, reprise de la conférence ; il faut 40 millions, qui les donnera ? Encore la Banque de France, mais son directeur M. Magnin ne veut pas. Déjà, lors du premier prêt, le 8 mars, le comte Pillet-Will a donné sa démission de régent de la Banque. Le ministre

[1] Voici les variations des valeurs du cuivre et du Comptoir :

	ACTIONS				
	Comptoir d'escompte	Métaux	Rio Tinto	Canal de Corinthe	Prix 100 kil. Cuivre
Mars 1888. . .	...	1.175	...	. .	....
15 décemb. 1888.	1.080	900	...	...	....
3 janvier 1889.	1.075	830	600	300	.,..
1er février — .	1.070	538	. .	...	....
25 février — .	1.010	390	...	...	130,.. à terme.
5 mars — .	860	190	...	...	147,50 au compt.
Avril . . — .	140	25	250	120	.,..
25 mai. . — .	90	20	285	150	112,50
10 juin . — .	85	16,50	283	135	....
25 juillet. — .	77,50	10	...	105	.,..

La chute du Comptoir a arrêté le Canal de Corinthe ; les travaux ont été suspendus complètement en août. (*Moniteur Industriel* 15 août.)

menace alors M. Magnin d'une révocation et le force à accepter. C'est à ce moment que M. Pillet-Will dit, dans un mouvement de colère en voyant la somme dérisoire que les Rothschild garantissaient: « C'est à ceux qui sont cause de tout le mal qu'il appartient de le réparer entièrement. » Alphonse de Rothschild se contenta de sourire avec dédain; toutefois il sortit furieux vers trois heures. Sa tête d'oiseau de proie laissait voir la colère qui l'agitait. La séance se termina à cinq heures, les 40 millions étaient trouvés; vingt étaient garantis par la Haute Banque, et trois par la Compagnie des Agents de Change.

Ces prêts permettaient le remboursement des dépôts, mais le Comptoir était mort. Alors s'ouvrirent des négociations pour la formation d'un nouvel établissement sous le nom de Comptoir National d'Escompte, au capital de 40 millions. Les anciens actionnaires étaient ruinés; ils auraient une action nouvelle contre quatre anciennes.

Cependant la liquidation judiciaire était demandée par un actionnaire M. Vassal, le 21 mars. Le tribunal de commerce la refusa, mais nomma, le 23 mars, des administrateurs provisoires : MM. Monchicourt et Moreau. Ils ont depuis constaté que le bilan du 31 janvier 1889, d'après le rapport des administrateurs, était faux. Ils ont alors déposé leur rapport entre les mains du tribunal et une instruction judiciaire dirigée par M. Prinet est ouverte. Enfin, on verra s'asseoir sur les bancs des accusés Hentsch, Laveissière, Girod, Masson, ces administrateurs qui ont trafiqué de leur mandat. Les articles 1382, 1383 et 1384[1] du Code civil leur sont appliquables

[1] Art. 1382. — Tout fait quelconque de l'homme qui cause à

car les actes, auxquels ils se sont livrés, sont anti-statutaires et malhonnêtes. Ils sont riches, leur fortune indemnisera les actionnaires ruinés. Ils ont en outre violé l'article 40 de la loi de 1867 sur les sociétés[1].

Pendant ce temps, le 21 mars, la Société des Métaux, par l'application de la nouvelle loi juive sur les faillites, était mise en liquidation judiciaire. Elle n'avait pu faire face à son échéance du 9 et prendre livraison des cuivres anglais. Rothschild avait promis de donner l'argent nécessaire, mais il ne le fit pas, car il voulait la ruine de cette entreprise pour la reprendre à lui seul. Quelques jours après, M. Levasseur, liquidateur, déposait son rapport et une information était commencée sur les administrateurs des métaux par M. Prinet.

La Compagnie Auxiliaire des Métaux[2], créée en février au capital de 40 millions dans le but de warranter des cuivres, était aussi mise en liquidation.

Tout était fini : Société des Métaux, Compagnie Auxiliaire des Métaux, Comptoir d'Escompte étaient morts. Les actionnaires étaient ruinés, les obligataires même perdraient peut-être; tout cela était l'œuvre des Roths-

autrui un dommage, oblige celui, par la faute duquel il est arrivé, à le réparer.

Art. 1383. — Chacun est responsable du dommage qu'il a causé, non seulement par son fait, mais encore par sa négligence ou par son imprudence.

Art. 1384. — On est responsable non seulement du dommage que l'on cause par son propre fait, mais encore de celui qui est causé par le fait des personnes dont on doit répondre.

[1] Il est ainsi conçu : il est interdit aux administrateurs de prendre ou de conserver un intérêt direct ou indirect, dans une entreprise ou dans un marché fait à la société ou pour son compte, à moins qu'ils n'y soient autorisés par l'assemblée générale des actionnaires.

[2] Il y avait 8,000 actions de 5,000 francs chaque. Les administra-

child[1] qui avaient voulu atteindre le crédit français et les banques protestantes génevoises au profit de la banque juive.

C'était la lutte de l'Hébreu contre l'Aryen et là encore le premier a été vainqueur, mais qu'il se garde d'oublier que l'Aryen est le nombre, qu'il est le génie et qu'un jour il sera le maître.

Les juifs et les judaïsants amassent tant de ruines autour d'eux, que la haine naît peu à peu dans le cerveau du peuple. Le jour où elle s'appesantira sur leurs têtes, elles pourraient bien tomber.

Dans le krach des Cuivres et du Comptoir, le Gouvernement intervint, mais non comme il aurait dû le faire. Il soutint la Haute Banque et n'appliqua point aux membres du Syndicat du cuivre l'article 419. Cependant M. Allain-Targé, ancien ministre, n'avait point hésité à

teurs étaient MM. Ed. Hentsch, Masson et Quiédeville. Les actionnaires étaient :

Eug. Goldschmidt	100	actions
Société des métaux	4715	—
Secrétan	150	—
Comptoir d'Escompte	1000	—
Denfert-Rochereau	50	—
Banque de Paris	300	—
Arbel	100	—
Thomas La Chambre	100	—
Joubert	300	—
Lecuyer	125	—
Hentsch	125	—
Mirabaud, Puerari et Cie	50	—
H. Bamberger	15	—
Divers à Paris	120	—
— en Suisse	450	—
Total	8,000	

[1] Ces juifs eurent l'impudence, par l'entreprise de Neuburger leur homme de confiance, dans un interview du « *Peuple* », de nier avoir jamais été mêlé à l'affaire des métaux.

dire que c'était là un accaparement criminel qu'il s'étonnait de voir rester impuni.

Le 19 février 1888, un député honnête, M. Laur, avait signalé, du haut de la tribune, les agissements de la bande, et avait demandé l'application de la loi. M. Fallières, alors ministre de la justice, répondit qu'elle serait appliquée si l'accaparement était bien prouvé. En mars 1889, il était prouvé, avoué même par M. Secrétan, et cependant les syndiqués ne sont pas encore poursuivis.

Le 7 mars dernier, M. Laur a interpellé le ministère; cette interpellation a été renvoyée au 21 mars où il l'a développée dans un discours mémorable. La séance fut scandaleuse. L'orateur attaquait Rothschild et la tourbe des députés fut étonnée de tant d'audace. Nous voudrions que chacun lût dans le *Journal officiel* du 22 mars les 11 colonnes qui sont consacrées à cette discussion. Force nous est de les résumer le plus brièvement possible.

Après avoir rappelé son interpellation du 19 février 1888 et l'engagement de poursuivre en cas de preuves de l'accaparement, M. Laur dit :

« Je prévois que le Gouvernement pourra équivoquer sur « la question d'accaparement; il pourra dire qu'en réalité « le cuivre n'est pas une marchandise française, mais une « marchandise étrangère qu'il a plu à quelques spéculateurs « de réunir dans leurs mains, qu'en réalité le marché fran- « çais n'a pas été touché.

« C'est là un raisonnement qui tombe d'un mot : il y a « là accaparement à la deuxième puissance. Non seulement « accaparement du marché français, mais accaparement du « marché du monde entier, et le Gouvernement lui-même « a dû passer par les fourches caudines du syndicat. Le « Gouvernement avait pris l'engagement d'appliquer l'article

« 419 si l'accaparement était prouvé. Eh bien! il a été « prouvé depuis, avec un luxe de publicité et de documents « qu'on n'a jamais rencontré dans aucune autre spécula- « tion. »

Rappelant le suicide de M. Denfert-Rochereau, il cite, parmi les personnes engagées dans l'affaire, MM. de Rothschild, ce qui n'est pas du goût de M. Rouvier qui s'écrie : « Où y avait-il M. de Rothschild? »

M. LAUR. — « Je vais vous le dire tout à l'heure, M. le « Ministre des finances..... Je vais exprimer ici une opinion « que je sais fondée : Le Comptoir d'Escompte aurait été vic- « time, en réalité, d'une sorte de complot financier qui « ne date pas d'hier..... (mouvements divers), d'un complot « financier, dont la chute du Comptoir n'est en réalité qu'un « acte d'importance presque secondaire. Ce complot, déjà « ourdi lors d'une catastrophe célèbre, a pour fin dernière « la ruine du marché financier français. (Rumeurs au centre.) « Il y a déjà longtemps que le Comptoir d'Escompte est en « but à l'inimitié de cette association internationale, que je « désignerai d'un mot en disant que MM. de Rothschild en « sont les chefs. » (Applaudissements sur quelques bancs à « l'extrême gauche et à droite. — Protestations au centre et « à gauche.)

« M. LE BARON DE SOUBEYRAN. — Vous parlez de ce que vous « ne savez pas.

« M. LE PRÉSIDENT. — Je prie l'orateur de s'abstenir autant « que possible de prononcer des noms de personnes qui ne « sont pas ici pour se défendre.

« M. LE MINISTRE DES FINANCES. — *Il n'est pas convenable en « effet de faire intervenir le nom de personnes qui ne sont « pas représentées ici*, et qui dans la crise sur laquelle je « m'expliquerai tout à l'heure ont eu la plus honorable atti- « tude. (Très bien! très bien! Bruit sur quelques bancs à l'ex- « trême gauche.)

« M. LAUR. — Il m'est impossible de m'engager à ne pas « introduire dans ce débat les noms dont j'ai parlé. J'y met- « trai de la réserve, de la courtoisie, mais il y a un nom

« dont j'ai besoin de me servir. (Bruit.) A qui, je le demande,
« pouvait profiter la ruine du Comptoir d'Escompte? La
« réponse est sur vos lèvres ; en réalité, il n'y a qu'à la mai-
« son dont je parlais tout à l'heure.

« M. GEORGES PERIN. — La maison qui est au coin des quais.

« M. LAUR. — La maison qui est au coin de tous les quais
« du monde. (Très bien ! très bien. Bruit.....) En réalité c'est
« cette maison qui a commencé la spéculation des cuivres,
« et elle savait très bien que la spéculation ne pouvait pas
« tenir pendant trois ans, surtout pendant dix. (Mouvements
« divers.) Je ne peux pas accuser la maison Rothschild de
« folie, elle sait très bien ce qu'elle fait. Or le fait d'engager
« cette opération est une folie ou un complot. (Très bien
« sur divers bancs à l'extrême gauche et à droite. Bruit au
« centre et à gauche.)

« Qui a déterminé en somme le krach des cuivres? La
« même maison. C'est elle qui, par M. Secrétan, après avoir
« engagé M. Denfert-Rochereau dans une opération rui-
« neuse, a retiré ses capitaux et a tout fait crouler. Le pre-
« mier devoir du Gouvernement était non pas d'aller trou-
« ver la Banque de France, mais la maison de MM. de
« Rothschild les inspirateurs de toute cette affaire et de
« dire : ou vous allez liquider cette opération ou nous vous
« appliquerons l'article 419. (Bruit d'approbation sur quel-
« ques bancs à gauche.)

« M. ROUVIER. — Une telle démarche aurait ressemblé à
« des procédés de chantage qui ne sont pas dans nos habi-
« tudes. (Très bien, au centre et à gauche.)

« M. LAUR. — Je vais démontrer qu'en allant dire à M. de
« Rothschild : Vous avez engagé M. Secrétan et la Société des
« Métaux dans une spéculation sans issue... (Interruptions.)

« M. JULES FERRY — On ne peut pas parler ainsi des per-
« sonnes à la tribune ! »

M. Laur continue à attaquer la maison de Rothschild, tandis que M. Rouvier surexcité l'interpelle, et que le financier député, baron de Soubeyran s'écrie de nouveau aux applaudissements du centre et de la gauche : « Vous parlez de ce que vous ne savez pas. »

« M. LAUR. — Vous le voyez, messieurs, ils sont tous soli-
« daires, ils se tiennent tous. (Bruit.)

Les interruptions se croisent. Les protestations plus nombreuses que les applaudissements se font entendre au centre et à gauche. M. Le Hérissé est rappelé à l'ordre.

« M. LAUR. — Ma conviction est qu'il y a des personnes,
« qu'il y a une maison internationale intéressée à la ruine
« de notre marché !
« M. LE MINISTRE DES FINANCES. — Cette maison aurait
« toutes les vertus, si elle subventionnait vos journaux.
« M. LAUR. — Je n'ai pas de journaux et ce que vous dites
« est inexact ; car la maison Rothschild subventionne beau-
« coup de journaux.
« M. LE MINISTRE DES FINANCES. — Pas les vôtres ! (On rit.)
« M. LAUR. — Mais la question est plus haute, je veux
« mettre le Gouvernement en présence d'une hypothèse.
« Supposez que demain une puissance, notre voisine, nous
« déclare la guerre, que feriez-vous, monsieur le ministre
« des finances si le marché était ruiné ? (Bruit.)
« Oui, la ruine du marché français, c'est là une question
« de vie ou de mort pour nous. Or, le complot, dont je parle,
« a pour but de ruiner définitivement la France, de l'em-
« pêcher de trouver de l'argent pour se défendre. (Bruit.)
« M. LE MINISTRE DES FINANCES. — Ce serait monstrueux, si
« ce n'était inepte.
« M. LAUR. — Vous avez bien tort de parler ainsi, car si
« demain les événements me donnaient raison, vous ne sau-
« riez où vous montrer. »

Au milieu d'interruptions de toute nature, M. Laur continue son discours, signalant au Gouvernement les syndicats français des pétroles, fers blancs, produits chimiques, papiers, etc. Ainsi il existe un syndicat des produits sodiques (carbonate de soude, etc.), de chlorure de chaux, d'acide sulfurique et de sel marin. Le député qui avait eu le courage de flétrir à la tribune les agissements malhonnêtes et criminels de la Haute Banque, dirigée par les Rothschild, termina son discours en demandant l'application de la loi.

MM. Rouvier, ministre des finances, et Thévenet, ministre de la justice, répondirent, le premier en faisant l'éloge de ces hauts barons de Bourse (M. de Soubeyran applaudissait), le second en invitant M. Laur à déposer une plainte contre les Rothschild. Il fallut que M. Millerand rappelât au garde des sceaux que l'action publique n'a pas besoin d'être provoquée par un particulier. Il était à la fois grotesque et profondément triste de voir la conduite piteuse de M. Thévenet, souffleté à chaque instant par les paroles de Camélinat, de Millerand, de Cassagnac et de Dugué de la Fauconnerie.

Après l'intervention à la tribune de divers députés eut lieu la bataille des ordres du jour : Ceux de MM. Laur, Millerand, et de la Droite furent repoussés. La Chambre accepta par 320 voix contre 192 l'ordre du jour présenté par MM. Thomson, Arène, etc., ainsi conçu :

« La Chambre, convaincue que le Gouvernement prendra les mesures nécessaires pour rechercher les responsabilités encourues et assurer le respect de la loi, passe à l'ordre du jour. »

Tel est le résumé de cette séance où pour la première fois, le nom des Rothschild, de cette maison criminelle et néfaste a retenti à la tribune. Ce ne sera pas la dernière.

Néanmoins le Gouvernement ne s'est pas encore décidé à poursuivre les membres du syndicat. Y songez-vous ? Poursuivre Rothschild, un juif ! Mais, disent Rouvier et Thévenet, vous voulez donc qu'on nous accuse de recevoir des pots-de-vins des cléricaux ! nous sommes bien trop intègres pour cela !

Et pendant ce temps la Haute Banque continue ses forfaits internationaux.

La Société des Métaux avait été mise en liquidation judiciaire contrairement à la loi du 4 mars 1889 [1]. En effet, nul commerçant ne peut jouir de la faveur de la liquidation judiciaire s'il ne dépose son bilan dans les quinze jours qui suivent la cessation de paiement, ou s'il a géré ses affaires follement et s'il peut attribuer à lui-même les causes de sa faillite. Or, c'est bien le cas de la Société des Métaux : La cessation de paiement a eu lieu plus de quinze jours avant le prononcé de la liquidation judiciaire et la gestion des administrateurs a été téméraire et frauduleuse. Toutefois, on n'en a pas moins écarté la faillite qui s'imposait pour se contenter de la liquidation judiciaire. La loi était violée.

Cependant, les pertes de la Société, étaient considérables. Elles atteignaient suivant un bilan, arrêté au 13 avril par le liquidateur judiciaire, la somme de 120,968,236 fr. sans compter les pertes à prévoir sur l'inexécution des marchés de cuivre [2].

L'information, commencée le 29 mars, donna lieu à des perquisitions faites, le 4 mai, chez Hentsch, Secrétan et Laveissière. Le premier, mis en état d'arrestation dans

[1] La loi sur les faillites paraît être faite en faveur des commerçants malheureux ; mais en réalité, elle est faite pour protéger les commerçants malhonnêtes. C'est une loi essentiellement juive.

Lors de la publication de cette loi dans l'*Officiel*, on fut obligé de le réimprimer. On faisait queue à la porte pour se procurer le journal.

[2] *Eclair*, 29 avril.

Actif.	297,331,597 francs
Passif (sans compter l'indemnité de réalisation).	345,120,336
L'excédent du passif actuel est de.	47,788,739 —

(*Gazette française* du 4 mai.)

la matinée, fut relâché le soir même. Aucune saisie-arrêt n'avait été faite sur les biens des administrateurs ; aussi voulurent-ils les mettre à l'abri. Dans les journaux d'annonces légales du 14 mai, on pouvait lire les deux annonces suivantes concernant la première des biens à Secrétan, la seconde une propriété à Denfert-Rochereau [1].

HOTEL AVEC JARDIN à Paris **RUE MONCEY, 12** contenance 3,799m 55. — Mise à prix : 2,800,000 francs.

MAISON rue Moncey, 14. — Revenu brut : 42,250 francs. Mise à prix : 500,000 francs.

MAISON rue Blanche, 43. — Revenu brut : 19,600 fr. Mise à prix : 250,000 fr. A adj. sur une enchère, ch. des notaires de Paris, le 11 juin 1889. S'adresser à Me Massion, notaire, boulev. Haussmann, 58, pour renseign. et permis de visiter.

Puis celle-ci :

CHATEAU à Grand-Bourg, 10 min. gare Evry-Corbeil, 14 ch. de maître, grands communs, parc, serres. Vue superbe. M. à p. 40,000 fr. ; à adj. m. s. 1 enchère, ch. des not. de Paris, le 4 juin 1889. S'ad. à Me Dauchez, notaire, 37, quai de la Tournelle.

Les actionnaires étaient menacés de tout perdre ; la justice n'avait pas agi avec la rapidité et la sévérité nécessaires.

Devant cet état de choses, M. Millerand questionna le garde des sceaux à la Chambre des députés dans la séance du 24 mai. Il montra la conduite des administrateurs qui détournent leur fortune personnelle, la seule garantie des actionnaires, il dit que l'information judiciaire avait été ouverte vingt-trois jours après la catastrophe du Comptoir; ici le Garde des Sceaux l'interrompit

[1] *XIXe Siècle*, 26 mai.

pour affirmer qu'il avait interrogé *en personne* le liquidateur; ce qui souleva les rires de toute l'assemblée. M. Millerand conclut en ces termes [1] :

Quel est le droit du juge d'instruction? Ce droit est triple : le juge d'instruction a le droit de faire des perquisitions chez tous ceux chez qui il espère trouver des documents importants, de faire des saisies de papiers, de livres, de valeurs; et si ces saisies avaient été opérées en temps convenable, on aurait pu empêcher certaines correspondances, certaines valeurs de s'évader. (Très bien! très bien! sur divers bancs.) Le troisième droit du juge d'instruction, le plus important, c'est enfin le droit d'arrestation.

Dans quelles conditions a-t-on usé de ces droits? La première perquisition a été faite le 5 ou le 6 mai, c'est-à-dire deux mois après la catastrophe. Quelqu'un croit-il que les intéressés n'aient pas profité de ces deux mois? Evidemment non.

En tout cas, il importe à la dignité, à l'honneur du Gouvernement républicain de ne pas laisser croire qu'on a pu fournir le moyen de faire disparaître des pièces compromettantes ou de mettre des fortunes à l'abri. Or, ce n'est que deux mois après la catastrophe que la première perquisition a eu lieu.

On a voulu arrêter l'une des personnes évidemment responsables, le président du conseil d'administration du Comptoir d'Escompte. Mais on ne l'a pas fait : on s'est contenté, alors que cette personne est responsable solidairement de près de 100 millions, de lui demander, pour la laisser en liberté, une caution de 300,000 francs. Ce n'est pas sérieux. (Très bien! très bien! sur divers bancs.)

Ainsi, voilà plus de vingt personnes responsables, administrateurs du Comptoir d'Escompte, administrateurs de la Société des Métaux, banquiers ayant participé à cette opération, et on fait des perquisitions chez trois personnes seulement! Pourquoi n'en a-t-on pas fait chez les autres?

Quand le négociant le plus modeste est en état de faillite, s'il est soupçonné de banqueroute, le juge d'instruction n'at-

[1] *XIXe Siècle*, 26 mai.

tend pas deux mois pour saisir ses livres, ses correspondances : il le fait immédiatement. (Très bien! Très bien! sur divers bancs.)

En ne le faisant pas pour le Comptoir d'Escompte, on a encouru de graves reproches. Mais, et c'est pour cela que j'ai posé ma question, ce qui n'a pas été fait, il faut le faire le plus tôt possible, et j'ai le droit de demander qu'on le fasse. Il est certain, en effet, après ce qu'a dit M. le Garde des Sceaux, que l'instruction marche sous son œil. (Très bien! très bien! sur divers bancs.)

Il est de la plus grande urgence que le Gouvernement de la République montre, par une attitude absolument nette, à tout ce public soupçonneux, et qui a des raisons de l'être (Très bien! très bien! sur divers bancs), qu'il n'y aura de complaisance pour personne, qu'il n'y a pas un coupable, quelle que soit sa situation, qui échappera à la justice. (Très bien! très bien! sur les mêmes bancs.)

Il ne faut pas laisser croire que, parce qu'à un certain moment le Gouvernement a pu avoir besoin du concours de certaines hautes personnalités financières, ces personnalités seront à l'abri des recherches de la justice. (Applaudissements sur divers bancs.)

Il ne faut pas qu'on puisse croire qu'après la destruction des privilèges de droit consacrée par les mœurs et par la loi, on a laissé s'établir en France des privilèges de fait qui défient la loi. (Applaudissements.)

Il faut que la moralité de cet incident soit celle-ci : puisque de hautes personnalités se sont laissé englober dans une aussi triste affaire, puisqu'elles ont laissé, par leur faute ou par leur négligence, s'accumuler de pareilles ruines, il faut qu'elles portent la responsabilité entière de leurs fautes (Très bien! très bien !); il faut que tout le monde sache qu'il n'y a plus en France de privilège pour personne, et que devant le juge d'instruction tous les citoyens sont égaux. (Vifs applaudissements.)

M. Thévenet répondit seulement que la justice était égale pour tous, qu'elle n'avait eu, n'avait et n'aurait jamais aucune complaisance pour les personnes compromises. La Chambre se contenta de cela, et nous pouvons voir aujourd'hui Hentsch, Secrétan, Laveissière, Rothschild, et tous les accapareurs se promener librement sur les boulevards. Il est vrai qu'Odin, socialiste révolutionnaire, réfléchit à Sainte-Pélagie sur les inconvénients de parler dans les Congrès ouvriers [1]. La justice est satisfaite.

En même temps que cela se passait pour la Société des Métaux, le Comptoir d'Escompte était enterré, et nouveau phénix, il renaissait bientôt de ses cendres. Les actionnaires, craignant de voir leurs droits méconnus par la Haute Banque, avaient de fréquentes réunions pour discuter les meilleures manières de défendre leurs intérêts. Une réunion générale des actionnaires devait avoir lieu le 29 avril, et le 27 les journaux publiaient des extraits plus ou moins complets du rapport des liquidateurs judiciaires Moreau et Monchicourt.

Comme nous l'avons dit précédemment, le Comptoir avalisait les traités des mines avec le syndicat des cuivres. En mars 1888, deux avals avaient déjà été donnés, et cependant les procès-verbaux des conseils ne signalent aucune trace des opérations sur les cuivres [2]. L'actif montait à 299 millions et le passif à 293, d'après le rapport des liquidateurs. Ceux-ci concluaient à la responsabilité du conseil d'administration, des censeurs et de la succession Denfert-Rochereau. Ils proposaient la cession du comptoir à M. Denormandie, ancien gouverneur de la Banque de France, représentant de financiers et des principales maisons de banque et de crédit.

La nouvelle Société, au capital de 40 millions, (80,000 actions de 500 francs), acceptait la cession contre

[1] *XIXe Siècle*, 23 mai.
[2] *Eclair*, 30 avril.

40,000 parts de fondateur (actions de jouissances), données aux actionnaires et 7 millions en espèces, payables par annuités en vingt-cinq ans. Les actionnaires du Comptoir, avaient droit de priorité pour la souscription des actions du nouveau Comptoir[1].

Les conditions de la cession furent votées par l'assemblée des actionnaires du 29 avril, qui prononçait en même temps la dissolution de l'ancien Comptoir. Le vote fut enlevé par des actes inqualifiables. En effet, d'après les statuts, l'assemblée générale des actionnaires se compose de tous les porteurs de 10 actions au moins, avec autant de voix qu'ils ont de fois 10 actions, sans pouvoir cependant posséder plus de 10 voix. Or le vote fut fait à mains levées, et des gens qui avaient plusieurs voix n'ont voté qu'une fois. Tel est le cas du Dr Roussel qui avait droit à 92 voix, comme mandataire de divers porteurs d'actions[2].

Certains actionnaires eurent alors des réunions privées, dans le but de s'entendre pour intenter une action en nullité des décisions de l'assemblée du 29. Les naïfs! Ils croyaient encore qu'on pouvait leur rendre justice, alors qu'ils s'attaquaient aux riches financiers. Une des personnes présentes s'écriait : « C'est inutile! la justice est vendue aux Rothschild[3], » et montrait ainsi que tous n'étaient pas dupes. Ils déposèrent une plainte le 11 mai, contre les administrateurs[4].

Denormandie était entré en possession du nouveau Comptoir. Les Rothschild étaient les maîtres. La juiverie

[1] *Presse*, 28 avril. — *Conseiller des Rentiers*, 30 avril. — *XIXe Siècle*, 30 avril.

[2] *XIXe Siècle*, 1 mai.

[3] *XIXe Siècle*, 5 mai.

[4] *XIXe Siècle*, 23 mai

allemande l'emportait encore. On le vit bien, quand le Comptoir national d'Escompte envoya le 18 mai un prospectus invitant à souscrire à l'emprunt russe qui se faisait sous les auspices de la tribu Rothschildienne, habitant Paris, Londres et Francfort, de Bleichrœder et de la Disconto Gesellschaft[1].

La souscription des 80,000 actions du Comptoir national fut couverte par tous les anciens actionnaires. L'assemblée générale constitutive devait avoir lieu quand on apprend par la presse qu'il y a eu 60,000 parts de fondateur, et non 40,000 et que 20,000 de ces parts sont destinées aux sauveteurs de l'ancien Comptoir[2] ! ! C'est un tolle général. A l'assemblée du 3 juin, un actionnaire demande des explications à Denormandie qui se contente de répondre que ces 20,000 parts reviennent au groupe de financiers qui lui ont donné leur garantie pour constituer la Société[3].

A la seconde assemblée du 11 juin, il refuse de nouveau de donner le nom des quatre-vingt-deux financiers, maisons de banque ou de crédit qui auront ces parts. Mais malgré cela l'assemblée devait voter ses propositions. En effet les administrateurs et les censeurs nommés, sont ceux proposés par ce valet des Rothschild[4]. Parmi eux se trouvait son gendre, M. Allain Launay, nommé à la fois membre de la commission permanente

[1] *XIX*

[1] *XIXe Siècle*, 25 mai.

[2] *Science pour tous. XIXe Siècle*, 30 mai.

[3] *XIXe Siècle*, 5 juin.

[4] Ces administrateurs sont : Denormandie, Berger de la Banque Ottomane, Ledoux, Mercet, Mozet, Thiébaut, Schlumberger, Vlasto du Crédit mobilier. Les membres de la commission permanente de contrôle sont : Allain Launay, Georges Martin de Saincay, du canal de Suez. Les censeurs sont : Audemard d'Alençon, Allain Launay.

de contrôle et censeur[1] ! Le conseil d'administration choisit Alexis Rostant pour directeur général et pour sous-directeur M. Gallay[2].

L'ancien Comptoir avait définitivement disparu. Un nouvel établissement de crédit, où les Rothschild et la banque juive allemande avaient la haute main, le remplaçait. Spoliés par cette bande de financiers, les actionnaires étaient ruinés. Il leur fallait se courber sous la toute-puissance des youddis de la rue Laffite. Il n'y avait à espérer aucune justice, ni aucune enquête sérieuse sur les agissements des Rothschild, des Hentsch[3], des Laveissière, Secrétan, Girod, etc. Le gouvernement inféodé aux gros capitalistes, à ceux qui vivent et consomment sans produire, à ces parasites de la société, ne pouvait que leurrer les petits actionnaires par de belles paroles et des commencements d'instruction qui n'aboutiront jamais. Il en sera ainsi jusqu'au jour de la liquidation sociale, où tous ces vampires financiers rendront tout ce qu'ils ont pris à la masse par leurs agios et leurs vols.

Dans notre époque de spéculations à outrance, des syndicats de toute sorte se sont formés. Les juifs et les judaïsants sont toujours là pour accaparer les matières premières ou les produits de fabrication, pour les acheter à vil prix et les revendre le plus cher possible. Ainsi il y a les syndicats des suifs et des soies, au capital de 100 mil-

[1] *XIXe Siècle*, 13 juin.

[2] *Eclair*, 15 juin.

[3] La *Gazette française* du 18 mai apprenait au public que la maison de banque Hentsch frères et Cie liquidait. Les affaires seraient continuées par une nouvelle société ; Velay, Hentsch, Odier et Cie. Velay est le gendre de Edouard Hentsch, du Comptoir et des métaux ; Emile Hentsch en est le fils cadet. Odier est le gendre de Charles Sautter, directeur de la Banque de Paris et des Pays-Bas. C'est donc la même maison qui continue sous un autre nom.

lions[1], ceux du whisky[2], des houilles anglaises[3], du sel[4], de l'étain, des briques réfractaires[5]. Ce dernier est au capital de 375 millions et a pour président Lord Dudley. Un syndicat du papier s'est constitué en Angleterre, la spéculation a commencé à Liverpool, et le marché a subi une forte hausse[6].

La tribune du parlement français a entendu de nouveau raconter les méfaits d'une bande d'accapareurs sur les sucres. C'est encore M. Laur qui a interpellé, car c'est toujours lui qu'on trouve lorsqu'il s'agit de signaler au public les agissements de la juiverie. Vous avez tort, M. Laur, vous vous en repentirez? Pourquoi vous occuper ainsi du public? Pourquoi ne pas rester tranquille avec vos appointements de député et les rentes que la Haute Banque vous ferait? Pourquoi ne pas imiter M. Rouvier et tant d'autres? Alors les Lebaudy, Rothschild, Erlanger, etc., vous appelleraient « mon cher ami »! Allons, M. Laur, revenez à de meilleurs sentiments et vous vous en trouverez bien!

Dès le commencement de janvier 1889, on annonçait la création d'un syndicat des sucres[7], mais sous toutes réserves. On n'en parlait plus, quand, en mai dernier, quelques journaux signalèrent la hausse des sucres. Ils s'étendaient peu sur la question : on en reparlerait après

[1] Les cours de ces matières ont été élevés de 25 p. 100. *Presse*, 21 décembre.

[2] *Matin*, 4 avril.

[3] *XIXe Siècle*, 21 mars.

[4] *Presse*, 21 mars.

[5] *Gazette française*, 30 mars.

[6] *Petit Champenois*, 3 mai.

[7] *Matin*, 4 janvier.

l'avoir étudiée, les lecteurs devaient attendre ; ils attendent encore !

Mais M. Laur interrogea le Ministre de la justice, dans la séance du 24 mai, et presque tous les journaux [1] firent le silence sur le remarquable discours du député. Pourquoi ce silence autour du sucre, alors qu'on avait fait tant de bruit autour des cuivres ?

Nous allons citer, presque *in extenso*, d'après le *Journal Officiel* [2], le discours de M. Laur.

Millerand venait de terminer sa question à Thévenet, relativement au Cuivre et au Comptoir, quand la parole fut donnée au député de la Loire.

M. FRANCIS LAUR. — Messieurs, je viens poser devant la Chambre une question en bien des points semblable à celle qui vient d'être développée par mon collègue M. Millerand.

Une deuxième spéculation est en train de s'édifier. A mon avis, elle n'est peut-être pas moins dolosive pour le peuple français que la première, et n'entraînera pas des dommages moins nombreux. J'estime donc que, dans ces conditions, l'attention de la Chambre m'est acquise d'avance. Elle voudra bien ainsi faciliter ma tâche, qui sera brève si cette attention m'est accordée.

Divers membres à gauche. — Vous retardez le vote des lois ouvrières ! — Nous avons à nous occuper des délégués mineurs !

M. LE COMTE ALBERT DE MUN. — Mais la question qui est traitée en ce moment est une question ouvrière par excellence. Rien n'intéresse davantage les ouvriers.

M. LE PRÉSIDENT. — Veuillez, messieurs, cesser ces interruptions.

M. LE COMTE ALBERT DE MUN. — Les ouvriers aimeraient

[1] Cependant dans l'*Intransigeant* (17 mai), dans la *Petite République française* (18 mai), la *Presse* (21-23 mai), l'*Eclair* (22 mai) il y avait quelques bons articles.

[2] N° du 25 mai 1889. Voir aussi la *Presse* du 27 mai.

mieux être débarrassés des accapareurs que d'avoir des délégués mineurs !

M. Francis Laur. — Messieurs, une hausse de 54 p. 100 sur le sucre brut s'est produite. Il s'agit d'une matière alimentaire de première nécessité.

Je ne veux examiner devant la Chambre qu'une seule question : cette hausse est-elle due au libre jeu des faits économiques, ou bien est-elle due à la volonté d'un certain nombre de personnes spéculant dans le but de bénéficier sur une opération colossale? Cela dit, ma tâche sera terminée.

Deux points doivent être établis au seuil de ce débat.

La production totale du sucre pour l'exercice actuel est-elle inférieure à la production totale du sucre dans l'exercice écoulé? En un mot, la production européenne et universelle est-elle inférieure, en 1888-1889, à la production européenne et universelle en 1887-1888.

Voici les chiffres :

	Campagne 1888-89.	Campagne 1887-88.
	tonnes.	tonnes.
France.	470.000	392.824
Allemagne	900.000	939.166
Autriche	525.000	428.616
Russie	510.000	441.342
Belgique	130.000	140.742
Hollande	145.000	39.280
Autres contrées . . .	55.000	49.980
	2.735.000	2.431.950

Excédent pour 1888-89 . 283.050 tonnes.

Mettons 280.000 tonnes d'excédent.

On ne peut donc pas dire, en premier lieu, qu'au point de vue européen, il y ait dans la production des sucres une raison qui légitime la hausse, puisqu'il y a augmentation dans la production totale.

Mais la production coloniale est-elle en déficit? Oui, de 250.000 tonnes environ, disent les uns, de 300.000 disent les pessimistes. En définitive, nous voyons que la production totale du sucre dans le monde est la suivante :

	Campagne 1888-89.	Campagne 1887-88.
	tonnes	tonnes
Production européenne.	2.735.000	2.451.950
Production coloniale. .	2.311.000	2.501.735
	5.046.000	4.953.685
Excédent pour 1888-89 .	92.315.	

C'est-à-dire que la production universelle a été d'environ 5 millions de tonnes et qu'elle était, l'année dernière, de 4.953.000 tonnes. Mettons le même chiffre pour être large.

Je puis donc formuler cette première affirmation, véritablement probante dans la situation qui est faite au consommateur, c'est que la production du sucre dans le monde n'est pas inférieure, dans la campagne 1888-89, à la production dans la campagne 1887-88, et que même la production européenne a été presque exceptionnelle !

Ce premier point posé, il s'agit de savoir comment la spéculation a commencé, comment il est venu à la pensée de certaines personnes, se servant de cette nouvelle, habilement répandue, qu'un déficit colonial avait eu lieu, qu'un cyclone avait sévi à Java et à Cuba, de faire monter les sucres et de spéculer sur cette denrée dans une mesure inouïe.

Le point de départ de cette spéculation est en France : la Raffinerie parisienne d'abord, je crois, s'est mise à la hausse, puis toutes les autres sociétés ont suivi.

La Raffinerie française, messieurs, n'est pas, en effet, une corporation qui opère seulement sur notre pays ; elle tient notre marché dans sa main depuis de longues années, c'est un jeu. Mais elle exporte et par conséquent elle a un pied partout. Elle s'est engagée cette fois à fond dans la spéculation du sucre brut : c'est là le grand fait nouveau de cette coalition dont, je le répète, les ramifications s'étendent non seulement à Paris, mais à Magdebourg, qui est le centre du commerce des sucres en Allemagne, et à Londres, le centre du commerce des sucres coloniaux.

Le marché français n'étant pas tout pour ces spéculateurs effrayants, ils daignent plutôt le favoriser d'une très légère baisse de prix pour donner à M. le Ministre un argument précieux et ne pas pousser le consommateur français chatouilleux à l'exaspération. C'est pour cela que les raffineurs — M. le Ministre vous le dira tout à l'heure — tolèrent en France une certaine baisse des sucres comparativement aux prix de Magdebourg et de Londres. Mais, en réalité, ils ont la main sur toutes les places ; ils y ont des courtiers dont je pourrais vous citer les noms et ils y opèrent aujourd'hui en grand sur les sucres roux 88 degrés, alors qu'ils ne le faisaient jadis que sur une petite échelle, dans le but évident, comme pour les cuivres, de mieux étrangler le marché français par le marché étranger.

La spéculation est donc non seulement nationale, mais internationale.

Je dirai à M. le Garde des Sceaux qu'il est un fait, à mon avis, plus grave encore que celui qui consiste à spéculer sur les sucres, à fausser les statistiques, comme l'affirme l'*Economist* de Londres, à profiter des paniques payées ou habilement répandues sur le marché, à utiliser des moyens d'information vraiment inouïs, c'est le fait de dissimuler les stocks.

Mais qu'est-ce qui m'autorise à dire qu'il y a des stocks dissimulés et qu'en réalité on a faussé ainsi les statistiques des sucres dans le monde entier ? Je vais vous l'apprendre.

J'ai tâché autant que possible de ne pas donner prise au reproche qu'on aurait pu me faire de me servir de documents fantaisistes et de me livrer à des appréciations romanesques ; j'ai voulu prendre des autorités.

Voici ce que dit l'*Economist* de Londres, qui est en réalité le premier journal d'économie politique du monde entier :

« Quels que soient les totaux de la production européenne. — totaux qu'il conteste comme moi — quels que soient les chiffres, cependant, que nous choisissions, il est nécessaire d'avoir présente à l'esprit une importante condition, c'est que des stocks invisibles sont (*locked up*) cachés, accaparés par des spéculateurs à la hausse. Le stock allemand de betterave montre, comme on voit, une diminution considérable mais ceci est dû au fait que les spéculateurs de Magdebourg ont enlevé (*taken off*) du marché 60 ou 70,000 tonnes de sucres, afin de renforcer encore l'apparence de la position statistique. Ce sucre, bien entendu, n'est pas entré dans la consommation et devait précisément être ajouté aux stocks. Aux Etats-Unis, aussi, il est probable que les chiffres des stocks ne sont pas tout à fait dignes de foi car il y a une lutte entre les raffineurs (le syndicat *Raffiners sugar trust*) et les producteurs bien connus. Il est donc certain que les stocks sont plus grands qu'ils ne paraissent à première vue. »

M. Maurice Rouvier, *ministre des finances.* — Comme s'il était facile de cacher 60,000 à 70,000 tonnes de sucre.

M. Francis Laur. — J'entends M. le Ministre des finances qui dit : Comment est-il possible de cacher des stocks.

M. le ministre des finances. — De 60,000 tonnes.

M. Francis Laur. — Je n'apprendrai probablement rien à M. le Ministre des finances en lui disant que dans l'opération des cuivres, c'est précisément l'accumulation de certains stocks dissimulés, ignorés des statistiques — en Italie, je précise ; à Livourne, je précise davantage — qui a permis à la spéculation sur les cuivres de durer jusqu'en janvier et février 1889, c'est à l'aide de cette dissimulation que les accapareurs pourront mener à bien des opérations dolosives ou accentuer un désastre.

M. Peytral. — Ce mot « caché » a un sens particulier, il indique le retrait de certaines marchandises des entrepôts publics pour être transportées dans des entrepôts privés ; les stocks ne sont pas moins connus.

M. Francis Laur. — Mon cher collègue, vous vous trompez, il n'existe pour les sucres aucune statistique officielle complète qui puisse vous permettre de vous rendre compte des transactions opérées, des mouvements de stocks, et en général des existences sur le marché européen. Il n'y a que des statistiques particulières émanant de personnes autorisées, le *Moniteur des halles et marchés*, M. Licht, M. Gorz, etc., qui publient des circulaires qui ne sont pas officielles. Je ne sais si j'ai compris mon collègue, mais quand on fausse les statistiques par la dissimulation de stocks on peut causer un préjudice à la fortune publique car les opérations de vente et d'achat se font sur des bases qui sont volontairement altérées dans un intérêt particulier.

Je le répète, c'est la Raffinerie française qui tient tous les fils de cette organisation dans sa main, qui accapare, fait vendre, par exemple, par un de ses courtiers qu'elle ruine pendant qu'elle fait racheter en masse par un autre des sucres bruts, des roux, des cristallisés, des n° 3, etc., etc. Oui, elle s'est associée avec les Allemands de Magdebourg dans le but d'exploiter la France et l'Europe.

J'ai donc démontré le premier point de mon argumentation, à savoir que la spéculation est internationale, conduite en grande partie par la Raffinerie française, et que rien dans la production universelle du sucre ne la légitime.

Je vais vous prouver qu'au point de vue national, au point de vue français, la situation est encore plus fausse et plus volontairement faussée.

L'examen de cette situation est encore plus simple à faire.

Y a-t-il équilibre entre nos ressources et nos besoins? Voilà, en réalité, la seule chose à démontrer.

Y a-t-il assez de sucre en France pour aller jusqu'au mois de septembre prochain, époque à laquelle la récolte betteravière arrivera à combler le déficit, si déficit il y a? Et, en réalité, si je prouve qu'en France il y a suffisamment de sucre pour aller jusqu'au mois de septembre prochain, je vous aurai prouvé que toute hausse est une hausse artificielle, qui est fonction de la volonté de quelques individus.

Eh bien, messieurs, le stock — et je prie la Chambre de vouloir bien enregistrer ces chiffres — le stock au 30 avril, d'après la douane, était de 171,704 tonnes, contre 177,618 tonnes en 1888.

Le stock, au 31 mars, était de 192,167 tonnes contre 200,318 tonnes en 1888.

Ainsi la diminution du stock, en avril 1889, est de 20,163 tonnes; et en avril 1888, de 22,700 tonnes.

Ainsi, nous avons un stock de 171,000 tonnes, et il diminue de 20,000 tonnes seulement par mois.

Ces seuls chiffres prouvent que la France peut attendre 8 mois et demi la nouvelle récolte qui commencera dans quatre mois!

Mais voilà qui est plus probant encore :

La production française dans la campagne 1888-1889 a été de 470,000 tonnes contre 392,824 tonnes en 1887-1888.

Il y a eu excédent, pour 1888-1889, de 78.000 tonnes !

Bien plus encore, les importations du 1er septembre au 30 avril 1889 (commerce général) sont, d'après la douane, de 89,722 tonnes contre 85,805 tonnes seulement en 1888-1889.

D'où excédent, pour 1888-1889, de 3,917 tonnes.

Enfin, la consommation, du 1er septembre 1888 au 30 avril 1889 est, d'après la douane, de 288,564 tonnes contre 304,128 tonnes en 1888.

D'où diminution de consommation, pour 1888-1889, de 15,564 tonnes.

Ainsi donc, messieurs : 1° la France peut attendre huit mois et demi, sans manquer de sucre, la nouvelle récolte qui va commencer dans quatre mois.

2° La production française en 1888-1889, a été supérieure à celle de presque toutes les années précédentes ; elle a été de 470,000 tonnes environ, tandis que la consommation n'est que de 415,000 tonnes par an.

C'est donc au moment où la récolte française est supérieure à la consommation, où il y a des stocks considérables pour vivre pendant huit mois, où la consommation diminue comme toujours quand les prix s'élèvent, que l'on vient faire l'accaparement et la hausse sur les sucres !

L'*Economist* anglais va plus loin. Il dit que, « grâce aux hauts prix actuels, beaucoup de sucre, jusqu'à présent consommé sur place dans l'Inde, sera attiré ici par les grands profits que les présents cours fournissent. En outre, il y a eu dans les récentes années une immense consommation de sucre pour d'autres usages que l'alimentation, et celle-ci serait d'abord réduite par la hausse du prix ».

De sorte que, messieurs, étant donné qu'il y aura cette année un ensemencement plus grand de la betterave, il va y avoir une panique inverse en septembre, et ce sont les malheureux fabricants de sucre de betterave qui ne raffinent pas qui vont en supporter les conséquences ; la récolte sera, à mon avis, dépréciée d'avance par la baisse inévitable quand toute cette fantasmagorie se sera dissipée. Notez-le bien, messieurs, je désire ne pas être mauvais prophète. La raffinerie aura ainsi exploité le consommateur français, le fabricant de sucre et déprécié à l'avance la récolte des agriculteurs de France.

Conclusion : Vous arrivez à cette monstruosité économique : augmentation de la production du sucre en France, diminution de la consommation, et cependant hausse de 30 p. 100. En vérité, messieurs, on pourrait se borner à ces rapprochements pour exposer la question et faire voir que les spéculateurs sont raffineurs.

Ces deux points établis, je termine en demandant à M. le Ministre s'il ignore où sont en réalité les coupables dans cette spéculation, s'il n'est pas de toute évidence que ce sont ceux qui transforment les sucres bruts ? Vous n'ignorez pas, en effet, qu'il ne faut pas confondre le fabricant de sucre, c'est-à-dire celui qui produit le sucre cristallisé, n° 3, celui qui porte pour ainsi dire la matière première au raffineur, avec ce raffineur lui-même. Le fabricant de sucre est un industriel qui n'a pas des capitaux en grande quantité, qui ne dispose pas, comme la raffinerie française, d'un demi-milliard, sinon d'un milliard complet, et qui est obligé, de septembre à février, de vendre sa production de sucre cristallisé, au fur et à mesure de sa fabrication, pour alimenter son industrie, payer ses ouvriers et amortir son prix de revient. C'est ce qu'elle a fait.

Le fabricant de sucre est, en réalité, solidaire de l'agriculture française. Il représente les 150,000 agriculteurs qui remettent par leur intermédiaire à MM. les raffineurs leur production en 1889.

Ils la leur ont remise évidemment en leur disant : Faites-la d'abord consommer aux Français, satisfaites le marché intérieur pour la conservation duquel on a élevé des barrières douanières, favorisez ainsi la culture de la betterave, votre sauvegarde dans l'avenir ; vous exporterez, vous spéculerez après avec les excédents.

Qu'ont fait les raffineurs, et là, j'attire l'attention de M. le Ministre : ils ont pris cette matière première des mains des fabricants de sucre, des cent cinquante mille paysans qui ont cultivé la betterave, et cette matière première à 37 fr., ils l'ont fait monter subitement dans leurs mains à 56 fr., non pas en vertu de nécessités économiques, mais en faussant les statistiques, en jetant la panique sur les marchés de Magdebourg, de Londres et de Paris, en dissimulant des stocks; tout cela dans un intérêt privé et pour accumuler des bénéfices scandaleux.

Ces personnes que je ne nommerai pas, si M. le ministre ne l'exige pas, sont-elles en grand nombre? Sont-elles 400, comme les fabricants de sucre, 150,000 comme les cultivateurs de betterave? Non, elles sont six ou huit au plus. Forment-elles, oui ou non, une coalition; sont-elles liées entre elles par des intérêts? Ne sont-elles pas convenues de limiter leur production? C'est un fait connu de tout le monde; certain raffineur de Nantes pourrait vous l'affirmer. Oui ou non, suivant l'article 419, y a-t-il coalition d'un certain nombre d'individus « dans le but de faire hausser le prix d'une marchandise au-dessus du prix qu'aurait déterminé la libre concurrence »? C'est ici que réside le point précis de la question. La volonté seule de quelques personnes n'a-t-elle pas produit tout ce mouvement économique? Oui, puisque je viens de vous démontrer que la production du monde ne légitimait pas la hausse, que la production de la France la légitimait encore moins, et qu'elle avait eu lieu cependant, rapide, imprévue, et comme sur un signe, sur tous les marchés.

Je demande donc à la Chambre, si elle le juge utile, de vouloir bien imposer à M. le Garde des Sceaux l'obligation de vérifier, à l'aide d'une enquête, la véracité de tout ce que je viens d'exposer, de faire l'enquête nécessaire pour s'assurer qu'il y a huit ou dix personnes résidant à Paris, marchant d'accord avec les spéculateurs de Magdebourg et formant une association dont voici le but : exporter le trop-plein de la production du sucre français ou colonial, à n'importe quel prix, de façon à tenir le marché français et faire payer à la consommation française des prix fixés d'avance, c'est-à-dire, en un mot, faire payer à l'étranger le sucre meilleur marché qu'on ne le fait payer aux nationaux eux-mêmes.

Et je défie n'importe qui de venir ici dire que tel n'est pas le but de ce syndicat. Soyez en réalité convaincus qu'il s'agit ici de gens effroyablement puissants, qui savent parfaitement quels sont les moyens de fausser les statistiques, de dissimuler les stocks et de faire varier les cours à leur avantage.

Ce que veulent ces milliardaires, c'est garder, pour eux

seuls, dans leur main, et avant tout, le marché français qui est leur poule aux œufs d'or. Cette année ils gagneront 50 millions sur les contribuables parce que vous l'aurez bien voulu. Enfin il faut ici lever tous les masques, les raffineurs français sont protégés, non seulement par leurs capitaux, mais par la loi, car lorsque la récolte — et j'insiste là-dessus, monsieur le Garde des Sceaux — est bonne en Europe, lorsque, par conséquent, il doit y avoir dépréciation du sucre, pléthore; quand on pourrait s'alimenter à bon marché, les raffineurs s'abritent derrière le droit de 8 francs que vous avez élevé à la frontière pour empêcher le sucre raffiné d'entrer; ils ont toujours alors pour eux cette marge énorme qui devrait suffire à la marche normale d'une grande industrie, et ils nous font payer toujours le sucre à un prix exorbitant sans nous laisser bénéficier de la surproduction.

C'est une prime que vous leur avez donnée : ils sont garantis contre la baisse, contre les accidents de surproduction européenne; et quand la hausse arrive, qu'il y a vide ou qu'ils le font eux-mêmes, ils accaparent, ils élèvent le prix de 30 à 54 p. 100. Ils égorgent le consommateur et l'agriculteur. On voit, en un mot, cette chose honteuse, une dizaine de citoyens français jouant à coup sûr sur une denrée alimentaire au premier chef, garantis contre la surproduction par la loi et le droit de 8 francs, garantis contre la diminution de production par l'impunité que vous accordez à l'accaparement

Les fortunes créées ainsi par la complicité de nos lois, en protégeant le marché pour le mieux faire étrangler, ces fortunes colossales constitueront un jour un danger public. Ne l'oubliez pas !

On va ainsi à l'encontre de l'idée de la majorité de la Chambre qui a été de protéger l'agriculture, puisqu'on empêche cette dernière de palper les bénéfices auxquels, en réalité, elle a droit, car c'est le raffineur qui prend tout.

Résumons-nous : Aujourd'hui vous avez laissé léser les intérêts de 38 millions de Français en permettant qu'on réalise sur eux un bénéfice que j'évalue à 60 millions de francs, pas tout à fait 2 francs par tête, ou environ 2 p. 100 de l'impôt total perçu en moyenne sur chaque citoyen. Rien que pour avoir le droit de consommer du sucre (en ajoutant le droit de 60 francs), le Français paye 10 francs par tête, et encore on le lui augmente ensuite de 30 p. 100 pour faire plaisir à une demi-douzaine de milliardaires : voilà de la démocratie !

Vous avez lésé, en outre, messieurs, les intérêts de l'agriculteur français, qui vous sont ordinairement si chers. Nos paysans ne l'oublieront pas.

Vous avez lésé aussi les quatre cents fabricants de sucre qui sont l'honneur de la production indigène française.

Je dis enfin quelque chose de plus.

Il y a eu de petits courtiers ruinés, dont je pourrais citer les noms; des petits raffineurs récalcitrants, comme M. César, de Nantes, qui ont été exécutés comme indociles.

Oui, il est un fait qu'on observe toujours dans ces sortes de spéculations, c'est que les petits sont broyés.

Non, monsieur le Ministre, vous ne ferez entrer dans la pensée d'aucun Français que quand la consommation du monde n'a pas diminué, quand la consommation de la France a plutôt augmenté, quand les stocks, en réalité, ne sont pas plus dépréciés qu'ils ne l'étaient en 1887, vous deviez permettre une spéculation qui augmente les charges du pauvre.

M. Wickersheimer. — En voilà assez !

M. Francis Laur. — Non ! ce n'est pas assez, sur le chapitre des petits.

M. Wickersheimer. — Si ! pour une question il y en a assez.

M. Lafont (Seine). — Ce n'est pas une question, c'est une confidence.

M. Francis Laur. — Je n'admets pas qu'un de mes collègues dise : « En voilà assez ! » J'ai une argumentation à fournir, je la suivrai, et, quelle que soit la discourtoisie de mon collègue, j'irai jusqu'au bout.

M. le Président. — Messieurs, vous n'avez pas le droit d'interrompre l'orateur, mais vous avez raison de dire que les questions doivent être développées sommairement.

M. Wickersheimer. — J'ai dit que pour une question, il y en a assez. Nous avons des questions autrement intéressantes à discuter.

M. Francis Laur. — J'entends dire qu'il y a des questions autrement intéressantes que celle-là. Eh bien, mon collègue, dites-moi si vous trouvez qu'une question n'est pas importante lorsqu'elle intéresse 38 millions de Français, et quand, en réalité, il s'agit d'une spéculation qui, je le répète, est faite par une dizaine de personnes au détriment de toute la population française. (Très bien! très bien! sur divers bancs. Interruptions sur d'autres.)

M. LE PRÉSIDENT. — Messieurs, veuillez laisser continuer l'orateur.

M. FRANCIS LAUR. — Messieurs, j'ai terminé, du reste. Oui, monsieur le Ministre, ce syndicat existe. Il n'y a qu'une conduite à tenir pour vous, c'est de faire une descente de justice dans une rue que je vous nommerai... (On rit.)

M. WICKERSHEIMER. — Quel numéro?

M. FRANCIS LAUR. — C'est de saisir les papiers de ce syndicat qui sont centralisés tous les mois dans les mains d'un directeur spécial, M. J... au siège social de la coalition; c'est d'y saisir les états mensuels des fontes et des sucres, qui permettent de contrôler la production du raffiné et de la limiter. C'est de vous faire dire qu'on s'est réuni, notamment le 8 mai, pour savoir s'il n'y avait pas un traître dans le syndicat, les prix étant tombés anormalement ce jour-là à 49 francs. C'est de vous renseigner sur les ventes, non seulement en France, mais à l'étranger; c'est de vouloir bien suivre et vous faire représenter les stocks, cachés ou non, et après avoir fait cette étude, digne d'un gouvernement démocrate, c'est de venir dire à la Chambre si, en réalité, vous n'avez pas trouvé au siège même de ce syndicat la preuve qu'il y a coalition entre ces dix ou douze personnes dans le but que j'ai indiqué et qui tombe sous l'application de la loi.

Je vous le dis, monsieur le Ministre, parce qu'il est nécessaire que vous connaissiez toute ma pensée et toute votre responsabilité.

L'autre jour, des ouvriers sont venus me trouver et ils m'ont dit cette parole que je dois répéter au Parlement : « Nous sommes convaincus que la hausse des sucres correspond à une spéculation faite par de gros personnages. Dites bien ceci à la tribune : Si la hausse du sucre continue, si même il ne baisse pas dans un prochain délai, eh bien, nous irons nous servir nous-mêmes, à bon marché, dans les raffineries! » (Exclamations et interruptions diverses.)

Nous signalons à l'attention de la Haute Finance, M. Wickersheimer. C'est un bon et loyal serviteur, qui remplit bien son mandat.

Le Garde des Sceaux répondit, en peu de mots, au député de la Loire. Voici en substance cette réponse:

De telles menaces sont inadmissibles dans un pays où la loi est égale pour tous[1]. La hausse sur les sucres tient à la diminution de la récolte coloniale. Elle est donc naturelle, et je ne puis faire ouvrir une information en vertu de l'article 419, que si la hausse est produite par des moyens frauduleux. L'élévation des cours a eu lieu sur tous les marchés d'Europe. Il est inadmissible de centraliser des opérations qui s'étendent sur le monde entier.

Et il termina ainsi :

« Si la spéculation s'est mêlée dans la hausse des sucres, ce que j'ignore, elle a été certainement secondée par des causes naturelles. Le gouvernement suit avec un grand intérêt les mouvements des cours; s'il voyait se produire la coalition frauduleuse prévue par l'article 419, il n'hésiterait pas à sévir, comme il a eu déjà occasion de le faire. (Très bien! très bien!) »

M. Laur répondit quelques mots qui réfutaient péremptoirement les arguments de l'ami de Jacques Meyer. La

[1] Il faudrait cependant que le cliché : la loi est égale pour tous, ne revienne pas éternellement dans la bouche des parasites juifs et judaïsants. Tout le monde sait maintenant que c'est une pure plaisanterie. Demandez à Drumont, à Chirac, aux actionnaires de l'ancien Comptoir, de l'Union générale et à tant d'autres enfin. On vous répondra que les riches sont au-dessus de la loi et les faits sont là pour le prouver.

question fut close, et les bons Français continuent à payer le sucre fort cher, pour le plus grand bénéfice des Lebaudy, Say, et autres accapareurs. Dans cette comédie du Palais-Bourbon, Laur seul a rempli son devoir. C'est rare par le temps qui court. Aussi, tous les Français, qui ne sont pas inféodés à la juiverie, le félicitent sincèrement de sa conduite[1].

Mais le Syndicat le plus important et le plus redoutable est celui de l'or[2]. C'est cette union de financiers cosmopolites dont les chefs sont les Rothschild. Elle suce la richesse de toute la France, de toute l'Europe, étendant ses tentacules sur le commerce, dont elle est maîtresse par les banques d'escompte, sur l'industrie qu'elle possède par les chemins de fer, sur le crédit des nations qu'elle régente par les emprunts et l'agio.

Les peuples courent à leur ruine et, si un pareil état de choses subsiste encore pendant quelques années, l'or, l'argent, les terres, tout enfin aura passé entre les mains des juifs.

Les Rothschild, ces vampires qui pompent l'or de

[1] Le Syndicat du sucre a pris fin en juillet. Les maisons allemandes de Magdebourg et quelques maisons françaises ont fait monter le prix du sucre de 17,50 à 18 fr. 75 qu'il était en avril jusqu'à 36,25, soit près du double. Au commencement de juillet, la débâcle est arrivée et, pour éviter le désastre, les spéculateurs allemands ont imaginé un procédé très original et très juif. Voici : « La caisse de liquidation de marchandises de Magdebourg qui avait pour habitude de régler tous les samedis, a subitement suspendu cette mesure et a décidé que la prochaine liquidation était remise au 15 septembre. Il en résulte que les différences à payer par les places étrangères et qui se règlent, elles, chaque semaine, ont été encaissées par le Syndicat, tant qu'il s'est agi pour lui de recevoir. Maintenant qu'il doit payer au contraire — au moins un million — il se donne, de sa propre autorité, un sursis de deux mois ! » (*Moniteur Industriel*, 18 juillet.)

[2] *Presse*, 25 mars.

l'Europe entière, qui sont dans tous les pays, dans toutes les grosses affaires financières, ont toutes les audaces. Un des leurs, membre du parlement anglais, Ferdinand de Rothschild, n'a-t-il pas eu l'étrange aplomb de féliciter le Gouvernement britannique, au sujet de la conduite de l'ambassadeur, Lord Lytton, au moment de l'inauguration de l'Exposition de 1889 [1]? Un Rothschild répudier la Révolution de 1789 ! C'est un comble ! A-t-il donc oublié que sans cette Révolution il serait encore marchand de bric-à-brac dans une Judenstrasse quelconque d'une ville d'Allemagne? Rothschild, mon garçon, il faut avoir au moins la reconnaissance du ventre! Vous devriez au contraire glorifier cette Révolution, car c'est elle, hélas! qui vous a permis, à vous juifs, de nous voler, nous aryens, légitimes propriétaires du sol européen! Ce baron de la finance ne se souvient plus de son ancêtre, valet chez la duchesse de Bouillon. Il croit, par Dieu! que sa famille était représentée aux Croisades! Non, Rothschild, si quelque immonde Youd était à la suite des armées de cette époque, c'était pour dépouiller les morts et voler les vivants. Vous devriez d'autant mieux le savoir, lords et barons de Rothschild, que vous faites encore de même aujourd'hui !

L'émotion causée par le krach du Cuivre et du Comptoir n'était pas encore terminée, que les juifs de la rue Laffitte lançaient, sur le marché, un emprunt russe de 1,200 millions. Dans leurs prospectus, ces youtres parlaient de patriotisme. Rothschild, patriote! Un juif patriote! C'est à pouffer de rire! Ils montraient l'importance pour la France de rendre service aux Russes; aussi conseillaient-ils aux Français de souscrire et de

[1] *XIXe Siècle*, 1er juin 1889.

donner leur argent à la Russie. Ce qu'ils ne disaient pas, c'est que cet or était en réalité pour les capitalistes allemands et surtout hébreux. Ce qu'ils cachaient aux bons goïm français, c'est qu'ils leur vendaient ces titres plus cher qu'ils ne les vendaient aux goïm anglais et allemands. Ce qu'ils oubliaient volontairement, c'est de faire connaître leur *bedide gomission* et celle de Bleichrœder leur coreligionnaire. Quelques journaux le leur dirent, aussi l'emprunt russe échoua [1].

L'absence de sens moral existe à un tel point dans la société actuelle, qu'il y a des associations internationales de voleurs fonctionnant au vu et au su de tout le monde. Elles ont un banquier à Londres, M. Gaston Robert, qui achète à 50 p. 100 de perte les titres volés, et les rend ensuite à ceux qui en ont été dépouillés, avec 30 ou 40 p. 100 de bénéfice [2]. La police connaît ce réceleur et cependant il continue, en paix, son métier; il paraît que la loi est impuissante à punir de semblables attentats. D'ailleurs, l'Angleterre possède des entrepreneurs de vols (Swell craksman), l'Italie a sa *Camorra* et sa *Maffia*, l'Europe entière a la juiverie occulte, qui la dévore par l'agio, un vol aussi [3]!

Quand donc un nouveau Christ, le fouet à la main, viendra-t-il chasser tous ces marchands du temple, c'est-à-dire de la société humaine?

Il n'y a pas une fortune, tant soit peu considérable, qui n'ait pour origine le vol, la spéculation et l'accaparement. Personne n'en a honte, et chacun cherche à s'en glorifier. Cela n'a rien d'étonnant, puisque la morale de

[1] *XIXe Siècle*, 18 et 25 mai. *Eclair*, 27 mai.

[2] *Peuple*, 11 février.

[3] Dr Corre. *Les Criminels*.

nos classes dirigeantes est telle que ces voleurs, ou plutôt ces faux honnêtes gens, car ils ne se sont point assis devant un Tribunal au banc des accusés, sont reçus partout et partout honorés.

La Presse qui écrit tout, pourvu qu'on la paye, fait chaque jour leur éloge, la description de leur luxe, et vante leur générosité bien connue, parce qu'on les a vus donner un billet de 100 francs dans une fête de charité.

Voilà le spectacle que nous présentent les hautes classes, la finance, le grand commerce et la grande industrie. Mais nous retrouvons cet esprit de vol et d'égoïsme dans toute notre société. Les petits commerçants, les petits industriels veulent, eux aussi, faire rapidement fortune. Ils voleront dans la mesure du possible, chaque fois qu'ils pourront éviter la loi, plus sévère cependant pour eux que pour les voleurs de haute marque. Ils ne s'inquiètent pas si la santé publique en souffre. Peu leur importe d'être empoisonneurs ou voleurs si, dans dix ans, leur fortune est faite, s'ils peuvent, au bout de ce temps, aller manger leurs rentes dans leur village où ils seront nommés, par leurs compatriotes, maire ou premier adjoint.

Les fraudes commerciales se font donc au grand jour. On nous vend des étoffes de laine qui contiennent du coton, du vin mouillé ou fabriqué avec des poisons, du café qui n'a de café que le nom, etc... Ce n'est point un vol, c'est tout au plus une petite habileté qui permet de faire fortune un peu plus rapidement. Nous trouvons la preuve de tout cela dans la statistique des laboratoires municipaux et des tribunaux correctionnels.

On peut lire chaque jour à la quatrième page des journaux la réclame suivante :

La Ménagère. — Un flacon de **4 fr. 80** suffit pour fabriquer **230 litres de vin rouge** de 8 à 10° d'alcool. Représentants demandés 300 francs par mois dont 200 fixes. Écrire à Gaudaubert, Saintes, France[1].

Est-ce que la Préfecture de Police a songé à se demander ce que pouvaient contenir ces flacons qui permettent de fabriquer un tonneau de vin rouge pour 4 fr. 80?

Voici la circulaire que lança dans toute l'Allemagne, il y a quelque temps un fabricant de vin :

« En raison de notre grand commerce de vin de Champagne, nous vous recommanderons notre qualité de Champagne à bon marché. Prix **15 fr. 60** la douzaine de bouteilles. Emballage compris. Expédition par Rotterdam et Anvers. Nous vous ferons observer que nous pouvons vous livrer toutes les marques que vous voudrez et nous vous prions d'en faire l'essai[2]. »

Cette réclame n'a pas besoin de commentaire!

La circulaire suivante d'un honorable négociant de Mons est encore plus cynique : « Je vous informe que je possède deux secrets consistant à : 1° augmenter le poids de 1 à 3 kilogrammes selon essence à la balle de café vert; un appareil valant 2 fr. 50 est indispensable; 2° d'imiter le café rôti et échapper ainsi à la perdition de poids par suite du rôtissage. J'aime à croire M. que vous apprécierez l'avantage qu'il y a pour vous d'acheter mes secrets qui se vendent[3] !!! »

Beaucoup de parents, qui, pour rétablir la santé ébranlée de leurs enfants, leur font prendre de l'huile

[1] *Revue internationale des falsifications*, 1888.

[2] *Idem.*

[3] *Idem.*

de foie de morue, ignorent probablement qu'il y en a deux fabriques aux environs de Paris. Elles achètent à vil prix tous les poissons pourris, huîtres, moules, etc., que l'inspecteur des halles fait jeter. Tant pis pour les pauvres enfants à la poitrine délicate que ce remède empoisonneur tuera! Les Russes sont encore plus forts; à Saint-Pétersbourg, on fabrique l'huile de foie de morue avec du pétrole[1].

Dans tous ces pays on falsifie le beurre, le riz, le poivre, le chocolat, etc...

Franz Bauer, directeur d'un laboratoire chimique et technique à Dresde, débite au grand jour beaucoup de spécialités pour la fabrication du vin et de la bière[2].

Ces crimes sont punis d'une façon dérisoire lorsqu'ils le sont. La mort reconnue et constatée d'un certain nombre d'individus, l'épuisement d'une société tout entière, se soldent par quelques jours de prison et, plus souvent, par quelques centaines de francs d'amende.

En 1886-87, dans un quartier de Londres à Kensigton, il y eut 44 cas de poursuites pour falsifications de denrées alimentaires. Il y eut 31 condamnations et la somme des amendes s'éleva à 960 francs! Elles variaient de 1 fr. 25 à 125 francs, plus les frais. Il est vrai que les Londoniens sont habitués à cela, puisqu'ils payent, par an, de 6 à 7000 livres sterling pour l'eau vendue sous le nom de lait[3]!

En France, MM. Le Charpentier, Clericé, Pissot, Sauvrezis viennent d'être condamnés à 3 mois de prison et 3000 francs d'amende pour vente de beurre falsifié. Un

[1] *Revue internationale des falsifications*, 1888.

[2] *Idem*.

[3] *Idem*.

épicier qui vendait à Vierzon, sous le nom de thé, des feuilles quelconques colorées avec du bleu de Prusse à été condamné à 50 francs d'amende.

Nombre de pâtissiers ont été poursuivis sous l'inculpation d'empoisonnement pour avoir coloré leurs gâteaux avec du chromate de plomb, ce qui supprimait le beurre et les œufs[1] !

Jusqu'aux antiquités qu'on falsifie. MM. Rosenau, Max Lewy, Lang et Helft, Mme Colonel marchands juifs à Paris ont été condamnés à des amendes variant entre 1000 et 3000 francs[2]. On voit par ces chiffres qu'il en coûte plus de s'attaquer à la bourse des riches qu'à la santé de tous!

Nous lisons souvent dans les journaux les terribles récits d'accidents de chemin de fer. La cause en est bien souvent ignorée. En tout cas, voici celle des nombreuses catastrophes survenues sur la ligne du Hanovre. L'aciérie d'Osnabrück livrait des rails en mauvais état, les marquant d'un faux poinçon d'acceptation. Elle pratiqua ce vol pendant douze ans sans être inquiétée. Combien de gens ont perdu la vie à cause de la cupidité des propriétaires de cette fabrique[3]!

Enfin, pour terminer avec ces falsifications de toute sorte, nous citerons, sans raconter l'histoire présente encore à la mémoire de tous, le nom du comte de Villeneuve, qui, après avoir fait mourir une dizaine d'individus et en avoir rendu malades trois ou quatre cents, a été condamné à une simple amende par une magistrature, dont Drumont a dit qu'elle ne s'achète plus par la raison bien simple, qu'elle est vendue depuis longtemps.

[1] *Revue internationale des falsifications*, 1888.

[2] *Idem*.

[3] *XIXe Siècle*, 27 décembre 1888.

Pour réprimer les falsifications il a été créé des Laboratoires municipaux qui fonctionnent plus ou moins bien. Celui de Paris est dirigé par M. Girard, fonctionnaire que le *XIXe Siècle* a vigoureusement attaqué dans une série d'articles depuis le 5 mars dernier. Il l'accusait d'incapacité, de malversations diverses, etc...

Poursuivi en cour d'assises, le *XIXe Siècle* fut condamné, en la personne de son gérant, à 1 mois de prison[1]. Dans le cours de ce procès, il fut prouvé seulement que M. Girard était chimiste consultant d'un industriel M. Armet de Lisle, fabricant de quinquinas[2]. Le directeur du laboratoire avouait ce fait déjà connu de l'administration. Il fut aussi prouvé que les analyses des produits, vu leur quantité, étaient mal faites, mais cela n'entachait en rien la valeur scientifique de M. Girard.

Il est regrettable que, dans ce procès, le public ait cru voir une campagne contre le laboratoire, institution fort utile en cette époque de vols et de falsifications.

Puisque nous parlons de laboratoires municipaux, nous allons raconter une petite anecdote survenue à. . Pékin, si vous voulez, où existe un laboratoire municipal dirigé par un chimiste... En Chine comme en France on cumule, aussi ce directeur est chimiste conseil dans

[1] Il eut aussi 1.000 francs d'amende et 15.000 francs de dommages et intérêts envers M. Girard. (Voir les journaux du 24 juin.)

[2] Beaucoup de chimistes du gouvernement sont dans le même cas. Nous citerons M. Riche, M. Troost, membre de l'Institut, professeur à la Faculté des sciences et administrateur à la Compagnie du gaz. Dans le procès en question, Me Millerand, avocat du journal, posa à ce témoin la question suivante : « Et vous avez été désigné à l'attention de la Compagnie par votre rapport au cours du procès qu'elle soutient contre la ville? » M. Troost s'incline ! (*XIXe Siècle*, 24 juin.) Sans commentaires.

une fabrique de couleurs. Le propriétaire de cette fabrique est beau-père d'un industriel en produits pharmaceutiques, M. R... Ceci étant posé, voilà l'histoire.

Un docteur nommé F... ordonne à un malade un produit spécial fabriqué par l'industriel R... Le médicament absorbé n'agit pas du tout. Alors F... le fait analyser chez un chimiste qui trouve que le produit spécial ne contenait pas trace de la substance indiquée sur l'étiquette. C'était un vol de la part de l'industriel. F..., pour plus de certitude, fait analyser le produit en question au laboratoire municipal et là, on le déclara excellent. Vous comprenez bien que le chimiste conseil du beau-père ne pouvait pas déclarer que les produits de R... étaient falsifiés; on lui aurait supprimé ses émoluments.

Moralité : A Pékin on est moins honnête qu'à Paris.

Il y a d'autres commerces qui enrichissent très rapidement ceux qui les pratiquent. Telle est l'usure, fort connue sous le nom de vente de peaux de crocodiles; telle est la consignation qui consiste à revendre à vil prix des matières achetées à crédit ou simplement à les mettre en dépôt.

Nous pourrions citer le nom d'un huissier, officier ministériel qui, achetait à crédit des marchandises et les revendait au comptant avec 50 ou 60 p. 100 de perte. Cet huissier a été obligé de quitter sa charge, il y a très peu de temps.

La loi frappe rigoureusement tous ces trafics honteux, mais la magistrature ne poursuit pas, et les commerçants voleurs continuent tranquillement leurs infâmes métiers.

Le vol est si bien admis par les possédants comme un moyen d'acquérir qu'on a pu voir dernièrement en

Angleterre se créer une compagnie « *L'Electrical Sugar raffining Company* » pour le raffinement du sucre par l'électricité. Une publicité intelligemment faite dans les journaux quotidiens et largement payée, un élogieux rapport d'un certain M. Roberts, l'annonce de résultats mirifiques, etc., amènent des souscripteurs, On s'aperçut alors que le procédé n'était qu'une mystification et que les administrateurs de la compagnie n'étaient que des escrocs [1]. Tout le monde cependant les trouva fort habiles !

L'escroquerie semble si naturelle qu'on ne s'étonne pas trop en apprenant que des négociants persans vendaient à Nijni-Novgorod depuis plusieurs années de grandes quantités de turquoises fausses. Sur cent mille vendues, il n'y en aurait que dix mille vraies [2]. Ces négociants doivent être juifs.

Les commerçants ou industriels n'hésitent point à violer les lois toutes les fois qu'ils y trouvent leur bénéfice. Ainsi ils commettent un délit en faussant souvent les adjudications ce qui tombe sous le coup de l'article 412 du Code pénal [3] et les rend passibles de trois mois de prison et de 5,000 francs d'amende au maximum.

Ils se réunissent cinq ou six et soumissionnent entre

[1] *Matin*, 6 janvier. *Gazette française*, 12 janvier.

[2] *Petit Champenois*, 26 mars.

[3] Art. 412. — Ceux qui, dans les adjudications de la propriété, de l'usufruit ou de la location des choses mobilières ou immobilières, auront entraîné ou troublé la liberté des enchères ou des soumissions par voies de fait, violences ou menaces, soit avant, soit pendant les enchères ou les soumissions, seront punis d'un emprisonnement de quinze jours au moins et de trois mois au plus et d'une amende de cent francs au moins et de cinq mille francs au plus.

La même peine aura lieu aussi contre ceux qui, par dons ou promesses, auront écarté les enchérisseurs.

eux. Le plus fort rabais est 30 p. 100 par exemple. Ils conviennent alors que celui qui a soumissionné à 30 p. 100, soumissionnera seul à 10 p. 100 devant la commission et qu'ils partageront entre tous les 20 p. 100 qui restent. C'est ce qu'ils appellent la *soumission au chapeau.*

Nous connaissons un entrepreneur, décoré de la Légion d'honneur, qui, sur certaines fournitures de la gare St-Lazare, a touché quatorze mille francs sans être adjudicataire. N'ayant malheureusement pas de preuves à donner, nous ne voulons pas citer son nom, mais si on pouvait voir ses livres, on trouverait probablement la trace de cela.

Cette entente entre les fabricants pour fausser les adjudications s'étale au grand jour. Les Laveissière, en 1879, réclamaient, devant le tribunal de commerce et ensuite devant la cour d'appel, à Secrétan, une partie de ses bénéfices sur les cuivres à cartouche livrés au ministère de la guerre. « Cette demande, écrit Hubner, était basée sur une entente entre eux pour laisser Secrétan seul fournisseur, aux plus hauts prix possibles, moyennant partage du grand bénéfice sur notre budget.[1] »

Il n'y a pas de petit gain qui soit à dédaigner.

Le richissime banquier qui est au coin de tous les quais du monde, est aussi au coin de la rue de Dunkerque, où il a revêtu le tablier des bouchers. Ce n'est pas de la viande Kochère qu'il vend, mais elle n'en rapporte pas moins.

En effet, au Conseil municipal, séance du 13 mars 1889,

[1] *Gaspillage du budget de la guerre.— Nos cartouches métalliques,* par A. Hubner.

M. Foussier apprenait au public, qu'une *Compagnie d'importation de produits alimentaires*, ayant une patente de boucher en gros, était établie dans l'intérieur de la gare du Nord. Elle y a un étal et des bureaux ; elle vend aux Parisiens de la viande venue d'Allemagne par wagons frigorifiques. Cette compagnie jouit de tarifs particuliers, de faveur, contrairement à l'article 47 du cahier des charges. Ainsi le transport d'un mouton de Berlin à Paris coûte 2 francs, tandis que de Vintimille à Paris il en coûte 28 !

Etablie illégalement dans les bâtiments de la gare du Nord, la Compagnie d'importation de produits alimentaires cause aux bouchers de Paris des torts graves, grâce aux tarifs de complaisance accordée par le Baron, le patron de Léon Say, de Rouvier et du Comte de Paris. De plus la Ville perd les droits qu'elle aurait perçus, si comme cela devait être, les viandes étaient vendues aux abattoirs ou au pavillon numéro 3 des halles centrales.

Cet établissement, soutenu par Rothschild, devrait être supprimé si le ministre des travaux publics faisait exécuter le cahier des charges. La ville ne perdrait rien si le Préfet de police veillait à l'exécution rigoureuse de l'article 4 de l'ordonnance de Police du 13 octobre 1879 [1]. Mais il s'agit des rois de la Finance, et ces fonctionnaires français ne disent rien, trop heureux de courber la tête devant ces juifs. Leur puissance est telle que les

[1] Cet article est ainsi conçu : « Les approvisionneurs qui voudront introduire des viandes dans Paris par... ou encore par les gares de chemin de fer... auront la faculté de le faire, mais dans ce cas, les viandes devront être conduites sous escorte de l'octroi (et aux frais des intéressés) soit à l'abattoir le plus voisin, soit au pavillon n° 3 des Halles Centrales pour y être soumises à la visite de l'Inspecteur de service. » Il y a, paraît-il, une inspection aux gares. La boucherie Rothschild y est-elle soumise ?

fonctionnaires de l'Etat, employés au chemin de fer du Nord, sont leurs serviteurs et non ceux du pays. Ils obéissent aux youddis, car ils savent que sans cela, ils seraient renvoyés de leur place. En juin 1889, les journaux parisiens ont retenti de plaintes des voyageurs du Nord où le service est fait d'une manière déplorable [1]. Le Ministre des travaux publics n'a rien dit, car il est inféodé à ces immondes financiers.

L'aryen doit s'habituer à se laisser molester, sans protester, par le juif, puisque c'est lui le maître, le possesseur de l'or, le dispensateur des places et des pots-de-vin. C'est le patron des ministres et des députés qui prennent ses ordres pour tondre le Français bête et bon. Heureusement que ces youddis crasseux et voleurs ont dépassé et dépassent chaque jour la limite raisonnable qu'on doit observer dans l'exploitation des hommes. Ils ont écorché le mouton qui s'est déjà transformé en loup hurlant après les juifs. Demain ce sera, comme en Russie, le tigre qui cherchera dans le sang une juste vengeance.

Le manque de probité de l'industriel et du commerçant russes est proverbial. La banqueroute frauduleuse est un fait ordinaire, tandis que la faillite simple est incroyable. Dans les fournitures militaires, le vol s'étale au grand jour; d'ailleurs on vole partout en ce pays. Les concussions, les pots-de-vin, les fraudes illégales ont atteint leur *summum*. Il faut lire l'ouvrage de Tikhomirov: *La Russie politique et sociale*, pour se faire une idée de la moralité de la classe des bourgeois et des seigneurs russes. On est tout étonné de voir que ce pays est aussi pourri que le reste de l'Europe et cependant il

[1] *Le Temps*, 7 juin 1889. *Matin*, 5, 6, 8 juin.

est depuis moins longtemps exploité par la juiverie. Pour donner une idée de l'exploitation de la masse du peuple par la minorité bourgeoise, nous ne rapporterons que le fait suivant : le chemin de fer de Moscou à Riazan a coûté 7,700,000 roubles et l'Etat garantit le revenu d'un capital de 14 millions ! !

Mais revenons en France où les faux honnêtes gens sont aussi très nombreux. Cela ne surprend pas dans une société comme la nôtre où l'on voit glorifier un faussaire, Jules Favre, membre de l'Académie française !

La science est également la proie du mercantilisme et du puffisme le plus effréné. Ce n'est plus au génie, au savant modeste et travailleur que l'on décerne des récompenses ou des marques de gloire, c'est au charlatan qui sait habilement se faire de la réclame. Combien de gens ignares s'étalent en ce moment à l'Académie des sciences qui n'ont fait que voler les travaux des autres. Nous ne disons pas ceci pour Marcel Deprez ; mais si Drumont a été condamné pour s'être plaint qu'il occupât la place de Tresca [1] ; n'a-t-il pas été constaté par jugement que Deprez ne se tenait pas au courant des travaux de ses collègues ?

M. Deprez était bien sûr d'arriver à cet honneur, puisqu'il était protégé par Rothschild. D'ailleurs, voici son histoire. Au moment des expériences de Creil pour la transmission de la force à distance, on construit des machines suivant un type qu'il a inventé lui-même. Ces machines ne fonctionnent pas ; on recommence et enfin on parvient à obtenir un petit résultat. Maurice Lévy, autre académicien, juif celui-là, est chargé de faire un rapport. Il le fit de telle façon qu'il rendit l'Académie

[1] *La France juive devant l'opinion*, p. 100.

entière ridicule aux yeux de l'Europe et de l'Amérique; ce qui n'empêcha pas quelques mois plus tard M. Deprez d'être nommé membre de cette illustre corporation, au lieu et place de Tresca!!

Et cependant voici de quelle façon s'était exprimé sur le compte de ces expériences M. Boistel, ingénieur électricien de grande valeur. « Les fonds mis au service d'un ingénieur expérimenté auraient conduit avec une dépense bien moindre à des résultats scientifiques et industriels beaucoup plus considérables, et beaucoup plus en harmonie avec les succès depuis longtemps consacrés par la pratique [1]. »

Il est vrai que M. Deprez avait d'autres titres à l'Académie; notamment deux inventions relatives à l'électricité que le Dr Hopkinson et M. Kapp avaient inventées avant lui [2].

Les membres de la commission de Creil étaient: M. J. Bertrand, président, M. Becquerel, Collignon, Cornu, Laussedat, Maurice Lévy et A. Sartiaux.

Comme ils ont été nommés membres du comité technique de l'Exposition universelle de 1889, l'*Ingénieur Electricien* dit en parlant d'eux : « Nous espérons que d'ici là les membres de l'Institut qui font partie du comité, et qui ont collaboré au chef-d'œuvre qui portera dans l'histoire le nom de : *Rapport sur les expériences de transmission de la force entre Creil et Paris*, auront appris assez d'électricité pour soutenir réellement leur rôle de membres du comité technique d'électricité. »

Il faut ajouter aux noms cités plus haut ceux de

[1] *La vérité sur les expériences de Creil*, Paris 1887.

[2] *Ingénieur électricien*, 1886.

M. Henri Ménier et du baron Edmond de Rothschild. Où diable M. de Rothschild a-t-il pu faire les études nécessaires pour être ingénieur électricien ?

Nous ne voulons point passer sous silence le nom de M. Pasteur qui, avec une réclame bien dirigée, a su se faire une réputation aussi grande que celle de M. de Lesseps. Il y a, d'ailleurs, beaucoup d'analogie entre le caractère de ces deux hommes.

Protégé de l'impératrice sous l'Empire, M. Pasteur devient républicain sous la République. Il fait publier ses découvertes à son de trompe. On accourt vers lui de tous les points du monde comme autrefois auprès du zouave guérisseur. Sa méthode est universelle : il guérit et détruit tout ; les poules, les hommes, les chiens, les lapins, les moutons, etc...

Il est vrai qu'en Russie, une circulaire du ministère de l'intérieur[1] a enjoint, à la fin de décembre 1888, aux gouverneurs de prendre les mesures nécessaires pour empêcher le traitement de l'épizootie au moyen de la vaccination du bétail (système Pasteur), vu que ce système de traitement a été reconnu tout à fait inutile.

Cette mesure a été prise à la suite de la catastrophe survenue en Crimée où un propriétaire confiant dans les réclames de M. Pasteur a perdu six mille moutons morts empoisonnés par du vaccin provenant de la fabrique de la rue d'Ulm. Nouveau Gribouille, M. Pasteur a tué ces moutons par le charbon pastorien pour les préserver du charbon de Crimée.

Quoi qu'il en soit, ce charlatan est entré vivant dans l'immortalité. Non seulement il a une pension du gouvernement, des jetons de présence aux académies, des

[1] *Journal de médecine*, 31 décembre 1888.

appointements à l'Ecole normale, etc., mais encore il vend son vaccin, et son fameux filtre Chamberland, qui laisse passer les microbes, ainsi qu'on l'a vu par les expériences du professeur A. Gautier, un savant de grande valeur, mais modeste, celui-là [1].

Voilà pour la finance, le commerce et les sciences. Les arts sont aussi la proie du veau d'or. D'ailleurs l'art n'existe plus. Aujourd'hui on peint à la hâte un certain nombre de centimètres carrés pour les vendre le plus cher possible. Les peintres, les littérateurs ne travaillent que dans le genre qui plaît le plus au public. Ceux qui font exception, ceux que le génie pousse à faire de l'art pour l'art, meurent de faim comme Millet. Plus tard peut-être leurs œuvres se vendront au poids de l'or quand un marchand juif verra qu'on peut faire une *ponne* affaire en proclamant le génie du peintre décédé.

L'art est un véritable commerce. Nous avons vu au commencement de décembre dernier, Benjamin Constant aller en Amérique pour liquider un stock de toiles qu'il emportait avec lui. Il en est revenu avec 100,000 francs.

N'a-t-on pas dit dans les ateliers que M. Dagnan-Bouveret avait eu la médaille d'honneur du Salon de 1889 parce que la maison Boussod-Valadon possédait un

[1] Dans la séance du 9 mars 1888 du Conseil d'hygiène de la Seine, le Dr A. Gautier s'exprimait ainsi : « D'après mes expériences les spores et les ferments traversent les filtres les plus compacts faits en porcelaine de Sèvres et jusqu'aux filtres en faïence de Creil dès que les eaux sont albumineuses ou alcalines, comme il arrive si souvent pour les eaux d'égout! » (*Rapport sur les questions posées au Conseil d'hygiène par la commission du Sénat relativement à l'assainissement de la Seine*, p. 16. — Paris 1888.)

Les filtres en porcelaine, en faïence de Sèvres ont été utilisés en chimie pour la première fois par le Dr A. Gautier en 1882 (*Bulletin de la Société chimique de Paris*). *Ce savant est donc l'inventeur du filtre et non Pasteur ou Chamberland!*

grand nombre d'œuvres de ce peintre? Il fallait en faire monter le prix pour gagner de beaux bénéfices; des critiques d'arts, tels que Wolf, auraient été enrôlés pour faire mousser le talent ordinaire de M. Dagnan-Bouveret, un homme si sympathique, si intéressant. L'affaire fut enlevée.

Hélas! les artistes sont tellement déchus, qu'ils ont nommé A. de Rothschild membre de l'Académie des beaux-arts. Un de ces jours, nous y verrons Hirsch, car il a une bien belle rampe d'escalier. Au fait, pourquoi nous étonner, Léon Say est bien de l'Académie française?

Pour peu que cela continue pendant quelques années encore, toutes ces académies pourront se fonder en une seule qui prendra le nom d'Académie des faux honnêtes gens. Alors tous ceux qui en feront partie auront des titres incontestables et incontestés.

Le monde politique n'a rien à envier à celui de la finance, du commerce et de l'industrie. Nous y reviendrons plus tard, mais, en passant, nous voulons dire un mot des décorations dont tout le monde a tant parlé.

Personne n'oubliera jamais le scandale qui s'est fait autour du nom de Wilson. Cependant il a été acquitté, et ceux qu'il a fait décorer continuent à porter l'étoile des braves à laquelle on ne fait plus attention maintenant.

Mais pourquoi laisse-t-on M. Edmond Blanc étaler son ruban rouge aux yeux de tous, puisqu'il y a un an, le Gouvernement français a enjoint à tout individu faisant partie de la maison de jeu de Monaco, et à tout employé salarié par cette maison, d'avoir à retirer sur-le-champ ses insignes décoratifs, tant qu'il y resterait attaché[1].

[1] *XIXe Siècle*, 13, 26 décembre 1888, 3 janvier 1889.

Il y avait cependant deux raisons pour forcer M. Edmond Blanc à se soumettre à cet ordre. La première, c'est qu'il a, dit-on, versé cent mille francs à M. Wilson pour paiement anticipé du ruban rouge; la seconde, c'est qu'il vit de la roulette. Il est ou a été un des principaux actionnaires du tripot avec le prince Roland Bonaparte et le prince Radziwill. Lorsqu'il s'est agi de personnages moins cossus, le Gouvernement de la République s'est montré moins tolérant. Donc pourquoi permettre aux gros bonnets de la maison de Monaco ce qu'on interdit aux salariés de ce même tripot ? Et pourquoi se montrer si sévère dans ce pays lorsqu'on est si tolérant à Paris.

Il n'y a pas eu un seul scandale relatif aux croix de la Légion d'honneur sans que le nom de Wilson ne s'y trouvât mêlé. Au moment où on lavait ce linge sale, les députés effarouchés prenaient des airs de vieille prude devant qui on découvre des nudités, et tombaient à qui mieux mieux sur le bouc émissaire.

Celui-ci se contentait de garder un dédaigneux silence. Un an plus tard, au milieu des scandales que signalait le député Gilly, Wilson, soulevant l'histoire Veil-Picard, réapparaît à la Chambre [1]. Dans la salle où ils posent pour leurs électeurs les députés se détournent de lui, mais dans les couloirs chacun s'empresse pour lui tendre la main. C'est que Wilson a 22,000 dossiers dans son bureau et que pas un ne se sent la conscience tranquille. Voici en quelques mots l'affaire qui ramenait à la Chambre le député d'Indre-et-Loire.

Il existe à Besançon un jeune banquier millionnaire, juif naturellement et politicien bien vu par le Gouverne-

[1] *Petite France*, novembre et décembre 1888.

ment. C'est M. Veil-Picard. On ne sait trop d'où il tire son origine, mais ce que personne n'ignore, c'est que le grand-père était arrivé en France en sabots et avec une besace. M. Veil-Picard cumule. A la gloire d'être financier et d'attirer avec une habileté d'escamoteur les billets de banque dans sa poche, il joint celle d'avoir fondé et d'avoir longtemps fait vivre le *Paris*, journal bien pensant. Ce n'est point tout, le banquier a voulu aller jusqu'au faîte des grandeurs : il est encore commandant des pompiers de sa ville.

Comment voulez-vous que dans de pareilles conditions la boutonnière de M. Veil-Picard reste vierge longtemps ?

Aussi, le 7 janvier 1884, fut-il promulgué à son de trompe chevalier dans l'ordre de la Légion d'honneur. Mention suivante était faite de ses services :

« Lieutenant de sapeurs-pompiers en 1877, capitaine en « 1881, il a été blessé deux fois en portant secours dans des « incendies. Titres exceptionnels : a non seulement contri- « bué à l'équipement d'un bataillon et au développement « du matériel, mais s'est encore imposé de larges sacrifices « pour équiper et armer le corps de pupilles des sapeurs- « pompiers et celui des pupilles de la société. »

Quelle est la nature de ces blessures ? Au cas présent, il s'agissait simplement d'une foulure au pied.

Charles Laurent, directeur du *Paris* et âme damnée de son maître, qui n'ignorait ni les tripotages du Crédit Foncier algérien, ni l'achat du dossier Bokkhos, ni le coup de bourse de 1885 au moment des affaires du Tonkin, Charles Laurent donc eut la maladresse de pousser à bout Wilson. Celui-ci s'en vengea en publiant un autographe par lequel Veil-Picard s'était engagé à compter la somme de 20,000 francs à celui qui lui annoncerait sa nomination à la Légion d'honneur.

« C'est faux, » s'écrie Veil-Picard, puis il ajoute naïvement : « Ce n'est pas 20,000 francs, mais presque deux millions que m'a coûté ma décoration. » Il demande alors à la Chambre d'accorder l'autorisation de poursuivre M. Wilson en police correctionnelle où la preuve n'est pas admise. Il l'accusait d'un faux et par conséquent pouvait le poursuivre devant la cour d'assises. Mais on ne saurait trop mettre la lumière sous le boisseau, aussi c'est devant la police correctionnelle que l'affaire devait se dérouler le 23 janvier dernier. Remise de jour en jour, elle s'est terminée brusquement le 20 mars, par les conclusions suivantes déposées au nom de Veil-Picard :

« Plaise au tribunal :

« Attendu qu'il résulte des documents remis à M. Veil-Picard, et des expertises auxquelles il a fait procéder, que les auteurs de la pièce fausse, composée au moyen de procédés photographiques, sont étrangers à la *Petite France*, et que la bonne foi de ce journal ne saurait être incriminée ;

« Par ces motifs ;

« Donne acte à M. Veil-Picard de ce qu'il se désiste purement et simplement de l'instance introduite à sa requête par exploit du 29 décembre 1888[1]. »

L'affaire a été rayée. Le public fut étonné avec raison de cette brusque terminaison. Quels peuvent bien être les dessous de ce désistement ?

C'est incroyable de voir le nombre de gens décorés qui n'ont aucun titre à cet honneur.

[1] *Eclair*, 22 mars.

Quels sont en effet les titres de M. Vian, décoré par les soins de M. Barbe ? quels sont les services rendus dans la science, l'industrie ou les lettres par M. Camille Dreyfus, député [1] ? Aucun ; cependant, ce juif porte le ruban rouge, qui lui a été donné lorsque Wilson était sous-secrétaire d'Etat aux finances. A ce moment, M. C. Dreyfus était secrétaire particulier du député d'Indre-et-Loire ; il pria son maître de le mettre sur la liste. Un refus accueillit cette demande, mais notre juif ne se découragea pas. Chargé de faire recopier les noms de ceux qui devaient être décorés, il inscrivit bravement son nom à la tête et à la fin de cette liste. Puis il la remit à Wilson qui, apercevant le nom de Dreyfus, le raya. Malheureusement il ne le vit pas à la fin de la liste et Camille fut décoré.

Nous connaissons un nommé C..., usurier, qui en 1887, grâce aux recommandations de Granet, a été nommé officier d'Académie. Ses titres se résumaient en services pécuniaires rendus à M. Granet et autres députés.

Toutes ces turpitudes et bien d'autres encore couraient les cabinets de rédaction des journaux, on en parlait sous le manteau, car les feuilles publiques sont presque toutes closes pour cette épuration. Elles sont payées pour garder le silence.

Chirac, Drumont, dans leurs livres, ont flagellé comme

[1] Ce juif, député radical, a été autrefois dans une situation voisine de la misère ; maintenant sa fortune lui permet de jouir de la vie et d'aller à cheval le matin au Bois. Quand on l'aperçoit ainsi de loin, on dirait un singe ; de près il n'en est plus de même, on reconnaît l'ami, l'*obligé* de Wilson, le promoteur acharné des torpilleurs (constructeurs Cail, Claparède, Chantiers de la Loire) et de la dérivation des sources de l'Avre (proposée sous l'instigation des Laveissière. Secrétan, etc., de façon à se débarrasser de quatre usines à cuivre établies sur les bords de l'Avre). (*Circulaire* Albert Hubner.)

ils le méritaient les tripoteurs qui forment la classe dirigeante. Ceux-ci n'avaient pas répondu, pour permettre à l'oubli de couvrir toutes leurs malpropretés.

Mais un député ouvrier, Numa Gilly, dans une réunion publique à Nîmes, eut l'étrange audace de dire que la commission du budget renfermait plus de 20 Wilsons. Un journal le répète. La commission proteste et M. Gilly l'invite à le poursuivre. Guidée par Raynal, Rouvier, elle refuse de faire la lumière. C'est alors qu'Andrieux, qui aime à jouer de bons tours à ses collègues, écrit, le 4 octobre 1888, une lettre au Garde des Sceaux, M. Ferrouillat, dans laquelle il porte plainte contre M. Gilly.

Fort embarrassé par cette plainte, le Gouvernement ne peut qu'y donner suite, et M. Ferrouillat répondit : « Je m'empresse de vous informer que je viens de transmettre votre plainte à M. le Procureur général de Nîmes, l'invitant à saisir sans retard le juge d'instruction d'Alais. »

Grand émoi dans toute la presse qui ne parle que de ces scandales[1]. Les uns s'écrient qu'on va enfin flageller les concussionnaires, qu'on va séparer les voleurs des autres (comme si le triage était facile à faire). D'autres se lamentent et disent que c'est la perte de la République, croyant sans doute que la République est solidaire de tous ces voleurs.

Le public se réjouissait de ce nettoyage si longtemps attendu, quand parut dans la *France* une lettre de Gilly disant que M. Andrieux n'était pas compris parmi les 20 Wilsons. L'abandon de la poursuite s'imposait de lui-même.

Cette lettre était apocryphe, et aucune enquête ne

[1] Voir les journaux d'octobre 1888 à mars 1889.

fut faite pour savoir qui avait commis ce faux. Pourquoi? Le Gouvernement seul pourrait nous en dire la raison, il est vrai qu'il aime mieux la garder pour lui.

Quoi qu'il en soit l'affaire vint devant la cour de Nîmes le 17 novembre, plusieurs députés étaient appelés comme témoins : MM. Rouvier, Raynal, Yves Guyot, Henri Maret, Sigismond Lacroix, Baïhaut, etc... puis le juif Allmayer, ce filou que venait de condamner la Cour d'assises de Paris.

Ce procès fut une comédie montée par le Gouvernement avec les députés comme acteurs. Certains des témoins étaient et sont encore les véritables accusés. On vit le procureur général, M. Candelle Beyle, faire le réquisitoire avant l'interrogatoire des témoins[1] et la plaidoirie sur l'incident de Mᵉ Elie Peyron, l'avocat de Gilly. Il était clair qu'on voulait étouffer l'affaire. M. Andrieux le comprit, et voulant dégager sa responsabilité, il prononça à la barre ces mémorables paroles : « On n'a pas entendu de témoins, le débat n'a pas été contradictoire ; je n'ai pu faire la lumière, ce que je désirais ardemment. Je ne puis accepter un verdict rendu dans de telles conditions, je retire ma plainte. »

Mᵉ Peyron déclare qu'il n'a pas à plaider et Gilly qu'il n'a rien à dire. Le jury acquitte l'accusé aux applaudissements de l'assistance, mais la lumière n'a pas été faite.

Alors parut, chez l'éditeur Savine, un volume portant pour titre : NUMA GILLY, *Mes Dossiers*. Avec une préface d'AUGUSTE CHIRAC et une introduction d'ELIE PEYRON.

Quelques-uns des députés accusés portèrent des

[1] Ce procureur général dit néanmoins «... On a ENTENDU les témoins... »

plaintes. M. Salis poursuivit Gilly et Savine devant les assises de l'Hérault; Villette et Raynal devant celles de la Gironde; Compayré devant celles du Tarn; Gerville-Réache[1] devant celles de Paris; Baïhaut devant celles de la Haute-Saône; Mme Allemand et M. Lalande devant la police correctionnelle de Paris.

Sur ces entrefaites, le *Matin*, journal dirigé par M. Edwards et inféodé à la ploutocratie politique et financière, pensa qu'en accusant d'une infamie un de ceux qu'on appelait les justiciers, il montrerait l'inanité de leurs accusations. Il publia un jugement du tribunal de Marseille dans lequel M. Chirac était représenté comme un père incestueux. Chirac répondit en montrant que dès 1886 il avait déposé entre les mains du Procureur de la République une plainte en forfaiture contre les magistrats. Naturellement il ne fut donné aucune suite à cette plainte, nous ne nous en étonnons nullement car nous savons qu'on ne poursuit jamais, lorsqu'il s'agit de magistrats, d'huissiers ou d'avoués coupables. M. Chirac a parfaitement démontré les calomnies de ce jugement dans ses lettres publiées au *Cri du Peuple* et dans son livre l'*Infamie*. Quant au *Matin*, il avait volontairement oublié que ce n'est pas en accusant un accusateur qu'on prouve qu'il a tort. Poursuivi en police correctionnelle ainsi que la *République Française*, la *Lanterne* et le *Paris*, par Chirac, ils furent condamnés aux dépens, pour tous dommages et intérêts. M. Gilly fut suspendu de ses fonctions de maire de Nîmes : presque tous les conseillers municipaux démissionnèrent pour protester contre cet acte du Gouvernement. Les

[1] Gilly, Savine et Chirac furent renvoyés des fins de la plainte, déposée par ce député.

sept procès étaient commencés. M. Gilly appelé à la fois dans tous les coins de la France, chez tous les juges d'instruction perd la tête et le 9 décembre 1888, il écrit à Laguerre la lettre suivante :

MON CHER LAGUERRE,

« Vous vous étiez certainement mépris sur la nature du « service que je sollicitais de votre talent. Ce n'est pas pour « me défendre des accusations contenues dans le livre inti- « tulé *Mes Dossiers* que j'ai recours à vous ; c'était pour « que vous m'aidiez à établir non seulement que ce livre « n'est pas de moi, que je n'en ai jamais vu ni lu le manus- « crit, que les documents qu'il contient m'étaient complète- « ment inconnus, mais encore qu'à l'annonce de la prochaine « publication, j'ai adressé de Nîmes le 18 novembre à 10 « heures du matin, à l'éditeur Savine, une dépêche lui « enjoignant de ne pas le faire paraître[1].

« Cette dépêche que M. Savine ne peut nier avoir reçue « il est très facile d'en retrouver les traces au bureau du « télégraphe. J'ai été le premier surpris en lisant la bro- « chure d'y trouver le récit de faits concernant Mme Alle- « mand que je ne connais point[2], et tout à fait dé- « solé d'y voir des accusations contre M. Andrieux, dont « j'avais en pleine Cour d'assises hautement proclamé « l'innocence. Mes imputations contre certains membres de « la commission du budget subsistent tout entières ; il faut « croire que le jury a rendu justice à ma bonne foi, puisque « mon procès s'est terminé par un acquittement.

« Mais il m'est impossible d'accepter la responsabilité « d'un livre auquel je n'ai pris aucune part et qui a paru « sous mon nom malgré ma défense expresse.

[1] Voici le texte exact de cette dépêche : « Gilly s'oppose vente de livre tel qu'il est composé — arrêtez de suite lettre suit : — Gilly, Chirac. »

Cette dépêche porte 9 h. 30 m. du matin. Chirac ne sut qu'à 5 heures et demie qu'une dépêche était partie avec sa signature !

[2] Cependant Gilly connaissait cette dame au moins de nom, puisqu'il l'avait citée comme témoin dans le procès de Nîmes.

« C'est pour expliquer cette situation au tribunal que je « m'adressais à vous, mon cher Laguerre ; je regrette que « votre parole si éloquente me manque pour le faire, et je « ne vous en serre pas moins la main avec une grande « amitié.

N. GILLY,

Député du Gard.

L'affaire Gilly entrait donc dans une phase nouvelle. Comment cette évolution a-t-elle pu se faire dans l'esprit du député du Gard ? qui l'a poussé à renier son œuvre ? Evidemment ce ne peut être que la crainte de tous ces procès multiples. M. Gilly n'est pas riche, il a peur de la ruine.

Quelles que soient les causes de cette rétractation, le public fut étonné, mais M. Savine le fut encore plus. Ce dernier surtout protesta énergiquement, et offrit de prouver par témoins, lettres et confrontations la duplicité de Gilly.

Me Peyron se déclare alors devant le juge d'instruction de Bordeaux le seul auteur du livre. C'était chevaleresque, car, dans ce cas lui seul était responsable. Quand même cela eût été vrai, M. Gilly avait certainement connu et approuvé la publication du livre. Il a battu en retraite après avoir vu qu'il n'était point de taille à lutter contre des adversaires aussi puissants que ceux auxquels il s'était attaqué. Peyron en a fait autant au moment de la Cour d'assises.

Au lieu d'essayer d'éclaircir cette triste affaire, au lieu de faciliter par tous les moyens les preuves de l'accusation, on multiplie les obstacles sous les pas de l'accusateur. Si fatigué il abandonne la poursuite, on crie à la calomnie. Mais l'opinion publique ne se trompe pas, elle sait ce que valent ces politiciens tripoteurs qu'ont déjà flétri Gilly, Chirac, Drumont et bien d'autres.

Malgré cela, on ne jeta pas trop la pierre au député de Nîmes ; ses compatriotes le réélurent conseiller municipal et maire. Révoqué de nouveau par le Ministre de l'intérieur, l'intègre Constans, il ne se représenta pas, mais le candidat qu'il soutenait fut élu à une grande majorité.

Le procès Raynal-Villette contre Savine, Gilly, Chirac et Peyron s'ouvrit le 10 avril devant la Cour d'assises de la Gironde à Bordeaux. Il ne se termina que le 19 par un verdict fort sévère contre les accusés. Prison, amendes, dommages et intérêts, tout fut libéralement distribué[1].

Les débats furent instructifs. On y entendit de nombreux témoins dont quelques-uns sont fort connus. Du côté de Raynal c'étaient : Andral (de la Compagnie d'Orléans) ; Aucoc (des chemins de fer du Midi) ; le banquier Mallet, le juif A. de Rothschild venant soutenir son coreligionnaire, puis Cendre, jadis directeur des chemins de fer au ministère des travaux publics[2] et un défilé interminable de fonctionnaires des chemins de fer, qui naturellement approuvaient les Conventions. Du côté des accusés, les témoins étaient les députés Laisant, Vacher, MM. Hubner, Pendrié, etc.

[1] Gilly fut condamné à six mois de prison et 1,000 francs d'amende ; Savine à trois mois de prison et 1,000 francs d'amende, Chirac à deux mois et 200 francs d'amende, Peyron à quinze jours et 100 francs. Les accusés solidairement aux dépens et frais du procès à 8,000 francs de dommages et intérêts pour Raynal et 4,000 pour Villette. La suppression des passages incriminés fut prononcée. (Voir les journaux du 11 au 20 avril.)

[2] Ce témoin interrogé pour savoir si, après les conventions, il n'avait pas été nommé directeur des Chemins de fer répondit non.

Les plaidoiries des avocats furent remarquables de part et d'autre. Me Durier, le défenseur de l'ancien associé d'Astruc, terminant son discours par l'éloge de son client, se félicitait de ce que le résultat de l'enquête publique constituait un hommage pour la probité et l'honneur de Raynal [1] !

L'avocat général eut des arguments magnifiques pour venger l'honneur du juif député de la Gironde. En voici un spécimen. « Raynal n'a rien pu faire qui fût contraire aux intérêts du pays, car il était sous le contrôle d'ingénieurs éminents !!! »

L'avocat de Savine, Me de Saint-Auban, s'efforça de faire la preuve.

Les débats étaient, d'ailleurs, conduits d'une manière très partiale [2]. L'avocat général Lefranc reçut, peu de temps après, sa récompense; il fut nommé à Paris substitut du Procureur général près la Cour d'appel [3].

Tandis que Chirac revendiquait la responsabilité de la préface de « *Mes Dossiers* », Gilly désavouait la paternité du livre. La conduite du député du Gard est loin d'être digne d'éloges; il avait peur des dommages et intérêts.

Enfin M. Raynal fut satisfait; ses *calomniateurs* étaient condamnés. Aussi ne poursuivit-il pas le directeur

Or au *Journal officiel* figure un décret du 31 décembre 1883 portant la création de cette direction et la nomination de M. Cendre comme titulaire de cette direction ! (*Mes procès*, p. 127).

[1] *Matin*, 16 avril.

[2] Un témoin, M. Delboy, conseiller général de la Gironde, fut en butte à des obsessions de toutes sortes; le président l'empêcha de parler sur l'affaire du Tunnel de Balerme, où étaient mêlés Raynal et Charles Ferry. Un autre témoin, M. Hubner, fut plusieurs fois interrompu par le président.

[3] *Eclair*, 15 mai.

du *Nouvelliste de Bordeaux*, M. Cordier, qui à plusieurs reprises l'avait accusé de prévarication [1]. La condamnation de Gilly, Savine et Chirac lui suffisait. Les diffamations émises dans *Mes Dossiers* tombaient; il était blanchi, mal il est vrai au gré de M. Cordier, mais il n'y regarde pas de si près.

Les condamnés de Bordeaux se pourvurent en cassation, mais l'arrêt fut confirmé.

Un autre député, Salis, injustement attaqué d'ailleurs, fut tellement outré des retards apportés dans son procès, qu'il interpella le ministre Guyot-Dessaigne. Dans son discours, il traita le député du Gard de lâche menteur. C'était dur et immérité, mais il est certain que, dans tous ses procès, il s'est conduit comme un pleutre.

Enfin, le procès Salis vint le 14 mai devant la cour d'assises de l'Hérault. Le 16, tout était terminé [2], Gilly nia être l'auteur de *Mes Dossiers*, c'était Peyron le coupable; Savine excipa de sa bonne foi, il n'avait pas voulu diffamer Salis, et Chirac accepta la responsabilité de la Préface. Peyron prétendit avoir agi d'après les

[1] Dans la *Presse* du 2 juin, on pouvait lire en effet la lettre suivante de M. Cordier, adressée sous pli recommandé à M. Raynal.

Je crois de mon devoir de vous prévenir que, dans les numéros des 20, 21 et 22 avril dernier (du *Nouvelliste de Bordeaux*), je vous ai formellement accusé « d'être allé solliciter de M. Joly de Boissel, quand il était ingénieur en chef, la concession de gré à gré du pavage du bassin à flot, et de vous être prévalu de votre situation politique pour demander à ce haut fonctionnaire un acte qui n'eût été qu'une prévarication. »

J'ai répété trois fois cette grave accusation, monsieur le député, et je vous ai mis au défi de me poursuivre devant les tribunaux, auxquels vous venez cependant de faire appel avec succès pour d'autres accusations.

Ma conviction étant restée la même, je maintiens aujourd'hui et mon accusation et mon défi.

[2] *Presse-Eclair*, du 16 au 18 mai.

ordres de Gilly. Aucun des témoins cités ne parla des accusations portées contre Salis, abandonnées du reste par les poursuivis. L'honorabilité des accusés fut parfaitement établie. Un juif, M° Lisbonne, avocat et sénateur, plaida pour Salis qui obtint 600 francs de dommages et intérêts. Peyron fut acquitté, Gilly condamné à un mois de prison et 200 francs d'amende. Chirac et Savine à quinze jours et 100 francs d'amende. La confusion de ces peines avec celles de Bordeaux fut prononcée par la Cour.

Le député du Gard, pour éviter les poursuites de Mme Allemand et de M. Lalande, leur écrivit des lettres d'excuses[1]. Les affaires furent rayées du rôle. Mais bientôt le Gouvernement l'invita à se constituer prisonnier. Quittant Nîmes, il vint à Paris et le 8 juin il entra à Sainte-Pélagie. Constans, pour l'occasion, fit remettre en vigueur un sévère règlement des prisonniers imaginé par Piétri en 1867. Ce règlement n'avait jamais été appliqué [2]. Le député de Nîmes avait attaqué la juiverie tripoteuse du Palais-Bourbon, il méritait donc tous les égards : on le lui fit bien voir[3].

Gilly n'avait attaqué que quelques députés : bien d'autres étaient critiquables. Ne voyons-nous pas en effet, tous les jours, le leader radical, M. Clémenceau, poser pour l'intégrité, alors que tout le monde sait qu'il a été entretenu par les fonds du juif allemand-américain Cornélius Herz. Drumont a signalé ces faits, nous n'y reviendrons pas, mais il ignorait sans doute que ces fonds versés à Herz par les Rothschild, pour acheter la

[1] *Intransigeant* du 18 juin.

[2] *Eclair*, 21 juin.

[3] Savine et Chirac furent aussi invités à se rendre à Sainte-Pélagie où ils sont astreints au même règlement.

conscience du député du Var, l'étaient sous le prétexte de permettre à Marcel Deprez de faire ces expériences et aussi qu'en 1887, Clémenceau a fait décorer le fils de M. Guillout, fabricant de biscuits, qui, cette année-là, avait commandité la *Justice*. N'a-t-on pas dit aussi qu'une hétaïre de haut parage, ancienne amie d'un duc, avait commandité la *Justice* par une somme rondelette ?

D'ailleurs, comment M. Clémenceau, qui n'a aucune fortune personnelle et qui ne possède que ses 9,000 francs de député, pourrait-il faire vivre un journal comme la *Justice* qui ne tire qu'à trois mille exemplaires et qui mange plus de 100,000 francs par an ? Que lonne-t-il donc à ses commanditaires pour les rémunérer des pertes qu'il leur fait subir ?

Au moment de l'élection du Var, en remplacement de M. Maurel, démissionnaire pour des raisons toutes particulières, Clémenceau prit parti pour M. Fouroux contre M. Cluseret. Ce dernier fut élu au second tour de scrutin, mais Clémenceau l'avait combattu jusqu'au bout. C'est à la fin de cette élection que fut publiée dans le *Petit Var* une dépêche signée Clémenceau, dans laquelle le directeur de la *Justice* s'engageait à observer au second tour la discipline républicaine et à appuyer la candidature du républicain ayant obtenu le plus de voix; ce qu'il n'avait pas fait.

Clémenceau nie la dépêche. Maurel affirme l'avoir écrite sous sa dictée, et l'avoir portée en personne au télégraphe. Le député du Var traite son ex-collègue de menteur et de faussaire. Maurel lui écrit alors la lettre suivante[1] :

[1] *Peuple*, 10 décembre 1888.

A Monsieur Clémenceau, député

Monsieur,

Vous avez traité de menteur et de faussaire celui qui sur votre demande expresse, sous vos yeux, a minuté pour vous et recopié la dépêche du 20 novembre adressée au maire de la Seyne, dépêche que vous avez finalement lancée vous-même, après qu'elle eût été deux fois vue et approuvée par vous intégralement.

Vous alléguez aussi, concernant mon attitude durant les élections du Var, des faits que je déclare faux. J'estime que dès lors vous me devez une réparation, mais il convient aussi, avant de l'exiger, que la vérité des faits soit suffisamment établie pour que le public sache lequel de nous deux ment, lequel est un faussaire ou un calomniateur. Je vous demande donc de soumettre immédiatement à un jury d'honneur composé de trois républicains vos allégations et les miennes. car j'ai le souci légitime de corriger préalablement vos surprenantes défaillances de mémoire. J'attends votre réponse jusqu'à demain soir et vous salue.

Maurel,
Ancien Député.

M. Clémenceau accepta le défi. Les arbitres choisis étaient MM. Anatole de la Forge, Labordère, A. Rivière, de Mortillet. Le résultat de cet arbitrage fut l'étonnant procès-verbal que voici :

Les soussignés choisis comme arbitres par MM. Maurel et Clémenceau, après avoir désigné M. Schœlcher comme cinquième arbitre en cas de désaccord entre eux, ont examiné le différend qui s'était élevé entre MM. Maurel et Clémenceau. Il résulte de cet examen que ce différend n'est que le résultat d'une série de malentendus ne portant atteinte ni à la bonne foi ni à l'honorabilité de MM. Clémenceau et Maurel.

Les soussignés déclarent donc d'un commun accord que l'affaire ne doit comporter aucune suite.

Ont signé :

De Mortillet, Rivière, Labordère et Anatole de La Forge [1].

Pour que le jury d'honneur eut déclaré que l'honorabilité de MM. Maurel et Clémenceau n'avait été atteinte en rien, il fallut qu'il fût difficile de l'atteindre. Mais M. Maurel ne s'est pas contenté de ce procès-verbal; insulté, puisqu'on ne lui rendait pas justice, il voulut se venger et blessa dans un duel le pur et l'intègre Clémenceau.

Ce n'est point le mérite qui sert aujourd'hui à obtenir un emploi quelconque. On donne les charges du gouvernement à ceux qui connaissent quelques scandales et dont on veut obtenir le silence. C'est ainsi que nous connaissons un juif, ancien administrateur de la *Justice*, boursier et boursicotier mêlé à un grand nombre de tripotages que MM. Clémenceau, Pichon et T. Révillon ont fait envoyer au delà des mers chargé d'une mission spéciale non déterminée. Cette mission a duré un an, et ensuite un secours a été accordé au missionnaire par le Ministre. Nous voudrions bien savoir quels services cet individu a rendus à la France et quelles qualités messieurs les députés avaient trouvé chez lui pour le recommander si chaudement?

Parmi nos fonctionnaires publics, il y en a de très originaux. Ainsi le sous-préfet de Saint-Girons est un ancien séminariste qui, en 1870, quoique n'étant pas

[1] *Peuple*, 13 décembre 1888.

prêtre, s'est servi de sa soutane pour échapper à tout recrutement militaire[1].

Un commissaire de police vient d'être condamné à la réclusion pour faux et escroquerie par la Cour d'assises de l'Hérault[2]. Bien que cela paraisse invraisemblable, il avait été nommé commissaire de police, ayant plusieurs condamnations sur son casier judiciaire.

A l'administration des postes, où règnent MM. Coulon et Fribourg, on ne garde, ont dit certains journaux, que les employés qui rendent de véritables services à l'administration, c'est-à-dire qui remplissent le rôle de mouchards.

La *Lanterne* raconta un jour[3] qu'un des employés, M. Coulomb, n'ayant pas voulu accepter ces conditions, avait été renvoyé. Sa situation, qui n'était pas déjà très florissante devint épouvantable. La misère la plus atroce s'abattit sur lui et sa famille. Son fils aîné mourut d'inanition.

La *Lanterne* fut poursuivie et le jury de la Seine condamna son gérant à trois mois de prison[4].

Et l'on s'étonne après les révélations de ces journaux de la haine que les prolétaires ont pour ceux qui les dirigent. On s'étonne qu'un pauvre hère, hâve et décharné, qui voit sa famille mourir de faim, sente une rage sourde s'allumer en lui, en apercevant un de ces bourgeois à la face rubiconde qui vient lui arracher le pain de la bouche.

Dans nos Colonies comme à Paris, partout le désordre

[1] *Figaro*, 12 décembre 1888.

[2] *Idem*.

[3] Numéros des 12, 13 et 14 décembre. *Intransigeant*, 13 décembre.

[4] *Eclair*, 15 mars.

et l'incurie. Le despotisme est plus grand encore qu'en France, car là on ne craint point l'opinion publique. M. Genouille, Gouverneur du Sénégal, vient d'être cause du décès de quatre noirs qui sont morts de soif. On le condamne à 600 francs d'amende; 150 francs par personne, ce n'est vraiment pas trop cher! Cependant en appel sa peine fut portée à six mois de prison[1].

M. Grodet, Gouverneur de la Martinique, commet des faux en écriture publique, se livre à l'arbitraire le plus éhonté. Un journal qui l'accuse, le *XIX° Siècle*, est poursuivi et acquitté[2] : preuve qu'il avait dit la vérité. Eh bien, M. Grodet est laissé tranquille, et on se contente de le destituer. Il y a cependant une loi contre les faussaires!

A l'étranger, l'esprit de vol règne et conduit les classes dirigeantes tout comme en France. Ainsi voilà, en Hongrie, M. Jean Kokan, directeur au ministère du commerce, qui vole 42,000 florins à la caisse centrale des douanes[3].

Ce sont les lords anglais, possesseurs de terres et de maisons qui esquivent les droits de succession. Ils ont su faire maintenir, depuis des siècles, les mêmes estimations des biens. Une seule famille noble, en faisant estimer la valeur d'un héritage d'après les évaluations remontant au règne d'Elisabeth, a frustré le fisc de près de 400,000 francs.

Ce sont les six cent mille bouilleurs de cru français, vendant en fraude plus d'un million d'hectolitres d'alcool, volant ainsi au trésor 200 millions par an[4].

[1] *XIX° Siècle*, 20 décembre 1888, 24 février.
[2] Numéro du 11 janvier.
[3] *XIX° Siècle*, 20 décembre 1888.
[4] Dr Monin. *L'alcoolisme*.

La fraude sur les actes produits en justice se fait sur une vaste échelle et sa répression procurerait tous les ans à l'État français des sommes très importantes que la complaisance illégale des tribunaux lui fait perdre. Les plaideurs aussi sont volés par les avoués dans la fabrication des rôles des requêtes. Des lois existent pour la répression de toutes ces fraudes, mais on ne les applique pas[1].

Les conseillers municipaux sont probablement un peu plus honnêtes que les députés, car au Conseil les portefeuilles ne disparaissent pas comme à la Chambre.

Nous avons pourtant les scandales Lefèbvre-Roncier, avec le cinquantenaire des chemins de fer, organisé par le juif Gabriel Lévy, celui qui s'est volé 500,000 francs; ceux de Marsoulan sur lesquels le silence s'est fait rapidement. Malgré cela, ces conseillers occupent toujours leurs places et postulent des sièges de députés.

On ne saurait croire les tripotages qui se font à l'administration de la ville de Paris. Nous n'en citerons que quelques-uns, car un volume ne serait pas suffisant pour les raconter tous.

M. Dhuicque, huissier, était chargé de recouvrer les taxes municipales en souffrance (taxe sur les chiens, etc.). Il était redevable à la ville de Paris d'environ 97,000 fr. Quand le receveur municipal voulut recouvrer cette créance, Dhuicque déclara ne plus avoir les fonds. Au

[1] En France, les tribunaux correctionnels ont jugé les délits suivants qui montrent le nombre croissant des abus de confiance, des fraudes vis-à-vis des douanes, etc.

	Nombre des prévenus		
	1884	1885	1886
Abus de confiance.	3.850	4.012	4.179
Douanes, contributions indirectes, octrois.	7.677	8.231	9.174

[2] *Presse*, 24 décembre 1888. *XIXe Siècle*, 5 janvier.

lieu de poursuivre, on fit une enquête, et l'huissier avoua qu'il avait prêté 42,000 francs à un chef de bureau de la recette, M. Greffier, qui fut destitué. L'enquête se poursuit administrativement; il y a beaucoup de chances pour qu'elle n'aboutisse jamais, et bientôt on jettera sur tout cela un voile discret[1].

L'administration pourrait-elle nous dire aussi, pourquoi le local occupé par la Société des droits de l'homme dans une maison appartenant à la ville est loué 800 francs à cette Société, tandis qu'auparavant il était loué 2400. Nous ne savions pas que les loyers soient à ce point moins chers aujourd'hui qu'il y a quelques mois!

L'administration ne s'occupe pas non plus de l'intérêt des Parisiens. Ainsi la Compagnie des Omnibus n'exécute pas son cahier des charges et on la laisse tranquille[2]. Elle-même le reconnait et avec une impudeur sans nom, elle déclare qu'elle veut bien l'observer à la condition qu'on ne le modifiera pas pendant cinq ans. Le Conseil municipal prononce sa déchéance, mais un an après, la sentence n'est pas encore exécutée.

Les contribuables de Paris paient chaque année pour des travaux dérisoires des sommes considérables. Or il est notoire que tous les entrepreneurs fraudent : les conseillers municipaux le déclarent en maintes circonstances.

M. Alphand et tous ses ingénieurs en sont responsables. Comment ce juif a-t-il fait pour s'imposer ainsi au Conseil municipal qui semble hypnotisé, paie sans rien dire et avale toutes les assertions les plus fantastiques que cet ingénieur lui donne. On fraude dans le pavage, dans les constructions municipales comme à l'Ecole du

[1] Au commencement de septembre 1889, l'enquête n'a pas encore abouti!

[2] *Matin*, 17 et 27 décembre 1888, 11 février.

Livre[1], partout en un mot ; jamais l'entretien de Paris n'a coûté aussi cher, et jamais Paris n'a été aussi mal entretenu. D'ailleurs, l'administration ne voit que ses intérêts particuliers et point du tout ceux des contribuables. La santé même des Parisiens lui importe peu. Ainsi, en 1878 au moment des traités faits avec la Compagnie des eaux, il fut présenté à M. Alphand de nouveaux tuyaux coûtant moins chers que ceux employés et permettant de faire un bénéfice de 225,000 francs. De plus ces tuyaux avaient un immense avantage : ils supprimaient les nombreux cas d'empoisonnement causés par les sels de plomb qui se trouvent dans l'eau distribuée au moyen de conduits de ce métal[2]. Croyez-vous que ces nouveaux tuyaux aient été acceptés? Point du tout, on a répondu qu'ils coûtaient trop cher, et qu'avec les sels calcaires que contenait l'eau de Paris, aucun empoisonnement n'était à craindre. Et l'on s'est servi des tuyaux insalubres se vendant plus cher que les autres!

On s'est demandé comment la Compagnie des eaux avait pu obtenir ce résultat. On a insinué que MM. Edward Blount, l'Anglais non naturalisé, président de la Compagnie, Donon, un des principaux actionnaires, et Deligny[3], grand ami des Laveissière, fabricants de tuyaux

[1] *Cri du peuple*, 13 janvier.

[2] Les tuyaux de plomb insalubres étaient payés par la ville au prix de 63 fr. 75 les 100 kilogrammes et les tuyaux salubres proposés seraient revenus à 63 francs les 100 kilogrammes. Quant à l'insalubrité des tuyaux de plomb, nous renvoyons à un travail publié par l'un de nous, dans lequel il a accumulé une quantité considérable de faits prouvant cette nocuité. Ce travail est : « *Etude sur les eaux potables et le plomb*, par A. Hamon. Paris, 1884 ou *Dell'uso dei tubi di piombo per la Condotta delle acque alimentari*, par A. Hamon. Plaisance, 1888.

[3] Ce conseiller municipal, républicain opportuniste à Paris, est

de plomb, avaient usé adroitement de leurs influences unies pour arriver à leurs fins. Ce sont là pures médisances (?) auxquelles répugnent les gens de sens rassis; mais ce qui est absolument certain c'est que la Compagnie des eaux a réalisé des gains considérables et indécents sur les tuyaux de plomb. En effet, d'après l'article 15 de son traité de 1860 avec la ville de Paris, cette Compagnie était exclusivement chargée des travaux de branchement qu'elle faisait en plomb au prix de 85 francs les 100 kilos. Ce prix avait été fixé par la série des 14 et 19 novembre 1861, ce traité et cette série furent valables jusqu'en 1881; or, pendant ces vingt années, les tuyaux de plomb se payaient aux plombiers des prix variant entre 60 et 40 francs!

En 1880 le 20 mars, un nouveau traité fut signé avec la Compagnie. Les travaux de branchement, dont précédemment elle était chargée, devaient être mis en adjudication; toutefois jusqu'en 1888, elle continua à les faire, au prix de la série de 1861 avec un rabais de 25 p. 100. Or, ce rabais ne ramenait le prix des tuyaux de plomb qu'à 63 fr. 75 les 100 kilos, ils coûtaient 35 à 40 francs. En présentant ces traités si avantageux pour la Compagnie des eaux et si onéreux pour la Ville, le Juif Alphand avait eu l'impudence de dire en parlant de celui de 1860 : « Il est fâcheux qu'on ait passé à cette époque des marchés qui ont permis à des compagnies de réaliser des bénéfices considérables. » N'est-on pas induit en tentation, en voyant une telle dilapidation, de se demander à qui elle profite [1]?

au delà des Pyrénées, grand d'Espagne et comte de Huelva! En France, il met ses titres dans sa poche.

[1] Pour les traités de 1860 et 1880, les séries de 1861, etc., nous

Quant à la Presse, tout le monde sait que, sauf d'honorables exceptions, elle écrit ce qu'on veut pourvu qu'on la paye. Beaucoup de journaux même ne vivent que de chantage. A l'affût de tous les petits scandales qui peuvent se passer dans l'intérieur des familles, ils ont un flair tout particulier pour les découvrir. Ils commencent alors avec des réticences et des sous-entendus. C'est une invitation à passer à la caisse, et il faut le faire à la hâte, pour peu que l'on tienne à sa réputation.

Dans d'autres, une campagne commence contre le syndicat des cuivres, les Compagnies des eaux, du gaz, des agents de change, etc.; puis tout à coup le silence se fait. Le lecteur s'étonne ; il n'y a cependant pas de quoi : la Compagnie a payé soit avec de l'or, soit avec des faveurs.

Un de nous assista il y a quinze ans à une scène qui l'a vivement frappé ! Il était cependant bien jeune à ce moment.

C'était à la rédaction d'un journal, où écrivait M. Lockroy, alors conseiller municipal. Il s'agissait de mener une campagne contre la Compagnie des eaux. Un juif, secrétaire de la rédaction, déclara qu'il était prêt à mener cette campagne, mais qu'il fallait payer 6,000 francs. Les prix ont augmenté depuis. Sur la remarque que c'était cher, qu'il s'agissait d'une question d'hygiène intéressant toute la population, ce youd répondit qu'il s'en moquait, que le prêtre vit de l'autel et qu'il fallait payer. « Et demain, ajoutait-il avec cynisme, si la Compagnie des eaux venait m'offrir davantage je me hâterais de la défendre. » Il n'a pas dit si, dans ce cas, il aurait rendu les premiers 6,000 francs.

renvoyons à la publication officielle : *Recueil de pièces concernant les Eaux, les canaux et l'assainissement.* Première partie : *Eaux*, Paris, 1886.

On voit, par ce fait, l'état moral de la Presse, où écrivent des journalistes comme Henri Baüer, notoirement convaincu d'avoir émargé sur les fonds secrets.

Tous les journaux reçoivent, une mensualité de la part des importantes maisons de crédit, tout au moins au moment des émissions, ils passent à la caisse.

La magistrature n'a rien à envier au journalisme. Comme une prostituée, elle cache sous sa robe toutes les infamies et toutes les turpitudes possibles, mais elle ne les cache pas assez bien pour qu'à travers les trous de ses haillons on ne les aperçoive quelquefois. Ses jugements et ses arrêts ne sont trop souvent que des services rendus ou des vengeances. Rappelons-nous les procès Drumont-Meyer, Noirtin-Erlanger, etc...

Dans le procès Liautey, un avocat général s'écrie : « Avouez, c'est la seule manière d'atténuer votre situation et d'écarter peut-être l'expiation suprême. » Liautey avoue et malgré la quasi-promesse de l'avocat général, il est condamné et exécuté. Quel dégoût nous inspire ce magistrat qui obtient un aveu grâce à un subterfuge et qui n'a pas la pudeur de tenir sa promesse !

N'est-ce pas un Procureur général qui refusa de donner suite à une plainte contre un huissier et cependant cet huissier Me D... avait fait un faux en écriture publique. Il avait protesté un billet sans le présenter et sur son protêt il déclarait l'avoir présenté. La Chambre des huissiers, saisie, répondit qu'un protêt ne signifiait rien et ne causait aucun préjudice. Moins heureux que lui, Théodore Barroz, huissier à Bourg d'Oisans, vient d'être arrêté pour avoir volé plus de 20,000 francs à un de ses clients [1].

[1] *XIXe Siècle*, 9 juin.

Les magistrats se croient tout permis et pensent être bien au-dessus des lois qu'ils sont chargés d'appliquer. N'a-t-on pas vu M. Cren, substitut près la cour de Rennes, frappant brutalement son beau-père M. Fabre à la gare Montparnasse, le 12 juin 1887, puis le 22 mars 1889, sous prétexte d'aliénation mentale, le faisant arrêter en son domicile par un agent. Le substitut abusait certainement de sa qualité de magistrat pour faire commettre à l'agent un acte illégal.

M. Fabre ne fut pas interné parce que le commissaire de police du quartier se refusa à l'internement [1]. Il y a là rapt, tentative de séquestration et nous ne sachions pas que le Garde des Sceaux ait donné suite à la plainte de M. Fabre. La loi reste inappliquée. Pourquoi ?

Un autre, juge d'instruction, rendit une ordonnance de non-lieu contre une jeune et jolie femme accusée d'empoisonnement. Il avait cédé aux séductions de l'accusée [2].

On a pu lire dans l'*Intransigeant* [3] qu'un *honorable* juge de paix du Jura avait fait signer pour 10,000 francs de billets à un plaideur en faveur duquel il venait de rendre un jugement. Il prétendait que cette signature était une simple formalité pour le jugement rendu.

M. Quesnay de Beaurepaire procureur général de Paris a publié sous le nom de Loys Clop [4], des gaudrioles qui touchent à la pornographie et qui n'ont même pas l'excuse d'être écrites en bon français. Et cet homme peut être appelé à requérir contre un écrivain moins coupable que lui !

En Suisse, comme ailleurs, la magistrature est remar-

[1] *Clairon*, 21 avril, *XIX° Siècle*, 17 avril.
[2] *Gil Blas*, 10 juin. *Eclair*, 10 juin.
[3] N° du 10 mai.
[4] *Eclair*, avril 1889.

quable ; nous lisons dans la *Gazette de Lausanne* qu'en moins de dix ans, deux présidents du tribunal et un juge ont été condamnés. On compte par demi-douzaines les magistrats qui ont habité les prisons. M. Goy, président du tribunal du district, s'est enfui ; il était sous l'inculpation de faux [1].

A l'étranger nos agents sont semblables à nos politiciens et à nos financiers; leur but est de gagner de l'argent.

Il y a quelques années, un de nos amis français avait un procès commercial avec un Autrichien. L'ayant gagné devant les tribunaux français, il part pour l'Autriche voulant faire exécuter son jugement. Il s'adresse au consul de France qui le renvoie à M. de Winiwarter, avocat de l'ambassade. Ce dernier était le frère du débiteur. Il déclare au Français que le jugement rendu en France n'est pas exécutoire en Autriche. « Il n'y a dit-il, aucun moyen de faire payer votre débiteur à moins de le poursuivre à nouveau devant les tribunaux autrichiens; et encore cela n'est pas possible puisque vous aviez fait un traité disant que les tribunaux français étaient seul compétents. » Pressé par l'argent, notre compatriote est obligé de transiger, puis il va trouver deux autres avocats, les docteurs Adolphe Schiff et Auguste Wiesner, qui lui démontrent texte en main que M. de Winiwarter a menti.

De retour en France, plainte est portée au ministère des affaires étrangères. Mais aucune suite n'y fut donnée, et M. de Winiwarter est toujours avocat de l'ambassade.

En résumé, partout le vol et la démoralisation, depuis le haut financier qui acquiert des millions jusqu'au petit bourgeois qui péniblement gagne quelques milliers de francs en vendant des étoffes ou de l'épicerie.

[1] *Eclair*, 15 mai.

Quant à la morale, il n'en faut chercher nulle part. Que dites-vous de cette bourgeoise, Mme Renault Lebreton, femme d'un industriel d'Angers, qui, mariant sa femme de chambre avec son cocher, eut la naïve impudence de leur dire : « Surtout n'ayez pas d'enfants, sans quoi je serais obligée de vous renvoyer. » En effet, les domestiques n'ont pas le temps de faire des enfants. Qui soignerait Madame à ce moment-là ?

L'aliéniste Maudsley avait donc raison en écrivant que : « L'extrême passion pour la richesse, alors qu'elle absorbe toutes les forces de la vie, prédispose à une décadence morale et intellectuelle et que la descendance de l'homme qui a beaucoup travaillé pour s'enrichir est presque toujours dégénérée physiquement et moralement, égoïste, sans moralité et instinctivement fourbe [1]. »

Cette dégénérescence morale et physique explique l'état de nervosité des juifs, leurs instincts voleurs et rapaces ; elle explique aussi l'état d'immoralité, dans lequel est tombé la bourgeoisie.

Il n'y a plus que les ouvriers qui font des enfants, c'est à-dire ceux qui peuvent à peine les nourrir. C'est toujours le plus pauvre qui a le plus d'enfants [2]. Quant aux riches, de peur de diviser leurs propriétés ou leur fortune, ils pratiquent le « moral restraint » préconisée par Malthus. Ils ont un enfant, rarement deux, mais ils s'arrêtent là ; beaucoup n'en ont point, tant leurs précautions sont grandes. En France, 20 p. 100 des ménages sont sans enfants, et près de la moitié, du reste n'en a qu'un [3]. Lorsque la restriction volontaire a échoué, on a

[1] Letourneau. *Evolution de la morale.*

[2] Dr Dubrac. — Congrès des Sociétés Savantes, 1889.

[3] En France, il y a 21,8 naissances par 1.000 habitants ; en Alle-

recours à l'avortement. Interrogez n'importe quel médecin, il vous dira qu'ils sont excessivement fréquents dans la classe riche ou aisée. Le docteur Félix, au Congrès d'hygiène de La Haye, disait qu'on serait effrayé si on savait le nombre des avortements qui se pratiquent dans chaque pays.

Cette diminution dans la natalité [1] suit l'état de dégénérescence. Ainsi, en Russie, où la bourgeoisie est beaucoup moins nombreuse, il est rare de trouver des ménages où il n'y ait pas 4 enfants.

magne 37,7 ; en Russie 50; en Belgique 29,9 ; en Italie 36,3 ; en Roumanie 32 ; en Autriche cisleithane 34,4 ; en Angleterre 34. (J. Bertillon.)

En 1876 en France

21,4 p.	100 des familles,	soit	2.512.611	ont 1	enfant	
21,8	—	—	2.265.317	— 2	enfants	
14,5	—	—	1.512.054	— 3	—	
9,0	—	—	936.853	— 4	—	
5,2	—	—	519.693	— 5	—	
2,9	—	—	313.400	— 6	—	
2,2	—	—	232.188	— 7	—	ou plus

(*Journal d'Hygiène*, 1889.)

[1] La diminution de la natalité en France est bien indiquée par le tableau suivant que nous extrayons de l'ouvrage du Dr Mireur : *Le Mouvement comparé de la population.*

Années	Nombre des naissances
1875	950.975
1881	937.057
1882	935.566
1883	937.944
1884	937.758
1885	924.558
1886	912.838
1887	899.333
1888	882.639

Pour les années 1884 à 1888, les chiffres sont extraits du *Journal Officiel*, août 1889.

En France, surtout dans la classe aisée, les mariages ne sont que des transactions commerciales. On se marie fort tard, lorsqu'on a l'expérience nécessaire pour mener à bonne fin une affaire. On unit deux fortunes, le reste on s'en soucie fort peu [1].

Dans la Russie, surtout dans les villes comme Moscou, Saint-Pétersbourg la moitié des mariages sont contractés en vue de spéculations dans lesquelles l'amour ou même l'affection n'entre pour rien. Il y a presque toujours une très grande différence d'âge entre les époux; les femmes se marient entre 20 et 30 ans, les hommes entre 30 et 50.

La moralité des hautes classes (noblesse et haute bourgeoisie) russes est telle que la plupart des gens mariés ne vivent pas ensemble. Les divorces se sont tellement accrus qu'on trouve des avocats spécialistes qui arrangent merveilleusement une comédie de l'adultère avec tous les accessoires nécessaires : pièces à conviction, faux témoins, etc. [2].

En Angleterre plus de la moitié des unions se contractent avant l'âge de 25 ans. En Belgique, il n'y en a que 29 p. 100 ; en Italie, 23,3 et chez nous 20 seulement.

Nous assistons tous les jours à des unions qui

[1] En France, un peu plus de 20 p. 100 de la population n'est composé que de célibataires adultes ; les enfants mâles au-dessous de dix-huit ans et les enfants femelles au-dessous de quinze ans forment plus de 25 p. 100 de la population. Les mariés ou veufs ne composent donc que près de la moitié des habitants. (*Bulletin de l'Institut international de statistique*, 1889. Rome.)

D'après le Dr J. Bertillon, en 1880, on comptait, pour 100 habitants, 38,1 célibataires en Allemagne; 43,5 en Belgique ; en Italie, 36,5; en Autriche-Hongrie, 32,5; en Grande Bretagne 43,2. (*Encyclopédie d'Hygiène et de médecine publique*, 1889.)

[2] Scandales de Saint-Pétersbourg.

sont de véritables faits de prostitution. Des jeunes filles se marient à des vieillards, des jeunes gens à de vieilles femmes, et chacun de dire qu'ils ont fait un beau mariage parce que le vieux ou la vieille avait de l'argent[1].

A chaque instant vous entendez des gens vous dire qu'ils ne veulent pas avoir d'enfants, que cela les gênerait et dérangerait leurs projets d'avenir ; ou bien cela déformerait la taille de Madame, et elle ne pourrait pas danser pendant sa grossesse.

Parmi les mères, combien en trouvez-vous qui nourrissent leurs enfants? Bien peu ; car c'est une fonction qui ne laisse point de trêve et ne tolère aucun plaisir.

[1] C'est en France que cette sorte de mariages a le plus de partisans.

MARIAGE AVEC DES FILLES DE 50 ANS ET AU-DESSUS
(*Sur 1 million de mariages.*)

Age des hommes à	Nombre de mariages France	Nombre de mariages Angleterre
18 à 20 ans	64	0
20 à 25 —	109	5
25 à 30 —	151	12
30 à 35 —	188	22
35 à 40 —	257	41
Total :	769	79

MARIAGE AVEC DES HOMMES DE 60 ANS ET AU-DESSUS

Age des filles	Nombre de mariages France	Nombre de mariages Angleterre
15 à 20 ans	94	2
20 à 25 —	139	15
25 à 30 —	176	32
30 à 35 —	242	49
Total :	651	98

Letourneau. *Evolution de la morale.*

Si la fortune des parents ne permet pas d'avoir une nourrice sur place, on envoie les enfants à la campagne chez des mercenaires, qui souvent les soignent Dieu sait comment. L'enfant meurt, et les parents n'en sont point fâchés outre mesure.

L'esprit de famille n'existe plus. Est-ce que les enfants aiment leurs parents? On commet des crimes pour hériter plus vite, ou tout au moins on désire la mort d'un proche, on escompte son héritage, en un mot, on a de belles espérances.

En effet, les espérances sont belles, puisque rien qu'en France les héritages pour 1885 s'élevaient à 5,406,000,000 francs, dont 3 milliards en immeubles et chaque année ils s'accroissent considérablement [1].

Tout le monde a encore présent à la mémoire l'affaire Hériot. On sait, d'après la Presse, que pour être plus vite en possession des biens du commandant, Mme Hériot le fit séquestrer au mépris de toute loi. Malgré de nombreuses réclamations, les parents du mari ne purent obtenir justice; le Gouvernement resta muet.

En mai 1889, il se décida cependant à agir, car la *Lanterne* [2] rapporte que M. Brouardel fut chargé de voir le commandant à son château de la Boissière.

Une instruction fut ouverte et le 20 juin, le journal de Mayer publiait la lettre d'un parent de M. Hériot annonçant que celui-ci allait être remis en liberté après avoir passé quelque temps dans une maison de santé à Vanves.

[1] Mutations par décès en 1835 1 milliard et demi.
— — 1865 3 milliards.
— — 1881 5 milliards.
(Chirac. *Les Rois de la République.*)

[2] N° du 18 mai. *Eclair*, 18 mai.

Dans toute cette seconde partie de l'affaire Hériot[1], les journaux, à l'exception de trois ou quatre, restèrent muets. Pourquoi ?

Tel est le tableau que nous présentent la classe dirigeante et la classe aisée. Vol, luxe effréné, immoralité poussée jusqu'au dernier degré, on trouve maintenant cela tout naturel, tellement naturel que l'honnête homme est aujourd'hui bafoué et n'arrive à rien.

[1] Ce livre était sous presse quand les journaux nous apprirent que M. Hériot était enfin sorti de la maison de santé de Vanves.

CHAPITRE II

Le paupérisme. — La misère en Italie, Autriche, Angleterre, France, Russie, etc. — Les enfants pauvres. — Suicides. — Salariés. — MM. Laveissière et H... — Les inventeurs Mimault et Gaulart. — Eiffel et sa tour. — L'Exposition de 1889 et les tripotages. — Les bureaucrates. — Le docteur G... S... — La compagnie *le Progrès* et les médecins. — Les instituteurs. — Les salaires des ouvriers en France, Belgique, Autriche, etc. — Les cloutiers anglais. — Les chiffonniers parisiens. — Les bûcherons. — Les propriétaires. — Les logements ouvriers à Paris, en Allemagne, Russie. — L'alimentation des ouvriers. — L'existence des salariés. — Les compagnies minières de Belgique. — Le surmenage physique. — L'alcoolisme. — La petite bourgeoisie. — Le travail des femmes. — Ses inconvénients. — Les filles séduites et abandonnées. — Les infanticides. — Les crimes de la misère. — La prostitution. — Le procès de la femme Collet. — La loi égale pour tous. — Les syphilicomes italiens. — Les prostituées russes. — Travail des enfants. — Meurtre d'une ouvrière de douze ans. — Les apprentis en Russie. — La durée du travail. — Les enfants en Autriche. — La cour de Lyon et la loi de 1874. — Les grèves. — Les vanniers d'Origny en Thiérache. — Les cordonniers de Cracovie. — Les ouvriers de Vosnessensky. — La grève des cochers de tramways à Vienne. — Les terrassiers à Joinville. — Les Gewerkverein d'Allemagne. — La grève des houilleurs en Westphalie et Silésie. — Les cochers à Paris et à Prague. — Les agents secrets Brenin et Pourbaix dans les grèves. — Les paysans. — Leur vie en Italie et en France. — Mme Beue, la fermière du duc de Polignac. — Les paysans russes et irlandais.

Si la richesse s'accumule dans les mains de quelques-uns, d'une façon scandaleuse, le paupérisme étend ses griffes sur le grand nombre. Plus celle-là s'accroît, plus celui-ci fait de victimes. La grande industrie a créé l'état de misère extrême auquel nous assistons maintenant.

Il est toute une classe d'individus qui, sur le sol où ils sont nés, ne possèdent rien que le droit de se promener dans les rues ou sur les routes. Encore leur conteste-t-on souvent ce droit! Ils vivent au jour le jour, sans certitude du lendemain; ne sachant pas le matin s'ils mangeront le soir[1].

Ils couchent sous les bancs l'hiver, dessus l'été, dans les maisons en construction, sous les ponts quand ils vivent dans les villes. S'ils errent dans les campagnes, les granges, les meules de foin ou de paille, les haies et les taillis leur offrent des abris.

Souvent même ils sont obligés de disputer leur nourriture aux animaux.

Cette pauvreté comme une lèpre rongeuse s'étend de tous côtés. Ainsi, en Allemagne, des milliers d'habitants ne connaissent pas le pain. Ils se nourrissent de pommes de terre, de mauvaise graisse et boivent une eau-de-vie de la dernière qualité[2]. Et pourtant ils travaillent ceux-là!

En Autriche et en Bohême, la misère est si grande que les populations se soulèvent. Les troubles sont réprimés dans le sang comme à Kladno et à Steyr[3]; le

[1] Nous n'exagérons rien : souvent dans les journaux, parmi les faits divers, se glissent des épisodes navrants de la vie des prolétaires. Ainsi dans les journaux du 2 avril 1889 on pouvait lire : « Une femme en haillons, titubant le long du boulevard de Charonne, tombe inanimée. Conduite chez un pharmacien, on la ranime; elle déclare qu'en *quatre jours elle a mangé seulement un sou de pain*. Elle fut transportée à l'hôpital. »

A la fin du XIXe siècle, il y a des gens qui meurent de faim! cela a été constaté dans une publication officielle. Voici en effet ce que nous lisons, p. 19 du fascicule 19 du *Conseil supérieur de l'Assistance publique :* « Le 10 janvier 1889, un vieillard de 72 ans est mort de faim et de froid à Bagnolet, rue Étienne-Marcel, 136. Et ce n'est pas un cas isolé! »

[2] *Cri du peuple*, 16 décembre 1888.

[3] *Journal des Débats*, 25 juin.

paupérisme croît sans cesse en ces pays où des seigneurs et des financiers jouissent d'immenses fortunes.

En Italie, nous trouvons que, pour l'année 1888, 194.146 individus se sont expatriés, par suite de l'impossibilité dans laquelle ils se trouvaient de gagner leur vie dans le pays [1].

En voilà qui demandaient de l'ouvrage et n'en trouvaient pas.

La misère y est arrivée à un état excessivement aigu. Le paysan ou l'ouvrier italien ne veut pas mourir de faim ; il mendie, l'escopette ou le poignard à la main. En Sicile, à Catane, à Palerme, on ne sort plus après la tombée du jour, car le mendiant a cessé d'être obséquieux pour devenir brigand. Les ouvriers affamés manifestent à Faenza, Ferrare, etc. En Sardaigne, c'est identique, ils revendiquent leur droit à l'existence, se réunissent en troupes, parcourent les rues, se servant de leurs outils comme d'armes [2]. Ils pillent des boutiques ; ils combattent la police et les soldats qu'on envoie pour les mettre à la raison, c'est-à-dire pour les obliger à crever de faim en silence.

A Casorezzo, les tisseurs en soie et en coton se révoltent contre leurs patrons et aux cris de : « A nous l'argent ! A nous leurs grains ! » ils brisent les vitres des usines. Les patrons firent des concessions et le travail reprit [3], mais les malheureux n'en crevèrent pas moins de misère.

A Arluno, Turbigo, Baroggio, etc., les ouvriers des

[1] Cette quantité donne une proportion de plus de 6 p. 1000 de la population totale. En 1887, la proportion avait été moindre (*Peuple*, 9 janvier).

[2] Journaux du 9 au 15 février.

[3] *Jeune République*, 18 mai. — *Presse*, 22 mai.

fabriques et les paysans se soulèvent. La détresse est grande, le pain manque ; les mères n'ont pas toujours une poignée de polenta infecte à donner à leurs enfants. Aux cris de : « A mort! Nous voulons manger! » les prolétaires envahissent des maisons, en assiègent d'autres, brisent et brûlent ce qu'ils peuvent[1]. L'ex-démocrate, Crispi, leur a envoyé des troupes qui ont rétabli l'ordre jusqu'au jour où la plèbe, dans un élan terrible, rétablira à son tour l'ordre *naturel*.

D'après le dernier recensement fait en décembre 1888, les malheureux, qui se trouvent sur le pavé de Londres sans moyens de subsistance, sont au nombre de 92,234[2]. Le rapport constate que le nombre des indigents qu'il y avait l'an passé n'était que de 91,098 et en 1886 de 86,626 seulement. Il y a donc augmentation de misère.

En France le nombre des non-possédants va toujours en augmentant ; il dépasse 31 millions. Ceux qui vivent dans le dénûment voient aussi chaque jour leur nombre s'accroître ; il atteint 5 millions au moins[3].

A Saint-Pétersbourg, on compte 223,578 habitants, à peu près le tiers de la population, qui font partie de la classe nécessiteuse. Si l'on prend pour base la valeur, les dimensions et la nature du logement, on trouve que

[1] *Presse*, 17 et 21 mai.

[2] *Petit Champenois*, 8 janvier.

[3] Pourcentages de non-possédants.

Années	Salariés	Dénués
1881	69 p. 100	11 p. 100
1882	69 —	12 —
1883	68 —	13 —
1884	68 —	12 —
1885	69 —	13 —
1886	70 —	12 —
1887	69 —	13 —

(Chirac. *L'Agiotage sous la troisième République*.)

ce nombre doit atteindre 40 p. 100 de la population [1]. A Moscou, d'après Tolstoï, les va-nu-pieds sont plus de cinquante mille [2].

Les crimes dans un pareil milieu sont naturellement très nombreux ; il y a en moyenne par an 4.500 affaires criminelles [3].

La misère est si grande dans ce pays que, dans les journaux, on lit souvent des demandes de secours d'étudiants sans ressource et mourant de faim. D'autrefois on lit des avis navrants comme celui-ci : « M. le Rédacteur, nous sommes réduits à la dernière extrémité, nous n'avons ni logement, ni vêtements, ni chaussures. Les enfants couchent à la lettre sur le carreau. Demander l'aumône, je ne le peux pas, le sentiment moral me le défend. Hier j'ai vendu mon dernier gilet pour donner du pain à mes enfants [4]. » Dans les mêmes feuilles, on trouve la relation des fêtes que donnent les riches ! Là comme dans la rue ils se coudoient ; mais les uns jouissent sans cesse tandis que les autres peinent toujours. Cependant tous ont les mêmes droits. Mais notre Société bourgeoise ne s'occupe point de tout cela.

Ils sont nombreux ces misérables [5] qui craignent le

[1] *Les Scandales de Saint-Pétersbourg*. Paris, 1887.
[2] *Que faire ?* Paris, 1888.
[3] *Les Scandales de Saint-Pétersbourg.*
[4] *Les Scandales de Saint-Pétersbourg.*
[5] Voici le nombre des gens poursuivis sous les inculpations suivantes :

	France		Département de la Seine	
Années :	1875	1879	1885	1886
Vagabondage........	8.429	10.639	15.503	15.110
Délits ruraux et maraudage............	432	805	—	—
Mendicité............	6.373	6.799	3.238	4.616
Fraude au préjudice des restaurateurs....	673	1.772	—	—

gendarme ou le gardien de la paix, car en notre Société, être vagabond, c'est être criminel ! On les met en prison, on les relègue au delà des mers, tandis que les filous de haute marque, les Rothschild, Soubeyran, Cahen, etc., se prélassent dans leurs calèches et festoient dans leurs palais. Il est vrai qu'en prison ces misérables auront à manger et sauront où coucher.

A chaque instant, par suite de cessation de travail, des ouvriers sont sur le pavé. Ils deviennent alors des vagabonds, car ils n'ont rien à attendre de la Société qui ne les connaît pas ou de leurs patrons séparés d'eux par l'abîme des intérêts contraires. La police seule se préoccupe d'eux, ce n'est d'ailleurs que pour les arrêter[1]. Cela se passe ainsi dans tous les pays, car les parasites bourgeois sont partout les mêmes.

Les économistes bourgeois, les de Foville, Jean-Baptiste Say, Malthus et autres Raffalovitch ont déclamé sur tous les tons que, si ces gens-là n'ont point d'ouvrage, c'est qu'ils ne voulaient pas travailler.

Ne veut-il pas travailler, cet enfant de dix ans qui, couchant dans la rue et ne sachant que manger, s'en fut à l'hospitalité de nuit ? Il y retourne trois jours de suite et le quatrième, on le conduit chez le commissaire de police. Là, il déclare que sa mère est morte, que son père s'enivre, qu'il est seul et ne peut trouver d'ouvrage. — Alors au Dépôt — Et il y serait allé, s'il n'avait point eu la chance d'avoir un parent, non point fortuné, mais dans

A Paris, rien que pour un seul asile de nuit dans le mois de décembre 1888, il a été admis 1,116 individus dont plus de 260 ouvriers ayant un métier.

En 1885, deux asiles de nuit de Paris ont reçu 6,587 femmes et enfants (Dr Monin. *Hygiène du travail*, 1889).

[1] A Pétersbourg, la police arrête chaque année 16,000 vagabonds (*Les Scandales de Saint-Pétersbourg*).

une bonne situation. Par ses recommandations, il put entrer aux enfants assistés. Quelque temps après, il répondait à ce parent lui demandant s'il se trouvait bien : « Oh oui ! on est bien ici, on mange tous les jours ! »

N'est-ce pas navrant d'entendre un enfant de dix ans prononcer de semblables paroles. En voilà un qui a souffert et qui cependant n'avait ni crime ni délit à expier. Seulement il avait eu le malheur de naître pauvre, tandis que d'autres naissent riches. Il y en a beaucoup dans ce cas[1].

En France, les particuliers abandonnent au soin de l'Etat un enfant sur 39 ; mais peu survivent, car la mortalité des enfants assistés est de 57 p. 100[2].

Combien sont envoyés dans des maisons de correc-

[1] Enfants âgés de moins de seize ans, arrêtés dans le ressort de la préfecture de police en 1879 :

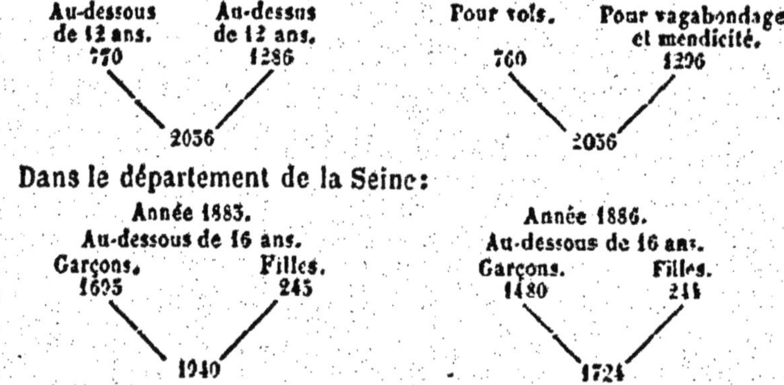

(Reinach. *Les récidivistes.*)

Selon M. H. Joly, les prévenus de moins de 16 ans d'âge ont augmenté de 140 p. 100 et ceux de 16 à 21 ans, de 210 p. 100. Cette précocité tient à ce fait que le nombre des enfants, vivant dans la rue, s'élève chaque jour. (*Journal de la Santé.* 18 août.)

A Marseille, sur 75 meurtriers condamnés de 1882 à 1887, il y en a 15 de moins de 21 ans et 43 de 21 à 30 ans. (Dr H. Mireur.)

[2] Letourneau. *Evolution de la morale.*

tion et aux jeunes détenus où ils se pervertissent rapidement, et d'où ils ne sortiront plus tard que pour faire des assassins et des voleurs illégaux! Ainsi, à mesure que le paupérisme s'accroît, les crimes et les délits augmentent dans des proportions effrayantes. Il y a actuellement, en France, dans les prisons et bagnes, plus de 400,000 individus[1].

[1] Il y a, en France. dans les départements industriels un cinquième de la population qui reçoit des secours.

En tout, il y a plus de 1,500,000 indigents secourus, 400,000 dans les hôpitaux, 70,000 infirmes et vieillards dans les hospices et 70,000 enfants trouvés (Letourneau).

En Allemagne, plus de 8 millions d'indigents sont exempts d'impôt pour cause de misère (B. Gendre). Il y en a 1,592,386 de secourus; en 1885 ils ont reçu 68 fr. 85 par tête. (*Conseil supérieur de l'Assistance publique*, — fascicule 24, — 1889.)

En Belgique, sur sept individus, 1 est secouru. Dans les provinces industrielles, un cinquième ou un tiers de la population est indigent; c'est-à-dire que, sur une population de 5,816,100 habitants, il y en a 830,871 d'indigents (Letourneau).

Dans certaines villes industrielles 50 p. 100 de la population est inscrite au bureau de bienfaisance.

Dans la Grande-Bretagne, il y en a plus de 9 millions, soit 1 sur 4 habitants (M. de Morgues). En 1888, le nombre des indigents pour l'Angleterre et le pays de Galles, a augmenté de 1,1 p. 100 sur celui de 1887. Chaque indigent a reçu en moyenne dans l'année 6 fr. 75!

En 1833, il y avait en France 695,932 indigents, soit 1 par 47 habitants.

En 1883, on en comptait 1,405,500, soit 1 par 27 habitants (p. 26, fascicule 19, *Conseil supérieur de l'Assistance publique*).

Dans le fascicule 22 du même *Conseil*, nous trouvons la proportion suivante des indigents inscrits par 1,000 habitants, d'après les statistiques les plus récentes:

Allemagne	33,80	Cher	34,00
Angleterre	28,00	Gers	32,50
France.	64,20	Pas-de-Calais . . .	148,20
Doubs.	16,80	Somme.	102,60
Allier.	17,00	Vosges.	136,00

Cette proportion donnerait pour la France plus de 2 millions et demi d'indigents inscrits.

Cette augmentation est fatale. Tous ces enfants, jetés dans la rue sans domicile et sans nourriture, retournent instinctivement à l'état sauvage. Leur cerveau ne se développe pas, leur corps reste malingre et souffreteux à cause de toutes les privations qu'ils endurent. Obligés, pour vivre, de lutter dans des conditions par trop désavantageuses, ils commettent le mal inconsciemment, ne le discernant pas même du bien. Pour manger, ils sont obligés de voler. On les punit comme de vrais criminels[1] ; la prison, le bagne, la mort les attendent. Ils sont nés dans la misère, ils souffrent toute leur vie et meurent dans la honte et l'infamie. C'est la Société qui est coupable et c'est eux qui sont punis ! S'ils étaient nés riches, ils auraient pu voler d'une manière légale à l'ombre d'une décoration et sous l'œil bienveillant de la police et de la magistrature.

On ne sait comment vivent ces meurt-de-faim. Ils mangent de deux jours l'un. Dans les centres, ils exécutent quelques petits travaux, ils sont ouvreurs de portières, aboyeurs de journaux, etc... Dans les campagnes, ils mendient le long des routes, travaillent quelquefois dans les fermes et volent s'ils ne trouvent

[1] Dans les journaux parisiens (*Peuple*, 11 mars), on pouvait lire, il y a quelque temps, le fait divers suivant : Un jeune garçon de dix-sept à dix-huit ans, pris en flagrant délit de vol chez un marchand de vin, a raconté sa navrante histoire, qui fut reconnue vraie après enquête. C'était la quatrième fois qu'on l'arrêtait pour le même motif, et cependant il n'avait jamais volé que sous l'aiguillon du besoin. Quand on l'a pris, il y avait *trois jours qu'il ne s'était rien mis sous la dent*. La première fois qu'il fut arrêté, c'était pour avoir pris *un pain* chez un boulanger : *huit mois de prison*. Sorti, il ne put trouver de l'ouvrage, car il avait un casier judiciaire. Il fallut voler de nouveau pour manger. Une Société qui permet de semblables choses est jugée et condamnée ; elle est plus sauvage que ne le sont les Indiens du Brésil ou les nègres de l'intérieur de l'Afrique.

pas de travail. D'autres, dont la misère a détruit toute force morale, se tuent. Il y a quelques mois, une mère qui n'avait pas mangé depuis plusieurs jours s'est jetée à l'eau avec son enfant de quatre ans! On les sauva tous les deux et la mère fut envoyée en prison pour avoir attenté à la vie de son fils.

Ils sont nombreux ceux qui préfèrent retourner au néant que de continuer à traîner leur misérable existence. En France, de 1851 à 1855, on comptait annuellement 3,639 suicides. Il y a dix ans, cette moyenne annuelle était de 5,276. Elle est aujourd'hui de 8,187[1].

Sa fréquence marche parallèlement avec l'âge. Elle est plus grande dans les villes que dans les campagnes. Les ouvriers agricoles se suicident moitié moins que les ouvriers industriels[2].

La misère est la grande pourvoyeuse des suicides.

Souvent on lit dans les journaux des faits divers comme ceux-ci :

[1] *Revue sanitaire de Bordeaux et de la Province*, 1888. *La Paix Sociale*, 8 décembre 1888.

[2] Sur 10,000 habitants des campagnes, il y a 1,55 suicidé et 3,12 dans les villes. Sur 10,000 ouvriers, on compte 1,31 suicide pour l'agriculture et 2,62 pour l'industrie. Il n'y a que 1,10 suicide par 10,000 rentiers, propriétaires ou professions libérales. En Saxe, sur 10,000 personnes adonnées au commerce et à l'industrie, on compte 3,11 suicides et 0,71 parmi les agriculteurs (Letourneau).

Dans l'étude des suicides à Marseille suivant les professions, le Dr Mireur conclut qu'il existe deux catégories bien distinctes : celle des classes élevées et celle des classes inférieures; chez ces dernières la tendance au suicide est accentuée. La condition sociale des prolétaires prédispose donc au suicide.

En Europe, par 10,000 habitants la proportion moyenne des suicides est la suivante : France 1,8; Belgique 1; Italie 0,45; Saxe 3,9; Bavière 1,3; Prusse 1,66; Autriche cisleithane 1,63; Hongrie 0,57; Croatie Slavonie 0,36; Angleterre et Galles 0,75; Irlande 0,17; Roumanie 0,52; Turquie 0,10; Russie 0,31 (J. Bertillon, J. Varlet). Dans tous les pays, les suicides suivent

Un sieur Befort, peintre, âgé de quarante-neuf ans demeurant à Faverolles (Aisne), s'est suicidé par asphyxie avec ses deux petites filles âgées de sept et de neuf ans. D'une lettre trouvée dans la chambre et adressée au maire, il résulte que la misère a poussé Befort à cet acte de désespoir [1].

Un garde du bois de Vincennes a trouvé un homme pendu à une branche. Il paraissait âgé d'une cinquantaine d'années. Dans une de ses poches, on trouva un billet expliquant son suicide et sur lequel il y avait : « *Je n'ai plus rien pour vivre* [2]. »

Il est triste de voir à la fin de notre siècle des hommes se suicider par misère. Et pendant ce temps les parasites comme Say, Rothschild, Lebaudy, etc., jouissent en paix du produit de leurs opérations illégales quelquefois, mais toujours immorales.

Nous venons d'esquisser la situation des déshérités, de ceux qui n'ont point de travail. Mais il en est d'autres qui exercent un métier, un art quelconque et dont le sort n'est pas moins à plaindre : ce sont les salariés. Il y en a de plusieurs catégories : 1° les ingénieurs, les employés de bureau, de magasin, instituteurs, etc. ; 2° les ouvriers possédant un métier après apprentissage ; 3° les manœuvres.

Les premiers portent des redingotes et des fracs, mais ils n'en sont pas moins des salariés tout comme le

une progression ascendante, ainsi : pour la Prusse en 1870 il y a 2,963 suicides et 6,028 en 1885 ; pour l'Autriche, 629 en 1850 et 3,891 en 1885 ; pour l'Angleterre, 1,275 en 1858 et 2,251 en 1886 ; pour la Russie, 1,756 en 1871 et 2,412 en 1885 ; pour l'Italie, 616 en 1864 et 1,459 en 1885. (Dr H. Mireur. *Le mouvement comparé de la population à Marseille, en France et en Europe*, 1889.)

[1] *Matin*, 5 mai 1889.

[2] *XIXe Siècle*, 16 juin 1889.

manœuvre qui travaille dans l'usine. Tout le produit de son génie, de son intelligence et de son travail appartient à un patron, un Dollfus ou un Laveissière quelconque qui profite des inventions de ses employés.

Non seulement il veut avoir les bénéfices pour lui, mais encore il lui faut l'honneur. Il exige que le brevet soit pris en son nom. Ainsi, dans la liste des brevetés, nous voyons la société anonyme maison Bréguet, la Compagnie des fonderies et forges de l'Horme, l'électrotechnische Fabrik Cannstadt, la Société des téléphones à grande distance, etc., qui n'ont certainement rien inventé du tout. Si le salarié ne veut pas souscrire à ces conditions, il lui faut garder son invention et ne pas la mettre au jour. Si, enfin, avec beaucoup de peine, il arrive à la créer et commence à l'exploiter, il rencontre sur son chemin difficultés sur difficultés entassées par les gros industriels enrichis par le travail de leurs ouvriers.

Ainsi MM. Laveissière s'étaient associés, il y a quelques années, avec un ingénieur M. H... pour l'exploitation d'un brevet. Au lieu de seconder l'affaire dans leur intérêt commun, ils firent tout ce qu'ils purent pour l'entraver. Et même l'un d'eux, Emile, dit à son frère au sujet d'une mesure proposée par M. H... : « Bah! laisse-le donc faire, il ne vendra pas un kilogramme de plus de marchandise. »

On se souvient encore de Mimault, l'inventeur volé et ruiné qui eut le courage de tenter de se faire justice : la prison l'attendait. On se souvient aussi de Gaulard l'électricien qui, spolié par le Comptoir d'Escompte, abreuvé de dégoûts, devint fou et mourut à Sainte-Anne, alors que des capitalistes faisaient fortune avec son invention. S'il nous fallait citer tous les inventeurs mourants de faim, tandis que leurs découvertes enrichissent les autres, nous n'en finirions pas.

L'ingénieur juif, G. Eiffel[1], est un exploiteur remarquable; il a su accaparer toute la gloire qui devrait appartenir, si gloire il y a, au véritable inventeur de la tour, M. Nouguier[2]. Eiffel a pris pour lui les honneurs, mais en sa qualité de youd, il n'oublie pas l'argent. Il en a reçu du Gouvernement comme subvention, plus d'un million si nos souvenirs sont exacts; il en reçoit du public qui fait l'ascension de ce monument bête et inutile, et des restaurateurs qui se sont établis à la première plate-forme. Eiffel touche 25 p. 100 des recettes brutes des restaurateurs; étonnez-vous après cela si ceux-ci écorchent le public[3]! Pendant la construction de ce monument absurde, les ouvriers ont fait grève, demandant une augmentation de salaire; c'était tout à fait juste, étant donné qu'ils gagnaient peu pour travailler à 200 mètres de hauteur. Eh bien! M. Eiffel n'a pas jugé à propos de les augmenter. Il leur a fallu rentrer au chantier, car la faim ne faisait pas relâche[4].

Dans cette Exposition universelle les tripotages n'ont pas manqué; il y avait tant de juifs à la tête : MM. Alphand, Berger, Bechmann, puis Gustave Simon, concessionnaire sans adjudication du *Bulletin officiel*, le fils à Jules Simon, et ancien administrateur d'un journal du Nord. Les travaux furent si bien faits que

[1] Il est d'origine étrangère et ne porte le nom d'Eiffel que depuis une cinquantaine d'années. Il serait parent du juif Lockroy; ce qui expliquerait la subvention de l'Etat, etc.

[2] M. Nouguier a imaginé la tour de 300 mètres en 1883 (*Revue du Foyer*, 8 juin 1889).

[3] Un d'entre eux a fait payer 2 œufs brouillés 5 francs (*Bataille* 13 juin).

[4] Journaux du 20 au 21 décembre 1888.

M. Alphand oublia d'établir un écoulement des eaux au Champ de Mars !

Si le public était exploité par tous ces panoramas, concerts, restaurants, etc., les travailleurs l'étaient par les entrepreneurs, et les indigènes par leurs barnums. Les employés des petites voitures sont payés 3 francs par jour pour travailler de 7 heures du matin à 8 heures du soir soit pendant 13 heures. On leur retient 1 franc pour le cautionnement et 0 fr. 15 pour le blanchissage, il leur reste donc 1 fr. 85 ! Or l'entrepreneur louant ces voitures 2 fr. 50 l'heure, recueille chaque jour 4,500 francs en admettant six heures de travail pour 300 voitures. Il a 900 fr. de main-d'œuvre ; il lui reste donc 3,600 francs pour l'amortissement, le bénéfice et la redevance[1]. C'est une exploitation honteuse !

Le barnum des Javanais, un certain Martin Wolff, juif probablement, les exploite d'une manière indigne, comme on l'a lu dans le *XIXe Siècle*[2].

Il est facile de voir les progrès que depuis quelques années l'instruction a faits[3]. Elle a pénétré partout, jusqu'au fond des campagnes. Mais malheureusement ceux qui la possèdent veulent s'en servir. Comment

[1] *XIXe Siècle*, 7 juin.

[2] Numéro du 15 mai.

[3] En 1850, en France, le nombre des élèves des écoles primaires était de 3,322,424 ; en 1887, il était de 5,531,229. La progression est aussi constante pour l'enseignement secondaire ; en 1850, il y avait 47,911 élèves et 89,189 en 1884 (*Paix sociale*, 19 janvier). On compte en France 115,688 instituteurs (*XIXe Siècle*, 18 juin). Les étudiants allemands sont au nombre de 38,000 ; en 1879, on en comptait à peine 17,000. En Autriche, il y a un étudiant par 19,000 habitants et en Allemagne 1 par 10,000 ; d'après une enquête officielle, ils propageraient les doctrines socialistes (*Progrès Médical*, 3 août).

voulez-vous qu'un jeune homme qui a une superbe écriture, et ne fait pas trop de fautes d'orthographe, s'en aille cultiver le champ que labouraient ses pères? Il voudra une place dans une administration quelconque, il sera bureaucrate. Le nombre de ces salariés de bureau augmente de plus en plus, leur salaire baisse, aussi sont-ils pour la plupart dans une misère relative. Comme par leur culture intellectuelle, ils sont supérieurs à la masse populaire, comme ils sont habitués à vivre d'une autre façon, ils souffrent de ne pouvoir satisfaire leurs besoins et leurs plaisirs. Il leur faut tenir un train de maison, avoir un appartement bien meublé, recevoir au moins un jour par semaine, porter redingote, etc...

Il est impossible avec deux ou trois mille francs de salaire de remplir toutes ces conditions.

Ils ne peuvent cependant faire autrement. S'ils n'arrivaient pas chaque matin avec un habit bien propre, un col blanc, un chapeau luisant, ils seraient mal notés, renvoyés peut-être. Aussi ils souffrent et, à cause d'une certaine culture d'esprit, sentent davantage leurs souffrances. Peu à peu germe en leur cerveau l'idée d'une revanche sociale. Ils voient mieux que n'importe qui l'inégalité actuelle. Il ne tardera pas à arriver le jour où ils formeront l'élite du socialisme militant et où ils se mettront à la tête du mouvement révolutionnaire antibourgeois. L'instruction pénétrant dans les masses, jette sur le pavé un nombre toujours plus considérable de ces déclassés qui avanceront le jour des justes revendications sociales.

Un ingénieur, pourvu de son diplôme, va trouver à se placer aux appointements de 150 à 200 francs par mois. Quelques-uns ont une situation plus brillante, mais ceux-là sont aidés par une fortune personnelle ou des occasions extraordinaires; ce n'est point leur talent qui les fait arriver.

Dans le service des ponts et chaussées, les employés ont des appointements fort minimes, sauf naturellement les ingénieurs qui sortent de l'Ecole polytechnique. Cependant il leur faut une instruction assez grande et ils ne peuvent arriver aux grades les mieux appointés qu'au bout de longues années de travail[1].

Le médecin, lui aussi, est un salarié, et s'il y en a de fort riches, beaucoup sont relativement pauvres. Le praticien de campagne finit le plus souvent dans la misère sa vie toute d'abnégation et de travail. Celui qui au commencement de sa carrière, dispose d'un petit capital peut rester dans les villes. S'il emploie la méthode juive de la réclame, il peut se faire une bonne clientèle et de gros honoraires, surtout s'il s'est entendu avec un pharmacien.

Un juif fort connu à Paris, le Dr G. S... n'envoie-t-il pas ses clients chez un pharmacien spécial? n'est-ce pas ce médecin qui, après examen d'une malade dans son cabinet, rédigeait une ordonnance et réclamait 40 francs. La patiente, petite commerçante de province, offrit 20 francs qu'elle avait déjà de la peine à donner. Notre youd déchira gravement son ordonnance!

N'est-ce pas un autre médecin, aryen celui-là, spécialiste célèbre pour les maladies de la gorge qui, lorsqu'il ordonne du champagne à ses malades, a toujours soin de les envoyer dans une maison de vins, fort connus par ses réclames?

[1] Un conducteur principal gagne 3,500 fr. par an et il n'arrive là qu'après trente-cinq ans de service. Un conducteur de 1re classe a 2,800 fr., de 2e 2,400, de 3e 2,000 et de 4e 1,700. Les commis de 1re classe ont 1,800 fr., de 2e 1,500, de 3e 1,200 et de 4e 1,000 (*XIXe Siècle*, 21 juin).

Les financiers, race d'exploiteurs par excellence, ont imaginé un procédé ingénieux, mais qui frise l'escroquerie pour exploiter les jeunes médecins urbains, qui commencent et n'ont pas encore de clientèle. Voici le système : Une Compagnie d'assurances, *le Progrès*, priait les jeunes docteurs d'accepter le poste de médecin inspecteur de la Compagnie pour le quartier qu'ils habitaient. Le plus souvent on acceptait ; quelques jours après un agent apportait la nomination, et faisait signer au titulaire son adhésion à la Société, une simple formalité, disait-il. Quelques mois plus tard, le médecin qui, d'ailleurs, n'avait rien eu à inspecter recevait avis d'avoir à payer un droit d'entrée à la Société ; plus une forte police annuelle. Une quantité assez grande de médecins furent ainsi nommés inspecteurs ; il y en avait plusieurs par chaque quartier. Un médecin publiciste, le Dr Lutaud qui, dans son journal, avait signalé ces agissements inqualifiables fut poursuivi pour diffamation et acquitté [1].

Les instituteurs sont exploités comme les autres salariés. Il y a un si grand nombre de postulants [2] que les dirigeants s'empressent de donner des salaires infimes à ces hommes ou à ces femmes en échange de leur jeunesse, de leur savoir et de leur intelligence, qu'ils usent dans cette tâche ingrate : l'éducation et l'instruction de l'enfance.

Les ouvriers ayant fait un apprentissage ont un salaire en général moins élevé que celui de la classe précédente. Cependant, il est certains métiers comme la joaillerie, la

[1] *Scalpel*, 2 juin.

[2] En mars dernier, il y avait à Paris 6 places vacantes d'instituteurs et 14 d'institutrices. Pour ce nombre on comptait 2,025 postulants et 6,212 postulantes (*Eclair*, 1er juin).

bijouterie, la sculpture sur bois, qui seraient rémunérateurs s'il n'y avait pas de chômages. Ainsi, dans ce genre, on trouve des salaires quotidiens de dix francs et plus.

Mais ces salaires tendent à diminuer de jour en jour, grâce à la spécialisation des métiers et à la subdivision du travail. Ces prix ne sont plus atteints que pour les travaux en vrai tels que les bijoux en or, la sculpture artistique.

Pour les bijoux en faux, on rentre dans la catégorie des travaux d'industrie qui sont payés beaucoup moins. Ainsi le salaire moyen des métiers ordinaires est de 50 à 80 centimes l'heure, et il n'y a que trois cents jours de travail [1].

Dans la fabrication des jouets, les femmes gagnent en général 2 fr. 50 et les hommes 4 francs. Le travail dure quatre mois, ce qui fait pour l'année une moyenne de 1 fr. 50 à 2 francs. Les jouets en métal rapportent encore moins à ceux qui les fabriquent. Le salaire des femmes est d'environ 1 franc par jour.

Les charpentiers en fer, en bois, les mécaniciens, les menuisiers, etc... n'ont qu'un salaire de 0 fr. 50 à 0 fr. 80 par heure [2]. Il ne s'agit là que des gens ayant un métier connu après un apprentissage plus ou moins long. Quant aux manœuvres leur salaire est tout à fait

[1] En France, sauf Paris, pour la petite industrie, la moyenne des salaires varie entre 2 fr. 63 et 3 fr. 88. Pour la grande industrie, la moyenne est de 3 fr. 55 pour les hommes et 1 fr. 80 pour les femmes. A Paris, elle atteint 5 fr. 33 et 2 fr. 68 (*Annuaire Statistique*, 1881).

[2] Une importante maison de charpente en fer et de serrurerie à Paris donne en moyenne à ses ouvriers :

0 fr. 80 par heure aux traceurs, 0 fr. 60 et 0 fr. 70 aux monteurs, 0 fr. 50 et 0 fr. 60 aux riveurs, 0 fr. 40 et 0 fr. 45 aux frappeurs, 0 fr. 35 aux manœuvres et 0 fr. 25 aux apprentis.

Les ouvriers chapeliers sont des mieux rémunérés. En effet, un

infime. Il est en général de 30 à 35 centimes l'heure à Paris.

Les laveurs de carreaux exercent un métier dangereux, fort dur; ils sont payés aux pièces et arrivent à peine à 3 francs par jour. De plus la casse est à leur charge [1].

Les mineurs ont un salaire moins élevé que beaucoup de manœuvres ; le travail des mines est cependant très dangereux, et coûte chaque année un grand nombre de vies prolétariennes [2].

Le salaire maximum dans le Borinage est de 2 fr. 50

excellent tournurier travaillant 12 heures par jour gagne 10 à 12 fr.; il en est de même d'un galettier. Le monteur, par contre, ne dépasse guère 6 fr. par jour. Dans ce métier, il n'y a pas plus de 250 jours de travail ; c'est donc en réalité une moyenne quotidienne de 6 fr. 85 à 8 fr. 20 pour les premiers par 8 heures et demie de travail et de 4 fr. 10 pour les seconds.

Les ouvriers puddleurs gagnent 2 fr. 50 par jour, *durent* deux ans et se recrutent cependant sans difficulté (Letourneau).

A Vienne (Autriche), les salaires les plus élevés sont ceux des coupeurs de deux grandes maisons de confection, ils sont de 6 fr. par jour. Les typographes en labeur gagnent 4 à 6 fr., les boulangers 2 à 2 fr. 50, les menuisiers 2 à 3 fr. 50 par jour (*Matin*, 7 janvier).

En Italie, les ouvriers qui arrivent à trouver du travail gagnent 0 fr. 75, 1 fr. et 1 fr. 25 pour des journées de 10, 12 et 15 heures.

[1] *La Question sociale*, 1885.

[2] En mars 1885, 370 mineurs furent tués dans les houillères, grâce au défaut de précautions prises par les propriétaires de ces mines.

En Angleterre où il existe une loi rendant les patrons responsables des accidents, ceux-ci ont bien diminué :

Ainsi de 1851 à 1853 on compte 1 mort sur 221 mineurs
— 1869 à 1871 — 1 — 336 —
— 1881 à 1883 — 1 — 484 —

De 1882 à 1884, en Angleterre, l'exploitation des mines de houilles a coûté la vie à 1,454 mineurs (*La Question sociale*).

Les mineurs d'Almaden (mercure) perdent toutes leurs dents en deux ou trois ans ; ils deviennent rapidement impropres à tout travail (Dr Monin. *Hygiène du travail*).

à 3 francs par jour pour 12 ou 13 heures de travail; mais la majorité des houilleurs ne gagne que de 1 fr. 18 à 1 fr. 50. Il en est même qui ne reçoivent que 7 centimes l'heure [1].

On trouve en Belgique, rien que dans les industries linière et cotonnière plus de 10,000 ouvriers gagnant de 1 à 2 francs par jour, et plus de 26,000 recevant de 2 à 3 francs [2].

Dans la Cisleithanie les ouvriers de l'industrie textile travaillent jusqu'à 18 heures par jour; cependant c'est 12 le plus souvent.

A Neunkirchen, il y a des femmes et des filles qui vivent dans des ateliers de séchage (40° C.) de 6 heures du matin à 10 heures du soir. 16 heures de travail!

Dans la fabrique de produits chimiques d'Aussig, le travail a lieu sans interruption, le jour et la nuit, par poste de 12 heures chaque, mais le samedi il y a un poste qui *travaille 24 heures de suite!* Il arrive que certains ouvriers spéciaux doivent *travailler* 36 *heures sans discontinuer.*

A Brünn un mécanicien travailla 156 *heures en une semaine, soit 22 heures par jour : le dernier jour il était inconscient et tomba sans connaissance. On lui paya* 39 *francs, soit* 25 *centimes l'heure* [3]. Qu'on ne vienne pas nous dire que ce sont des exceptions ou de l'exagération. Ces faits extraits d'une enquête officielle sont fréquents; mais les enquêtes sont rares et pour un cas connu, combien restent ignorés.

Les salaires de ces ouvriers autrichiens sont dérisoires [4]. De plus, souvent les retenues opérées comme

[1] *Question sociale*, 1885.
[2] Dr Burggraëve. *Concours Guinard.*
[3] *Journal d'Hygiène*, 1889.
[4] L'industrie de la soie ne donne pas plus de 30 francs ni moins

punition égalent ces salaires. Il est difficile d'imaginer comment ces malheureux peuvent se loger et se nourrir. Par contre, on conçoit aisément la vie du baron de Rothschild, de Bauer (administrateur de la Landerbank) et autres financiers, juifs ou non, du pays de Sa Majesté I et R. Apostolique François II.

En Russie, les salaires des ouvriers sont infimes, ils sont généralement de 300 p. 100 inférieurs à ceux des Anglais. Dans la province de Moscou, un tisserand gagne 42 francs par mois ; le plus souvent un ouvrier de fabrique a 40 centimes par jour[1]. La journée de travail est de 10, 12, 14 heures et même plus[2].

Il est des usines où des êtres humains travaillent pendant treize heures consécutives, sans temps d'arrêt, à une température de plus de 30° dans une atmosphère de vapeurs malsaines[3].

En Angleterre existe l'industrie des clous faits à la main. Les cloutiers gagnent à peine de quoi ne pas mourir de faim. D'après un rapport officiel, un bon ou-

de 7 fr. 65 par semaine à un ouvrier en soieries ; pour les femmes, le salaire hebdomadaire varie de 5 à 20 francs ; pour les enfants, de 1 fr. 50 à 3 francs. Dans l'industrie lainière : pour les hommes, le *minimum* est de 3 fr. 75 et le *maximum* de 30 fr. ; pour les femmes, 2 fr. 65 à 15 fr. par semaine. Dans l'industrie cotonnière, on relève, comme chiffres extrêmes, pour les hommes, 3 et 25 fr. ; pour les femmes, 3 et 12 fr. 50 ; pour les enfants, 2 fr. 50 et 6 fr. 25 par semaine.

... Le salaire d'un filateur varie assez généralement entre 1 fr. 25 et 2 fr. 50 par jour, atteint 4 fr. 20 et tombe jusqu'à 0 fr. 50 et même 0 fr. 40. Les femmes gagnent de 1 fr. à 2 fr. 50, quelquefois 0 fr. 45, jamais plus de 4 fr. 20 par jour. Pour les enfants, la moyenne est de 0 fr. 75 à 1 fr. 25 : le *minimum* de 0 fr. 20 et le *maximum* de 2 fr. 10 (*Journal d'Hygiène*, 1889).

[1] Tikhomirov. *Russie politique et sociale.*

[2] Mme Tkatcheff. *Congrès d'hygiène de Paris.* 1889.

[3] Letourneau. *Evolution de la morale.*

vrier reçoit pour sa semaine de travail (quinze heures par jour) un salaire de 11 fr. 50. Inutile d'ajouter que ces misérables vivent dans des bouges, servant à la fois d'atelier, de chambre à coucher, de cuisine, etc. Femmes, enfants, hommes, tout s'entasse dans ces maisons[1]. La promiscuité des sauvages n'est pas plus grande. Comme il faut que les femmes travaillent, et que leurs enfants, légitimes ou non, les gênent, elles les attachent sur des chaises supendues au plafond ou aux soufflets de forge, dont le mouvement les berce. Des villages entiers sont peuplés par ces ouvriers qui ne vivent que de pain, de thé et de pommes de terre, car avec leur salaire si minime, il leur faut encore payer le charbon de leur forge.

Les chiffonniers parisiens[2] crèvent littéralement de misère. La cité de la « Nouvelle Calédonie » où ils habitent est un bouge dont les Canaques ou les Hottentots ne voudraient pas. Ils vivent là dans une promiscuité bestiale, ne gagnant en moyenne, homme et femme, que 1 fr. 50 par jour! Comment avec cette somme nourrir toute une famille. Aussi *mangent-ils chacun leur tour;* car, ainsi que le disait l'un d'eux, le père : « Je ne puis pourtant pas jeter à l'eau tous ceux qui sont de trop. » Ils couchent à tour de rôle dans un lit unique, les autres gisent sur les chiffons[3].

Dans les mêmes villes où ces bouges dégagent des odeurs épouvantables, se trouvent des hôtels somptueux habités par des voleurs. Tous se courbent devant ceux-ci et méprisent ceux-là.

[1] *Journal des Economistes*, 1888.

[2] 80 à 100,000 personnes vivent à Paris du commerce des chiffons (Dr Monin. *Hygiène du travail*)

[3] *Peuple*, 8 février.

Nous voulons en passant dire un mot d'une classe de travailleurs assez nombreuse en France, et dont le sort est certainement plus misérable que celui des forçats qui sont envoyés en Nouvelle-Calédonie. Ce sont les bûcherons. Ils habitent dans des cabanes construites avec des perches recouvertes de mottes de terre. Les trois quarts de l'intérieur sont garnis de paille. C'est le lit de la communauté où couchent pêle-mêle cinq ou six ouvriers, tant hommes que femmes. Chacun a son pain pendu à sa place. Le lard, les oignons et les pommes de terre qui sont la propriété commune constituent la nourriture de ces malheureux. Les riches propriétaires des forêts ne se donnent même point la peine de procurer à leurs ouvriers de l'eau saine et potable. Ils vont puiser dans le bois, partout où ils peuvent et souvent fort loin, dans les trous et les ornières, l'eau stagnante, jaunâtre, décomposée et puante qui leur servira de boisson. Dans de semblables conditions, ces hommes gagnent 15 centimes l'heure [1]; ce qui ne leur fait même pas en moyenne 1 franc par jour pour l'année entière.

C'est avec des salaires insuffisants même pour manger, que le philanthrope bourgeois veut que les ouvriers fassent des économies. Inviter quelqu'un à l'économie avant de lui donner le strict nécessaire, c'est se moquer de lui.

[1] Voici les différents travaux qu'ils font dans une année et le total de leurs salaires :

Curage des bois	50	francs
Ecorçage	100	—
Fauchaison	40	—
Moisson des blés	100	—
— des avoines	40	—
Travaux divers	20	—
Total :	350	francs

(*Cri du Peuple* 31 décembre.)

Un ouvrier épuisé par son travail, avec la meilleure volonté du monde ne mettra jamais de côté quelques sous qui, s'ils lui assurent du pain pour sa vieillesse, l'en privent au moment même où il en a le plus besoin. C'est une amère dérision de dire à un ouvrier : « Economisez. » Mais le peuvent-ils ? le chiffonnier, le bûcheron qui gagnent 1 franc par jour, le mineur qui a 7 centimes par heure et tant d'autres enfin !

Dans les grandes villes, la moyenne du salaire des manœuvres est de 3 à 3 fr. 50 par jour. Quand ils ont du travail, tout va encore à la maison. Ils vivent bien juste, mais enfin ils mangent du pain tant qu'ils en veulent. Que la maladie ou le chômage arrive, la misère y entre et Dieu sait quand elle en sortira. Les dettes s'accumulent chez le boulanger, chez le boucher, car il faut bien manger de la viande quelquefois. Vient le terme que le propriétaire exige immédiatement. S'il est tant soit peu humain, il patientera quelques jours ; si au bout de ce temps le paiement n'est point fait, il fera saisir le mobilier, s'il y en a un, et ordonnera l'expulsion. Peu lui importe que la famille n'ait pas de domicile et s'en aille crever de faim et de froid au coin d'une borne, ce qu'il faut à ce vampire c'est son logement libre ou l'argent de son terme !

Un jeune homme de vingt-deux ans, propriétaire d'une maison située 24 rue Lavieuville[1], a fait expulser au commencement de janvier 1889 un ménage de pauvres gens. Il n'écouta pas les supplications de la mère de famille qui avait un enfant mourant, et il eut l'audace de lui répondre : « Enveloppez votre gosse dans une couverture et portez-le à l'hôpital, il n'en mourra pas

[1] *Cri du Peuple*, 14 janvier.

pour cela. » Nous en avons entendu un autre dire, que l'argent du terme est sacré et qu'il faut l'avoir dans son tiroir avant de songer à manger.

La rapacité des propriétaires s'étale au grand jour; elle n'a d'égale que celle des entrepreneurs. A Rome, dans les nouveaux et beaux quartiers, on a vu les maisons s'écrouler comme des châteaux de carte[1].

Certains propriétaires ne tolèrent pas les nombreuses familles dans leur maison. Lorsqu'ils ne se chargent pas eux-mêmes d'exploiter leurs locataires, ils se font remplacer par un gérant dont les fonctions ne consistent qu'à extraire des ouvriers le plus qu'il peut. Il est des bouges qui rapportent 20 et 25 p. 100 à leurs heureux propriétaires. Sur les 730,000 logements qui existent à Paris, il y en a plus de 430,000 au-dessous de 300 fr.[2].

La plupart de ces logements ouvriers sont de véritables taudis dont on ne peut même pas se faire une idée[3].

Ainsi, en 1866, à Paris sur 40,614 ménages, 26,757 n'avaient pour vivre qu'une seule pièce; dans 5,422 cas, il y avait trois lits dans cette unique pièce, quatre dans 1,170 cas et cinq dans 142.

Parmi ces chambres 2,462 n'étaient éclairées que par des paliers ou corridors; dans 3,777 il n'y avait ni poêles, ni cheminées. Aujourd'hui le nombre des ménages indigents s'élèvent à 54,149 comprenant 144,864 personnes et l'état de chose ne va pas en s'améliorant[4].

[1] *XIXe Siècle*, 1er juin.

[2] Dr Rochard. *Hygiène sociale*.

[3] Dr Rochard.

[4] C'est la même chose partout. A Gand, on a déblayé les quartiers ouvriers, et dit le docteur Burggraëve : « On a été effrayé des bouges mis au jour dans lesquels on ne logerait pas des animaux immondes. » (*Concours Guinard.*)

Il n'est pas rare de trouver, à Paris surtout, des maisons contenant jusqu'à 70 ménages de locataires. Il n'y a pas le moindre coin qui ne soit transformé en chambre. Les corridors sont étroits, obscurs et sans air, l'eau y est même mesurée avec une avare parcimonie. Si on pénètre dans ces cabinets où logent quelquefois cinq ou six personnes, une odeur âcre vous saisit à la gorge, et vous vous demandez comment ces pauvres êtres anémiés peuvent vivre dans un pareil milieu.

Il y a cependant la loi du 13 avril 1850, contre les logements insalubres, mais on ne l'a jamais appliquée sérieusement. Cinq ou six villes de France en ont toutefois tenu un peu compte[1].

Il y a à Paris 11,500 logeurs louant à la nuit à plus de 240,000 personnes; tous les logements sont sales et infects. Allez dans une de ces maisons qui se décorent pompeusement du nom d'hôtel; à peine arrivé dans l'escalier, vous vous trouvez dans une obscurité à peu près complète et une fade odeur de moisi vous écœure. Cependant un nombre considérable de gens habitent dans ces conditions[2].

En Allemagne, on a été plus loin encore; il y a chez les logeurs des demi-lits où des gens qui ne se connaissent point viennent coucher deux sur le même grabat. On trouve à Berlin 75,000 logements qui n'ont

[1] Il y a en France 7,706,137 maisons dont 250,000 n'ont qu'une ouverture et 4,000,000 habitées par 14 millions d'habitants n'en ont que 2 ou 3 (Elisée Reclus — Dr Monin. *Hygiène du travail*). A Bruxelles, plus du tiers des ménages ouvriers vit dans une seule pièce servant de cuisine, de salle à manger, de buanderie, de dortoir, etc. La moitié ne possède que 2 pièces.

[2] Dans un grand nombre de ces garnis, les ouvriers n'obtiennent aucun crédit pour le payement élevé de leur loyer, si, « dit le docteur Riant, ils ne consomment une quantité d'alcool vendu par le maître du garni ».

qu'une pièce et qui abritent 270,000 personnes. Il y avait en 1875, 44,708 ménages logeant à la nuit, 78,698 individus dont 18,124 du sexe féminin[1]. Dans presque toute l'Allemagne, mais surtout en Silésie, dans la Prusse Rhénane, en Wesphalie, ces habitudes sont générales[2]. Il n'y a pas beaucoup de ménages qui ne logent avec eux, une ou deux personnes étrangères. Les sous-locataires couchent dans la même chambre que la famille, même s'il y a de grandes jeunes filles.

D'après le recensement de 1869 à Saint-Pétersbourg, 16,505 chambres sont habitées par 75,055 locataires, c'est-à-dire par quatre ou cinq personnes chaque. Il y a même des chambres où vivent cinquante personnes[3]. La promiscuité est donc très grande; et c'est une preuve de l'extrême misère dans laquelle végète la majorité de la population. Sur les 930,000 ouvriers de fabrique, la plupart couchent tout habillés dans des logements, sans meubles et sans lits[4].

Il faut lire dans l'ouvrage du comte Léon Tolstoï, *Que Faire*, la description de ces bouges infects où naissent, vivent et meurent des hommes, où sont entassés sans air, sans lumière, pêle-mêle hommes, femmes et enfants[5]. A côté dans des quartiers peu éloignés de ceux

[1] Dr Rochard.

[2] Dans la région industrielle de la haute Silésie, les ouvriers mineurs ou métallurgistes habitent en majorité dans des huttes en terre glaise, couvertes de paille, percées de meurtrières en guise de fenêtre. Hommes et animaux y couchent sur le sol nu. Dans les maisons, une pièce sert au logement de toute la famille et même des locataires; la promiscuité est épouvantable (Dr Boronow. *Annales d'Hygiène publique*, 1889).

[3] *Scandales de Saint-Pétersbourg*.

[4] Mme Tkatcheff. *Congrès d'hygiène de Paris*. 1889.

[5] Voici un passage de Tolstoï: « Tous les logements étaient pleins, tous les lits étaient occupés par un et souvent deux hommes. Ce

où logent ces misérables, on voit des palais qui abritent ceux qui vivent au milieu des bienfaits de la civilisation produits par le génie et le travail des salariés.

Et vous voudriez, bourgeois dirigeants, économistes à leur solde, que nous autres altruistes et socialistes, nous ne nous révoltions pas contre de si monstrueuses iniquités! En vous voyant gorgés d'or et vautrés dans la fange des plaisirs, vous qui n'avez que la jouissance pour but et que le vol pour moyen d'existence, vous voudriez que nous ne souhaitions pas ardemment voir arriver le jour où tout sera remis en place, où chacun travaillera et recevra suivant les services rendus à la collectivité.

Oui, nous l'appelons ce jour de justice et d'équité où l'on ne verra plus les Rothschild, Stern, Soubeyran, Say et tant d'autres vivre dans leurs palais, alors que d'obscurs travailleurs crèvent de misère au fond de taudis que Messieurs de la finance ne voudraient pas donner comme chenil à leurs chiens.

Vous n'y croyez pas, vous autres, à ce jour de vindicte, vous souriez en entendant parler de revendications sociales. Prenez garde, il n'est pas très éloigné, ce n'est pas vos descendants, c'est vous-même qui le verrez!

A la place de ces jours terribles de Révolution où le sang

spectacle était terrible, vu l'exiguïté des logements et le nombre de gens qui s'y trouvaient réunis, hommes et femmes. Quoique celles-ci ne fussent pas ivres-mortes, elles dormaient dans les mêmes lits que les hommes. Beaucoup de ces malheureuses, avec leurs enfants, couchaient dans des lits étroits avec des hommes qui leur étaient étrangers. Je fus stupéfié par la misère, la saleté, la mise déguenillée, l'effroi de tout ce monde et surtout par la grande quantité de gens qui étaient dans cette situation.

Nous visitâmes un logement, puis un autre, un troisième, un dixième, un vingtième, et partout nous trouvâmes la même puanteur, la même exhalaison, la même exiguïté, le même mélange de sexes. »

P. 136, 137. Traduction de Marina Polonsky.

coulera, nous aimerions mieux voir une Évolution. Malheureusement il est fort probable qu'il n'en sera pas ainsi.

Dans tous les pays les ouvriers paient très cher leurs détestables domiciles et sont indignement exploités par les propriétaires et leurs agents.

Une chambre unique à Paris, par exemple se loue au minimum 150 francs par an. Pour qu'une famille ne vive pas dans une révoltante promiscuité, il lui faudrait au moins trois chambres, et jamais l'ouvrier ne peut payer une location aussi élevée[1].

En France, 25 millions de travailleurs, employés, commis, n'ont guère pour vivre, eux et leur famille, qu'une somme de 6 milliards ou 240 francs par personne et par an, sur une production agricole et industrielle de plus de 20 milliards[2]. En Angleterre, le salaire total des ouvriers est de 10 milliards[3] pour une production industrielle beaucoup plus grande qu'en France. En Belgique, il est d'environ 1,600 millions.

Il y a des millions de prolétaires qui ne consomment pas, chaque année, 25 kilogrammes de viande par personne[4].

Le salarié actuel est plus malheureux et plus abandonné que l'esclave d'autrefois. Il ne bénéficie plus de la protection intéressée du maître qui tenait à ménager sa propriété. Maintenant on cherche à tirer de lui tout

[1] Dr Rochard.

[2] Letourneau. *Evolution de la morale.*

[3] Irving.

[4] Letourneau. *Evolution de la morale.* — Une enquête faite à Gand sur le régime alimentaire des ouvriers a prouvé que 20 p. 100 des ouvriers ne mangeaient jamais de viande; dans cette ville, il n'est pas consommé plus de viande qu'en 1830 et cependant la population a doublé (Dr Burggraëve).

le travail qu'il peut donner. Peu importe qu'il soit usé avant l'âge, qu'il s'en aille, jeune encore, crever sur un lit d'hôpital, brisé par les privations, les fatigues et les souffrances.

La misère et la vie humaine comptent peu pour l'industriel avide. S'il gagne quelques milliers de francs par homme mort, il croira avoir fait une bonne affaire. Lorsque le salarié ne peut plus donner la somme de travail qu'il lui impose, il le renvoie sans s'en occuper davantage. Ainsi les ouvriers potiers, cérusiers, forgerons, verriers, usés de bonne heure par leur industrie, sont soignés par l'Assistance publique, alors que ce sont les patrons seuls qui ont tiré profit du travail et qui devraient payer l'hospitalisation[1].

En 1834, des fabricants d'Écosse proposèrent qu'on leur envoyât, du Midi de l'Angleterre, l'excès de la population agricole. Ils se chargeaient de l'absorber et de la consumer (*absorbe it and use it up*)[2].

En Italie, la consommation moyenne annuelle de la viande par habitant se répartit de la manière suivante :

23 kilogrammes — Latium (Rome).
12 à 13 — — Piémont, Ligurie, Emilie, Toscagne, Sardaigne.
11 — — Lombardie, Vénétie.
8,500 — — Marche, Ombrie.
7 — — Sicile.
4,700 — — Région méridionale de l'Adriatique.

P. 171. — *Annuario statistico Italiano*, 1887, 1888. Publication officielle.

Les ouvriers russes n'ont pour nourriture habituelle que du pain et du sel; quelquefois de la choucroûte, du lard ou du poisson, rarement de la viande fraîche. Les femmes et les enfants sont encore plus mal nourris. (Mme Tkatcheff.)

[1] Tous les ans, certaines fabriques de céruse envoient quatre ou cinq fois leurs ouvriers à l'hôpital. (Dr Monin. *L'Hygiène du travail.*)

[2] Karl Marx.

Dans toutes ces conditions, il est facile de constater l'anémie, l'atrophie et la diminution de la vie des populations ouvrières. En France, la vie probable du riche est deux fois plus longue que celle du pauvre (Letourneau). La moitié des ouvriers meurt avant cinquante ans, tandis que dans la classe riche, il en reste en vie 73 p. 100[1].

En Belgique, il est un règlement royal du 28 avril 1884 stipulant : 1° Que les charbonnages doivent avoir des

[1] Sur 100 hommes ayant atteint l'âge de 21 ans, il en reste en vie :

	Riches	Commerçants	Ouvriers
A l'âge de 30 ans	94	89	79
— 40 —	83	73	63
— 50 —	73	55	48
— 60 —	59	40	34
— 70 —	33	26	18

(Dr Polak. La *Zdrowie*, 1886.)

Les ouvriers vivent en moyenne 18 à 25 ans de moins que les paysans.

De 40 à 45 ans, la mortalité pour les riches est 0,85 p. 100, et pour les pauvres 1,87 p. 100.

D'après Casper, si l'on divise la société en 4 classes : 1° hauts fonctionnaires, professions libérales, ecclésiastiques, grands négociants, industriels et rentiers; 2° négociants et industriels moyens, musiciens, photographes, bateliers, jardiniers, cuisiniers; 3° petits employés, petits marchands, rentiers et instituteurs; 4° ouvriers, employés inférieurs, etc., on a pour la mortalité le tableau suivant :

	Mortalité p. 100.		Mortalité pour 100 morts.		
Classe	Mort-nés	de 0 à 30 ans	Variole	Choléra	Maladies épidém.
1	2,80	37,95	17,31	7,23	16,9
2	5,85	50,09	23,20		
3	4,77	54,66	31,50	9,49	19,7
4	5,27	56,84	29,17	23,97	21,2

D'après Benoiston, à Paris dans les quartiers riches, la mortalité est de 13 à 16 p. 1000 et dans les quartiers pauvres de 25 à 31 p. 1000. (*Rivista italiana di terapia e igiene*, 1888.)

La première année de la vie étant franchie, les riches ont en France une existence probable de quarante-trois ans et les ouvriers de dix-neuf ans et trois mois. D'après Cerda (*Theoria de la Urbanizacion*), pour Barcelone, la classe riche a une vie moyenne de 36,47, la classe ouvrière de 25,15, et la classe pauvre de 23,55.

médicaments et des moyens de secours pour leurs blessés toujours fort nombreux; 2° que les secours seront *immédiats;* 3° que des médecins chirurgiens doivent être attachés à chaque charbonnage; 4° *que les secours immédiats à donner aux blessés, noyés et asphyxiés sont à la charge des exploitants.* Or, le Dr Barella [1] nous apprend que des Compagnies minières n'obéissent pas à la loi; elles font payer le médecin par les ouvriers au moyen de retenue sur leur salaire déjà si infime. C'est l'exploitation éhontée du pauvre par le riche. Malade, blessé par cause professionnelle, et le plus souvent grâce à l'incurie des propriétaires de mines ou d'usines, il faut encore que le misérable paye le médecin qui, lui aussi, est exploité; car il ne peut décemment demander à des pauvres les mêmes honoraires qu'il réclamerait à des riches.

Si le travail libre et spontané donne un grand effort à l'activité physique et morale de l'homme, il n'en est pas de même du travail de la bête de somme qui abrutit et atrophie le corps [2].

[1] *Le Scalpel*, 1889.

[2] La dégénérescence des races s'accentue tellement que la taille des individus diminue continuellement.

Avant 1789 en France la taille minimum du soldat était	1m65
Par la loi du 10 mars 1818	1m57
— 24 mars 1832	1m56
— de 1838	1m55
— de 1870	1m54
Avant 1780, en Saxe, la taille minimum du soldat était de	1m78
En 1862	1m55
En 1862 en Prusse	1m57
En Autriche, la taille minimum du soldat est de	1m55
En Russie	1m53
En Italie	1m54
En Allemagne	1m57

La taille normale de 25 à 30 ans est de 1m,674 d'après Quetelet.

Il y a des usines qui sont de véritables bagnes où sont en vigueur des règlements invraisemblables. Il est défendu aux ouvriers de parler, de regarder autour d'eux, de faire autre chose que le mouvement mécanique pour lequel on les paie. En Autriche, se trouvent des usines où les ouvriers ne sortent même pas. Ils y mangent et y couchent, souvent par terre.

Encore tous ces hommes vivent, car ils ont un métier et travaillent. Mais au-dessous il y a une classe de salariés plus misérables encore.

Dans cette classe se trouvent des ouvriers inoccupés qui pour vivre se mettent à faire n'importe quoi. C'est ainsi qu'au moment de la grève des terrassiers en 1888, nous avons vu des garçons coiffeurs, des menuisiers, des maçons, remplacer les terrassiers et travailler au chemin de fer des Moulineaux.

Dans les usines de céruse, où le travail tue si vite, on trouve des gens de toutes les classes et de toutes les conditions qui aiment mieux mourir empoisonnés que mourir de faim. Malgré cela nous entendons les moralistes bourgeois, les Leroy-Beaulieu, de Molinari et autres nous crier que l'ouvrier est libre de ne pas se présenter dans les usines où il y a des règlements trop sévères, et dans les fabriques où l'on meurt trop tôt.

La taille des ouvriers de fabrique est de 1m,656. Le poids normal et le poids des ouvriers diffèrent beaucoup, ainsi que le montre le tableau suivant:

Ages	Poids normal en kilg.	Poids des ouvriers en kilg.
10 ans	24,52	23,10
14 —	38,76	31,69
19 —	57,85	51,03
20 à 25	60,06	54,21
30 à 40	63,65	56,55
40 à 50	63,67	58,[illegible]

(*Question sociale*, 188[illegible].)

Sans doute ils pourraient le faire, mais la misère [1] les talonne et les enfants sont là qui demandent du pain !

Le travail actuel a transformé l'être humain en une machine. Au lieu du labeur intelligent d'autrefois, alors que l'ouvrier commençait et terminait lui-même sa pièce, on exige maintenant un travail purement mécanique. L'ouvrier a tant de coups de lime et de rabot à donner dans une journée, il doit les donner. C'est toujours le même mouvement, il l'a fait tout le jour aujourd'hui, il recommencera demain. On comprend que, dans de pareilles conditions, il n'ait aucun goût pour son travail, qu'une machine appropriée pourrait faire aussi bien que lui. On s'explique le besoin de distraction qu'il éprouve au sortir de la fabrique ou de l'atelier. Hélas ! ses plaisirs ne sont pas variés, il n'en a qu'un, le cabaret. Là il va oublier le dur travail de la journée, les soucis de toute sorte qui l'attendent à la maison. Il ne pense plus au han continuel qu'il lui faut faire pour nourrir sa famille et pour arriver à mourir avant l'âge sur un lit d'hôpital, tué par la peine et la misère. Aussi le nombre des cabarets [2] est-il

[1] Nous ne pouvons décrire ici toutes les souffrances, toutes les maladies, tous les accidents qui atteignent les prolétaires dans les usines, ateliers, manufactures et chantiers où ils travaillent. Nous renvoyons le lecteur curieux de les connaître à l'ouvrage du Dr Monin, *L'Hygiène du Travail.*

[2] Consommation moyenne exprimée en litres par an et individu :

	Alcool	Vin	Bière	Nombre de cabarets	Un par:
France . . .	1,42 en 1830 3,9 en 1884	119,20	21,12	400.000	94 hab.
Belgique. .	9,75	3,70	169,40	140.000	43
Allemagne.	8,60	6,00	65,00		
Angleterre.	5,37	2,09	143,93		
Autriche-Hongrie.	5,76	22,40	28,49		
Russie . . .	8,08	»	4,65		

considérable, et l'alcoolisme, maladie plus dangereuse que n'importe quelle épidémie, augmente-t-il chaque jour [1]. Non seulement l'alcoolisme arrive à tuer rapidement ceux chez qui il se déclare, mais il a une grave influence sur la postérité ! Les enfants des alcooliques meurent dans des proportions doubles de ceux des autres. Ceux qui survivent sont atrophiés, dégénérés, ils mourront un jour dans les mêmes conditions que leur père, car l'habitude acquise, le besoin créé se transmettent aussi bien que les qualités physiques ou morales

La dégénérescence, l'abaissement de la taille, l'ac-

	Alcool	Vin	Bière	Nombre de cabarets
Italie. . . .	»,»	86,00	0,64	24,293
Suisse . . .	9,30	35	37,50	
Finlande. .	2,06			

Berlin compte 1 cabaret par 112 habitants
Heidelberg — — 87 —
Genève — — 80 —
Paris — — 88 —

En Angleterre sur 981,000 pauvres, 800,000 sont notés comme ivrognes. Chaque personne adulte dépense en moyenne annuellement 370 francs d'alcool. Il en est dépensé en tout 325 millions. La consommation totale de la Belgique est de 70 millions de litres d'alcool. Une personne gagnant par an 800 à 1,200 francs en dépense 219 en boisson.

En France, il est consommé annuellement 4 millions d'hectolitres d'eau-de-vie à 4 francs le litre, soit 1 milliard et demi de francs de petits verres.

(Dr Monin. *L'Alcoolisme.—Annuario statistico italiano*, 1887-1888. *Revista popular de conhecimentos uteis* 1889. Congrès internationa. de l'Alcoolisme en 1889.)

[1] En France, les morts accidentelles causées par l'alcoolisme s'élèvent en moyenne à 404, 5 par an.

Sur 100 aliénés, il y en a 14,36 d'alcooliques, et sur 100 suicidés, 13,14.

50 à 60 p. 100 des crimes sont commis sous l'influence d'intoxication alcoolique. (Drs Lunier, Lancereaux, Baer, Barella, *Congrès contre l'alcoolisme* 1878.)

croissement de la mortalité, une stérilité relative, tels sont dans l'ordre physique les principaux effets des liqueurs spiritueuses chez les peuples qui en abusent. Dans l'ordre moral, les suicides, les crimes, les délits, les folies augmentent par l'alcoolisme et surtout par celui dû aux boissons frelatées.

L'ouvrier boit généralement pour suppléer par une excitation factice, à l'insuffisance de la nutrition et aux nombreuses causes débilitantes auxquelles il est assujetti. Mais malheureusement, il est certaines professions qui par leur nature prédisposent à l'usages des boissons spiritueuses et par cela même à l'alcoolisme.

Telles sont celles qui exposent l'ouvrier au feu et exigent un grand déploiement de forces : le forgeron, le boulanger, les blanchisseuses. Les professions de cuisinier, marchand de vin, distillateur, tonnelier portent également à l'alcoolisme.

Il y a aussi les intoxications professionnelles qui sont nombreuses. L'alcoolisme se déclare souvent chez les parfumeurs, les fabricants de vernis, les marchands de couleurs, les éventaillistes, les vernisseurs [1].

Le vin, l'alcool, les liqueurs que boivent les prolé-

[1] L'ignorance est aussi une grande cause de la propagation de l'alcoolisme. A Vienne, par exemple, les parents font boire de l'alcool à leurs enfants qui arrivent ivres, hébétés à l'école.

Il ne faudrait pas croire par le tableau ci-dessus que seuls les prolétaires soient en proie à ce fléau. Les riches aussi lui payent un tribut, moins élevé à la vérité, non pas parce qu'ils sont plus sobres, mais parce qu'ils absorbent généralement des alcools et des vins de meilleure qualité. En Angleterre, l'expression « saoul comme un lord » s'emploie fréquemment, ce qui prouve que la classe riche s'enivre comme les misérables.

D'ailleurs les fortunés ont des voitures, des domestiques pour les ramener chez eux quand ils sont ivres-morts, tandis que les pauvres vont tomber sur un banc, ne trouvant qu'un agent de police pour les conduire au poste.

taires sont le plus souvent falsifiés, adultérés de toutes manières, car le commerçant gagne plus à vendre de l'alcool de mauvaise qualité. Ces débitants de vin mouillé volent encore sur la quantité, comme on l'a signalé au Conseil municipal en décembre 1888 [1]. Le litre de vin est remplacé par des bouteilles de 85 et mêmes de 80 centilitres. Il est vrai qu'on paie le prix du litre entier.

Le prolétaire, l'ouvrier est en proie à la misère et à l'alcoolisme. La plupart du temps, il végète, son intelligence s'atrophie dans les ateliers, les usines et les débits de vin. Il en est cependant qui réagissent, qui chaque soir lisent et s'instruisent, qui discutent dans les réunions et dont le cerveau se développe. Ils n'ont point d'idées d'égoïsme, leur raison est droite et saine, ils sont socialistes, c'est-à-dire essentiellement altruistes, ont l'esprit large et les idées justes.

Mais il n'en est pas de même des premiers salariés dont nous avons parlé : des employés de bureau ou de magasin. Soit par défaut d'éducation, soit par hérédité ; ils ont des idées étroites et mesquines, ils ramènent tout à eux et aux leurs. Ils n'ont pas le cœur assez large pour comprendre l'altruisme. Fils de bourgeois, ils se privent de nourriture pour représenter et recevoir, ils refuseront l'instruction secondaire à leurs enfants pour faire des économies.

Ceux-là ne marchent point en avant. Ils suivent le mouvement qu'on leur donne et le plus souvent ils restent sur place. Ils profiteront de la Révolution sociale, mais ne feront rien pour la provoquer. Ce n'est que l'élite de cette sorte de salariés qui voit l'avenir et le prépare.

Comme les employés de bureau et de magasin, les pe-

[1] *XIXe Siècle*, 10 décembre 1888.

tits boutiquiers, les petits propriétaires ont l'esprit étroit. La plupart du temps, ils sont malheureux, ruinés par les grands magasins ou les syndicats. Malgré cela, ils trouvent que tout va pour le mieux puisqu'ils sont incapables de rien faire pour sortir d'une pareille situation.

Les petits commerçants comme les petits propriétaires urbains ou ruraux, sont de plus en plus expropriés par les grands capitalistes [1].

Ils deviennent des salariés, des prolétaires, mais malheureusement leur presque totalité est toujours désireuse de ménager tout le monde et toujours incapable de contenter personne. Ils sont toujours ballottés entre les opinions des autres et toujours incertains de la leur. L'étroitesse de leur esprit ne leur permet pas de comprendre les aspirations élevées du socialisme.

Ils pratiquent la morale juive et ne cherchent qu'à gagner de l'argent. Ils emploient même des moyens ingénieux et peu honnêtes pour se faire payer ce qu'on leur doit. Témoin l'histoire suivante : un couturier, pour obtenir un acompte d'une cliente la dénonça comme voleuse et la fit arrêter à l'Exposition [2]. Au commissariat de police, tout s'expliqua, la jeune femme fut relaxée et le couturier vertement tancé, car un débiteur n'est pas un escroc. Mais que pensez-vous de ce moyen de se faire payer? N'est-ce pas un indice de l'état d'esprit de la bourgeoisie.

[1] Les faillites augmentent; en France il y en a en moyenne 60,000 par an.

En Italie, elles se multiplient dans des proportions effrayantes. Les effets en souffrance s'élèvent aujourd'hui à 32 millions de francs. La ruine des petits possédants s'effectue d'une manière continue au profit d'un petit nombre. (*XIXe Siècle*, 23 mai.)

[2] *Eclair*, 20 juin.

C'est un phénomène curieux que, dans ce siècle d'individualisme à outrance, l'esprit de collectivisme pénètre partout, même dans les classes riches, à leur insu d'ailleurs. Les syndicats, les grands magasins, les sociétés anonymes industrielles ou commerciales qui remplacent peu à peu les exploitations individuelles ne sont qu'une des formes de cette évolution de la propriété. Aujourd'hui, les bénéfices de ces industries ou de ces commerces appartiennent à quelques-uns; demain, quand la Révolution Sociale aura passé, ils appartiendront à tous ceux qui les produisent, c'est-à-dire aux ouvriers et aux employés de ces usines et de ces magasins.

Les partisans du laisser-faire, les Yves Guyot et autres, ont érigé en principe la loi de la lutte pour l'existence émise par Darwin. Cette loi est peut-être naturelle pour les individus qui vivent seuls, mais à coup sûr ce n'est point une loi sociale, ainsi que nous le prouve la nature chez les animaux qui vivent en association. Toute Société est une association qui ne peut subsister si cette loi existe, car la définition même de la Société implique l'idée nécessaire de solidarisation des intérêts et des bénéfices et non lutte entre les composants.

Cependant dans la Société bourgeoise dont nous mourons, la lutte pour la vie est intense. Les hommes seuls n'y peuvent suffire, les femmes sont obligées de lutter aussi. Le salaire du père, du mari, ne peut élever la famille, il faut qu'elles aillent à l'atelier, à l'usine, au magasin[1].

M. Adolphe Smith a constaté qu'il y avait en Angleterre 18,000 jeunes filles travaillant à la confection de

[1] A Paris, il y a environ 80,000 ouvrières qui travaillent hors de chez elles (Dr Monin).

8 heures du matin à 2 heures de la nuit, et mourant d'excès de labeur. Courbée pendant 12 ou 14 heures sur l'ouvrage, la femme ne peut remplir les fonctions pour lesquelles elle a été créée. Elle n'a plus le temps d'être mère ; comme ses salaires sont bien inférieurs à ceux de l'homme, il lui faut travailler davantage pour se nourrir, se loger et s'habiller.

Le travail des fabriques est excessivement pernicieux pour l'organisation féminine. La statistique prouve qu'une quantité énorme de fausses couches et de mortinatalités survient chez les ouvrières [2].

La mortalité des enfants d'ouvrières est plus grande que celle des riches [3]. L'égoïsme bourgeois est si intense qu'il s'étale en plein jour à la tribune du Palais-Bourbon, comme nous le rappelait un publiciste, de Roz Maria, dans les termes suivants : « Le 16 juin 1888, celui qui prononçait à la tribune parlementaire ces paroles : « Je vous « assure que c'est un triste spectacle que celui d'un ate- « lier à trois ou quatre heures du matin... La vue des « malheureuses femmes harassées de fatigue, à moitié « endormies, n'est pas de nature à faire désirer le main- « tien ou l'extension d'un pareil état de choses, » s'est

[1] En Suisse le quart du personnel employé dans les fabriques se compose de femmes ayant moins de 18 ans.

En Alsace-Lorraine, le nombre en est aussi fort grand.

[2] En Suisse, sur 100 naissances, il y a 3,9 mort-nés, et sur 100 enfants d'ouvriers, il y en a 8,2. En Croatie Slavonie, où la population est essentiellement rurale, il y a 1,28 mort-nés sur 100 naissances. (Dr Palmberg. *Traité d'hygiène.*)

Dans les fabriques d'Autriche-Hongrie, la mortalité infantile est considérable. De novembre 1882 à juin 1883, 20 ouvrières d'une fabrique donnèrent le jour à 20 enfants dont deux mort-nés. Des 18 autres, un seul a survécu. (*Journal d'hygiène*, 1889.)

[3] La mortalité des enfants au-dessous d'un an est pour les ouvriers de 20 à 25 p. 100, et pour les riches de 10 à 15 p. 100.

vu interrompre ironiquement par cette exclamation d'un collègue : « C'est du sentiment, cela ! »

En contact par leur métier de couturières, de modistes, d'employées de magasin avec des objets de luxe qu'elles voient s'en aller chaque jour entre les mains de femmes plus fortunées qu'elles, leurs désirs s'allument, elles cherchent le moyen de posséder, elles aussi, ces objets qui font le bonheur féminin.

Puis la nature parle en elle et le raisonnement ne saura pas souvent la vaincre, il lui faut satisfaire ses appétits génésiques. C'est toujours la même histoire. Elle rencontre un jeune homme ou un vieillard qui se croit un Don Juan parce qu'il se trouve là pour profiter de l'occasion, et qui ne voit dans la jeune fille qu'un moyen de satisfaire ses besoins ou ses plaisirs. Il l'abandonne ensuite ; peu importe au séducteur qu'elle soit enceinte ou non [1]. Il l'a payée. Si elle est enceinte, son amant lui enseignera même le moyen de faire « *couler* » son enfant et cela sans que sa conscience en souffre le moins du monde.

Quelques-unes, comme Alexandrine Jamais, séduite par Roncier, le fils de sa patronne, n'acceptent pas l'aban-

[1] Les naissances illégitimes sont nombreuses. Pour 1000 naissances, la natalité illégitime en 1878-82 est de 76,4 en France ; 78,4 Belgique ; 74,2 Italie ; 89,6 Allemagne ; 145,2 Autriche cisleithane ; 131,5 Bavière ; 48,2 Angleterre ; 43,2 Roumanie ; 56,9 Croatie Slavonie. (*Congrès international d'hygiène et de démographie.* Vienne, 1887.)

En Italie (1885), sur une population de 29,912,142 âmes, il y a eu 81,558 enfants exposés ou nés hors du mariage. (*Annuario statistico italiano* — 1887-88.)

En Russie, on compte 35 p. 1000 de naissances illégitimes ; à Saint-Pétersbourg, la proportion est plus élevée (250 p. 1000) et à Moscou encore plus (410 p. 1000). En moyenne par an il naît à Saint-Pétersbourg 5,000 enfants illégitimes. (*Scandales de Saint-Pétersbourg.*)

don[1] ; elles réclament, et quand l'homme reste sourd à leurs réclamations, elles s'arment d'un bol de vitriol ou d'un revolver et se vengent. La justice les poursuit, on les traîne en Cour d'assises et le jury les condamne ou les acquitte comme Alexandrine, suivant qu'il est bien ou mal disposé. C'est dans ce procès que le Président a prononcé avec la solennité, qui caractérise la magistrature, les étonnantes paroles suivantes : « Cependant Roncier était bien libre de ne pas vous épouser. » — « Mais pourquoi alors m'avait-il rendue mère? » a été la réplique aussi brève qu'éloquente de l'ouvrière.

La mortinatalité illégitime est de beaucoup plus grande que la mortinatalité légitime : cet excès doit être attribué à l'avortement, à l'infanticide et à la misère des mères[2].

Elles sont rares les filles pauvres, séduites, qui peu-

[1] Les naissances illégitimes sont surtout nombreuses dans les grandes villes ; ainsi à Paris la proportion est 235 p. 1.000; à Bruxelles 257; à Vienne près de 500; à Milan et Florence plus de 330; à Munich la proportion dépasse souvent la moitié; à Londres il n'y en aurait que 63 (?) (Dr Mireur).
Peuple, 9 janvier.

[2] D'après Bertillon, la France compte chaque année plus de 3,000 infanticides illégitimes, et en moyenne il n'y en a que 200 qui sont déférés aux tribunaux. (*Congrès d'hygiène de Vienne* 1887.)
Voici un tableau comparatif de la mortinatalité légitime et illégitime.

SUR 1.000 NAISSANCES

Pays	Mort-nés Illégitimes	Mort-nés Légitimes
France	78,1	41,7
Belgique	58,4	43,3
Allemagne	48,5	37,7
Autriche Cisleithane	37,7	23,9
Hongrie	29,6	14,1
Italie	40,4	30,3
Roumanie	28,5	10.8

(J. Bertillon. *Encyclopédie d'hygiène.*)

vent élever leurs enfants par le travail. Elles l'abandonnent ou le tuent. Les filles de la bourgeoisie le font endosser au mari, et celles du grand monde le cachent. Il existe à Maisons-Alfort, d'après Aurélien Scholl[1], un établissement où habitent beaucoup de ces enfants qui, à de rares intervalles, voient leur mère.

Nous avons déjà vu que les infanticides et les avortements, ces infanticides avant la lettre, étaient nombreux dans tous les pays. En Russie, notamment à Saint-Pétersbourg et à Moscou, ils sont très communs. Si les riches redoutent les enfants comme un embarras et un souci; si les femmes de la bourgeoisie craignent la grossesse qui déforme la taille, et évitent l'allaitement qui est une entrave à leurs plaisirs mondains; les pauvres eux les redoutent, parce qu'ils n'ont pas le moyen de les nourrir. Cependant, ce sont encore eux qui en font le plus, car les jouissances sexuelles sont à peu près les seules que les riches leur ont laissé.

Chargés de famille, les meurt-de-faim élèvent leurs enfants comme ils peuvent. D'aucuns les jettent dans la rue où ils s'élèvent seuls : ceux-là finiront au bagne ou sur l'échafaud. D'autres s'en débarrassent en les mettant à la charge de la bienfaisance publique. En Russie, les misérables s'adressent même par la voie des journaux aux gens compatissants, comme le montre l'annonce suivante :

DES PARENTS n'ayant ni moyens d'existence ni asile supplient les gens bienfaisants de se charger de l'éducation d'un de leurs enfants à choisir à volonté entre deux garçons et une petite fille. Demander le sous-officier X.

Suivent noms et adresses[2].

[1] *Matin*, 23 mars.
[2] *Scandales de Saint-Pétersbourg.*

Quelques-uns tuent leurs enfants et se tuent ensuite. Ne pouvons-nous pas voir chaque jour dans les faits divers des journaux des récits identiques à ceux qui suivent et que le bourgeois lit d'un air ennuyé. Il ne réfléchit point que, si lui et ses semblables ne vivaient pas des rentes que leur sert la masse, de pareils attentats n'auraient pas lieu [1].

Voici quelques-uns des faits en question :

A Puy-Imbert, près Limoges, vivait un ménage [2] : le père, la mère et cinq enfants dont l'aîné avait onze ans et le plus jeune quelques semaines. Le père sans travail depuis trois mois prend deux tuyaux de plomb et les vend pour acheter du pain. On le condamne à la prison [3]. La mère tombe alors dans une misère épouvantable et se tue avec ses cinq enfants. Pour cela après un bon repas fait avec quelques sous provenant de la vente d'une chèvre, elle les couche et, quand ils sont bien endormis, elle les étouffe l'un après l'autre. La dernière, une fille de dix ans, supplia sa mère de ne pas la tuer : « Ecoute, lui dit celle-ci, j'ai tué tes frères parce que je ne peux vous nourrir, je vais me tuer. Veux-tu rester seule à crever de faim chaque jour. » — « Tue-moi aussi, » dit l'enfant. La mère l'étrangla et se frappa ensuite au cœur d'un coup de couteau. Lorsqu'on la trouva, la malheureuse

[1] Les bourgeois prétendent qu'ils ne vivent pas de la sueur des salariés. Cependant les rentes des emprunts stataux, municipaux, sont payés par les impôts. Or, qui paie en majorité les impôts, si ce n'est la masse du peuple? Donc, c'est le travail des misérables qui les entretient dans leur doux far-niente. Le nier, c'est être de mauvaise foi ou ignorant.

[2] *Rappel*, 19 avril.

[3] Nous rappellerons pour mémoire qu'Erlanger, qui a pris 529 millions, est indemne de toute peine, que A. et G. de Rothschild, les auteurs du krach des cuivres et du Comptoir, n'ont jamais été poursuivis.

n'était point encore morte. On la questionna et elle raconta ce qui précède, elle voulait qu'on la laissa mourir[1].

A Marcq en Barœul (Nord), on a trouvé noyé le corps d'une femme attaché à celui d'un enfant. Plus loin était celui d'un autre petit. La malheureuse, veuve et sans travail, s'était suicidée et avait tué avec elle ses garçons pour leur épargner les douleurs de la faim[2].

Admirable Société qu'une Société dans laquelle on voit de pareils actes ! Tout est bien en ce monde, n'est-ce pas, Messieurs les dirigeants politiciens, commerçants, industriels ou financiers ? Point n'est besoin de changer ce qui existe, n'est-ce pas, Messieurs les parasites de tous les pays, citoyens de la juiverie internationale. Vos lits sont moelleux, vos vins généreux et vos tables somptueusement servies, que vous faut-il de plus ? En quoi ceux qui végètent ou meurent de faim peuvent-ils bien vous intéresser ? C'est cependant le plus grand nombre, et ils pourraient bien s'en souvenir un jour.

Quand la fille du prolétaire, qui a un amant, a eu la chance de rencontrer un honnête homme, elle continue à vivre avec lui. Si elle a des enfants, il en est le père et ils les élèvent avec leurs salaires. Si elle est abandonnée elle tombe forcément dans la prostitution.

C'est là une des plaies de notre monde sur laquelle les moralistes bourgeois ont brodé les plus jolis thèmes, oubliant volontairement qu'il n'y a pas de prostituées sans séducteurs et que ceux-ci sont aussi coupables que celles-là.

Pour le bourgeois qui forme la base de notre Société, la prostitution des femmes pauvres est nécessaire. Le « moral restraint », à la pratique duquel ils se livrent,

[1] Cette femme a été condamnée aux travaux forcés à perpétuité.
[2] *Revue du progrès social*, 1889.

favorise la prostitution et par suite la natalité illégitime[1]. Ils ont réglementé les prostituées et les ont mises en carte. Si elles ne veulent pas se laisser enrégimenter dans cette classe de patentées, on leur inflige des peines. C'est un chef de bureau de la Préfecture de Police qui, pour Paris, a un pouvoir discrétionnaire[2].

L'immoralité a tellement gangrené nos mœurs que les filles majeures ne suffisent plus aux bourgeois. Il leur faut des enfants. La livraison de cette marchandise, les fillettes, constitue d'ailleurs un commerce qui se pratique sur une grande échelle en France, en Angleterre, en Italie et en Autriche-Hongrie, etc. Un scandale perce à chaque instant, les journaux en parlent souvent, et tout le monde a encore présent à la mémoire les turpitudes dévoilées par la *Pall Mall Gazette*. Cependant l'article 334 du Code pénal déclare que : quiconque aura attenté aux mœurs en excitant, favorisant ou facilitant habituellement la débauche, la corruption de la jeunesse de l'un ou de l'autre sexe au-dessous de vingt-un ans, sera puni d'un emprisonnement de six mois à deux ans.

On applique cette loi aux entremetteurs, mais les séducteurs, il nous semble qu'ils sont coupables eux aussi. Cependant on les laisse en paix et leur forfait accompli, ils rentreront tranquillement au sein de leur famille. C'est patriarcal. La plupart du temps on pourrait les poursuivre, mais on ne le veut pas. Ainsi on jugeait, en 1880, à Orléans, une femme qui tenait une

[1] En France, 9 départements ayant 119 enfants par 1,000 femmes mariées, ont 13,8 enfants par 1,000 femmes non mariées. Dans 12 départements ayant 257 enfants par 1,000 femmes mariées, on ne compte que 11,6 enfants par 1,000 femmes non mariées. (Dr Layet.)

[2] M. du Camp évalue pour Paris à 120,000 le nombre des prostituées libres.

maison de passe, rue des Anglais. Elle avait fait violer une enfant de quinze ans. La jeune fille allait dire le nom du violateur, lorsque le Président s'écria d'un ton solennel: « Ne compromettez pas l'honneur d'un honnête homme[1] ! »

A Lille, dans le procès de la femme Collet (1880), le parquet ne poursuivit pas le violateur, maire d'une des grandes villes de l'arrondissement. Pour ces magistrats, l'article 332 du Code pénal n'existait pas.

En 1886, un père prostituait ses filles de dix et de quatorze ans, il fut condamné, comme de raison, mais le violateur, un vieux monsieur, fut renvoyé avec une ordonnance de non-lieu.

Et cependant l'article 331 dit : Tout attentat à la pudeur consommé ou tenté sans violence sur la personne d'un enfant de l'un ou de l'autre sexe, âgé de moins de treize ans, sera puni de la réclusion.

Plus récemment encore, une jeune fille de quinze ans à peine, Marie D... révélait au juge d'instruction que c'était son père qui l'obligeait à accepter les infâmes propositions d'une proxénète, Mariette Pomero[2]. Cette femme et le père furent arrêtés, mais la justice laissa bien tranquilles les vieux satyres qui payaient pour être approvisionnés de jeune chair. La loi est égale pour tous !

En Italie c'est la même chose; la police exerce des violences inouïes, usant et abusant des pouvoirs qui lui sont conférés par la loi de 1860. Elle fait inscrire, au nombre des prostituées, des jeunes filles vierges. Elle envoie dans les syphilicomes comme malades, des

[1] *Revue de morale progressive*, 1887.

[2] *Intransigeant*, 11 juin.

jeunes filles saines, à peine nubiles, qu'on retient jusqu'à ce qu'elles atteignent l'âge de seize ans. Elle prête la main sciemment ou non aux libertins qui, après avoir déshonoré une pauvre fille, s'en débarrassent en la faisant inscrire au moyen d'une déclaration anonyme [1].

En Russie, la police se livre à l'égard des prostituées à l'arbitraire le plus éhonté : ces filles, produit du paupérisme sont presque toutes ignorantes et sans éducation. Elles ont été poussées à la débauche par la faim, par l'appât d'une vie plus facile et par le manque de ressources.

Dans ce pays, comme partout, car le procédé est aussi en usage en France, Angleterre, Allemagne, quelques débauchés ont imaginé de commanditer des maisons de commerce qui sont en réalité des maisons de prostitutions, tels que certains magasins de modes, de gants, etc.

Il existe à Saint-Pétersbourg des agences organisées, association de courtiers et d'entremetteuses qui attirent de la province des jeunes filles, des enfants même pour les livrer à la lubricité d'immondes débauchés [2].

La prostitution connue, en carte, n'est partout entretenue que par les filles des misérables; mais les filles de la bourgeoisie ne se font pas faute de s'y livrer pour augmenter les ressources de leur ménage. Si le mari ou le père ne peut payer les toilettes magnifiques, les

[1] Rapport de M. Crispi au roi Humbert, en 1888. — A Paris, il y a des filles inscrites qui sont mineures. — A Marseille, le docteur Mireur a prouvé que des mineures de 14, 15 et 16 ans étaient inscrites parmi les prostituées. (*Revue de morale progressive*, 1888.)

[2] *Scandales de Saint-Pétersbourg*. A Saint-Pétersbourg, on compte au moins 20,000 prostituées, dont le quart seulement est inscrit à la police. Tolstoï dit qu'à Moscou, il y a des filles publiques de 12, 13 et 14 ans.

bijoux somptueux, les fantaisies coûteuses, un amant en fera la dépense. La femme se rend chez des *maquerelles* connues pour ce commerce, et là elle trouve un riche libidineux qui lui paie ses faveurs suivant sa beauté et sa qualité sociale. L'entremetteuse a naturellement une petite commission.

Des bords de la Néva à ceux de la Seine les mêmes faits se passent, car la société est partout égoïste et jouisseuse.

La lutte pour l'existence deviendra de plus en plus âpre, si une nouvelle organisation sociale ne vient pas modifier notre monde. Jusqu'à présent une foule de professions, surtout de professions libérales restaient fermées aux femmes. Maintenant elles pénètrent partout. Leur nombre encore assez restreint va s'accroître et en vertu de la loi de l'offre et de la demande, les salaires diminueront sans cesse, et le profit sera encore plus grand pour les salariants.

Les patrons n'ont pas assez du travail des pères et mères pour s'enrichir, il leur faut aussi celui des enfants des deux sexes. Le travail est permis aux enfants à partir de neuf à quatorze ans suivant le pays. Ils restent à l'atelier ou au magasin de huit à douze heures.

Enlevés à l'école alors que leurs frères riches y entrent à peine, il leur faut déjà gagner du pain pour soutenir une vie dont ils ignoreront les joies et dont ils ne connaîtront que les peines et les douleurs.

Pour eux point de jeux, point de récréations, la cloche de l'atelier les appelle. Souvent même, ils procurent par leur labeur la subsistance à leur famille. N'avons-nous pas vu en janvier 1889 un enfant de quinze ans, nommé Girondeau, qui nourrissait de son travail, sa mère, deux jeunes sœurs et un petit frère. Renvoyé brusquement par ses patrons, pour un motif futile, il se suicida [1].

Dans certaines filatures françaises des enfants de sept ans avaient un travail effectif et quotidien de quinze heures et demie.

En Angleterre, avant la loi actuelle, des enfants de huit ans travaillaient de 6 heures du matin à 9 du soir. Des fabricants répondirent lors d'une enquête : « Les enfants ne peuvent manger régulièrement, car les temps de repos entraîneraient une perte de chaleur rayonnée [2]. »

A Paris, malgré la loi, des jeunes filles, presque des enfants, travaillent fort tard (jusqu'à minuit, une heure) dans les grandes maisons de couture. Les inspectrices du travail le savent, et pour prendre en faute les patrons, elles arrivent à l'improviste. Mais leur zèle ne sert à rien, car les patrons enferment les enfants, qui dans des cabinets noirs, qui dans des placards. Ils ressortent quand l'inspectrice est partie. Cette manière d'agir a été la cause d'un drame que nous trouvons sans grands détails dans le *XIXe Siècle* [3]. Une enfant de douze à treize ans fut ainsi enfermée dans un placard. Au bout d'une heure on ouvre le placard, la jeune fille était morte étouffée. Le parquet a été saisi, mais depuis nous n'avons trouvé dans les journaux aucun nouveau détail.

L'organisme de l'enfant souffre beaucoup du travail dans les usines. Une partie de ses muscles seule est mise en jeu et par suite son développement physique est perturbé. Sa taille se dévie, son thorax se déforme. Les maladies des yeux sont deux fois plus fréquentes

[1] *Presse*, 6 janvier.

[2] Letourneau. *Evolution de la morale.*

[3] Numéro du 3 juin.

chez les enfants pauvres que chez les enfants riches [1].

En France les conseils de revision ont montré que les enfants entrés jeunes dans les ateliers deviennent des hommes débiles et malades [2]. Ce fait est confirmé par des statistiques récentes (1885). Dans les districts agricoles, 22 p. 100 des enfants deviennent des hommes débiles, dans les districts industriels 37 p. 100 [3].

On constate également en Autriche Cisleithane que la race dégénère. A Reichemberg, en Bohême, 60 p. 100 seulement des conscrits ont été trouvés bons pour le service et sur 365 tisseurs pas plus de 9. A Brünn sur 1000 recrues, on en compte à peine 40 bonnes pour le service [4]. En Italie, avant la loi actuelle, dans les fabriques de Turin, Crepani, Pallenza, etc., travaillaient des enfants de six ans, cinq ans, quatre ans même pendant quatorze heures par jour. C'étaient de véritables esclaves [5].

Ce qu'il y a de particulièrement révoltant, c'est le sort des enfants apprentis en Russie. Il y a à Saint-Pétersbourg des dizaines de milliers de ces petits malheureux, qui languissent dans les greniers et les recoins infects des ateliers sous le joug des patrons qui les regardent

[1] Dr Palmberg. *Traité de l'hygiène publique.*

[2] Rapport de la commission supérieure du travail des enfants. — *Journal officiel* du 29 mai 1887.

[3] La population ouvrière des Vosges est étiolée. Sa santé est atteinte, ses forces physiques sont altérées par le travail des usines. Alors que la moyenne des hommes dispensés de tout service et des ajournés pour cause d'infirmités varie, pour toute la France, entre 25 et 30 p. 100 du total des inscrits, dans la circonscription de Neuf-Château, cette moyenne varie de 33 à 35 p. 100.

(*Rapport à la Chambre des députés sur le travail de nuit pour les femmes*, 1889.)

[4] *Journal d'Hygiène*, 1889.

[5] *Gacela sanitaria de Barcelona*, n° de juin 1889.

comme des bêtes de somme. Ordinairement ces derniers se dispensent de donner des chambres à leurs ouvriers et à leurs apprentis. Ils les font coucher et manger dans des ateliers malpropres et insalubres, sur les tables, le parquet et les bancs. On leur donne rarement quelque méchant matelas, jamais de draps.

Ce qu'il y a de plus horrible c'est que les patrons sont réellement convaincus de leur innocence. Leur entendement n'est pas fait pour comprendre cette simple chose que les apprentis ne sont pas des animaux domestiques, et que par conséquent on ne doit pas les traiter comme tels. Il est probable même que les patrons se comportent mieux avec les animaux[1]. Il y a des lois qui réglementent le travail des enfants dans les manufactures, mais elles sont mal observées[2].

[1] *Scandales de Saint-Pétersbourg.*

[2] Ce tableau, extrait de la *Revue sanitaire de la Province* (p. 74, 1889), montre les heures de travail des enfants dans les principaux pays :

Pays.	Age d'admission	Durée du travail.	Travail de nuit.
Allemagne..	12 ans.	12 à 14 ans.—6 heures de travail 1/2 heure de repos. 14 à 16 ans.—10 heures de travail. Repos 1/2 h. matin, 1 h. à midi, 1/2 heure après midi	Interdit de 8 h. du soir à 5 h. matin.
Angleterre..	10 ans (12 pour les mines).	10 à 14 ans.—6 heures de travail. 14 à 18 ans.— 12 heures.	Interdit ainsi qu'aux femmes.
Autriche...	12 ans.	12 à 14 ans,—6 h. de travail, 1/2 heure repos. 14 à 16. — 10 h. de travail, 3 repos.	Interdit comme en Allemagne.
France.. ..	12 ans sauf rares exceptions.	12 heures de travail, repos non spécifié.	Interdit aux garcons avant 16 ans et aux filles avant 21.
Italie......	9 ans.	9 à 11 ans.—8 h. de travail. 11 à 13 ans —12 h. de travail.	Permis à partir de 11 ans
Suisse. ...	14 ans.	11 h. moins le temps de l'école	Interdit jusqu'à 18.
Russie.....	12 ans (13 pour industries insalubres).	8 heures, divisées en deux parties par un repos de 2 heures.	

Dans une enquête autrichienne sur le travail en Cisleithanie, il est dit :

Il est à noter qu'à Brünn lorsque, dans la rue, on demande son âge à un enfant employé dans une fabrique, la réponse invariable est celle-ci : « Quatorze ans. » Mon renseignant a reçu cette réponse même d'enfants qui, visiblement, ne pouvaient pas, à beaucoup près, avoir atteint leur quatorzième année. Alors, il résolut d'employer un détour pour savoir la vérité : il demanda d'abord aux enfants depuis combien de temps ils travaillaient à la fabrique. Il obtint pour réponse : un, deux, trois ou quatre ans. — Quel âge avais-tu quand tu es entré à la fabrique ? — Quatorze ans. Puis il demanda aux enfants à quoi ils travaillaient, ce qu'ils gagnaient, etc., de façon à détourner leur attention et enfin : « Quel âge as-tu ? — Quatorze ans [1] ! »

Les pauvres enfants savent si bien qu'ils n'ont aucun appui à trouver près de l'administration, ils ignorent si peu que s'ils veulent manger il leur faut travailler pour cela, qu'ils évitent avec le plus grand soin de dire la vérité de peur d'être jetés sur le pavé et de crever de misère. Et dire qu'après cela il y a des économistes, des hommes intelligents, qui osent dire que les lois restrictives sont inapplicables parce qu'elles sont inappliquées ! Aberration de l'esprit humain !

La cour de Lyon a récemment rendu un arrêt passablement inique dans son interprétation de l'article 3 de de la loi 1874 [2]. Cet article est ainsi conçu : « A partir de douze ans les enfants ne pourront être employés plus

En Russie, le travail nocturne des femmes et des enfants est alternativement interdit et autorisé suivant le désir des fabricants qui agissent selon leurs intérêts (Tikhomirov).

[1] *Journal d'hygiène*, 1889.

[2] *Matin*, 11 juin 1889.

de douze heures par jour divisés par des repos. » Elle a décidé que les heures des repos ne sont pas comprises dans la durée des douze heures de travail et que les usiniers ne contrevenaient pas à la loi en gardant les enfants de cinq heures du matin à sept heures du soir, soit pendant quatorze heures. Tous les moyens sont bons pour gagner de l'argent, disent les industriels, et les magistrats s'empressent de leur donner raison.

Qu'importe à ces bourgeois égoïstes que des enfants, égaux et semblables aux leurs, s'usent par le travail et trouvent à peine le temps de manger. Qu'importe aux exploiteurs l'affaiblissement de la race, la diminution de la natalité et l'accroissement de la mortalité ! Ils gagnent de l'argent, après eux la fin du monde.

Pourvu qu'ils jouissent, ils se moquent de la grandeur de leur pays et du bien-être de leurs concitoyens. Le cerveau des dirigeants, depuis tant d'années qu'ils sont de purs parasites, s'est atrophiée à tel point que, pour se distraire, ils vont voir des exhibitions d'enfants, dans les théâtres et les cirques. Ils n'ont jamais songé un moment combien ces exhibitions sont iniques et immorales ! Il suffit que cela les amuse pour que ce soit tout à fait équitable. Fais aux autres ce que tu voudrais qu'on te fît est la devise qu'ils oublient de pratiquer. Les salaires, nous l'avons vu, sont insuffisants pour permettre à l'ouvrier non seulement de se donner un peu de bien-être, mais, même de vivre en suivant les lois élémentaires de l'hygiène. Il couche dans des taudis, ne mange même pas à sa faim des vivres adultérés, boit des boissons frelatées, se vêtit mal. Souvent il se fatigue de cette misère qui le poursuit sans relâche, et abandonnant l'outil, délaissant l'usine, il se déclare en grève.

Le droit à la grève existe, mais c'est un droit sans

sanction, car dès qu'il s'en produit une, le gouvernement, que ce soit république, royauté ou empire, envoie des troupes pour mettre les grévistes à la raison.

Dans toute grève, on est en présence de deux partis : d'un côté les patrons, de l'autre les ouvriers. En toute équité, le Gouvernement ne devrait pas intervenir, et d'après le principe si cher à nos *struggle forlifeurs* on devrait laisser chaque parti combattre avec ses armes : les patrons avec leur argent, les ouvriers avec leur nombre.

Cela devrait être ainsi, mais cela n'est pas. Le Gouvernement jette toujours dans la balance son épée, c'est-à-dire ses troupes, et soyez certain que ce n'est pas du côté des misérables. La lutte pour l'existence n'existe pas lorsqu'il s'agit de patrons bourgeois.

C'est ainsi qu'à Origny en Thiérache, le ministère radical de M. Floquet envoie de l'infanterie pour mater les vanniers en grève[1]. A Cracovie, le gouvernement impérial de Sa Majesté Très Chrétienne François II fait intervenir les troupes pour terminer la grève des cordonniers[2]. En Russie cela se passe de même, mais la fin est quelquefois un peu différente. Le tzar est le père de son peuple et ses gouverneurs obligent le patron à se soumettre aux réclamations des ouvriers, quand, après examen, elles ont été reconnues justes. Les propriétaires d'usines à Vosnessensky et à Pokrovsk s'en sont aperçus en 1885 à leurs dépens, lors des grèves des ouvriers[3]. Malheureusement il n'en est pas toujours de même, les fonctionnaires russes se laissent facilement acheter, et

[1] *XIXe siècle*, 21 janvier.
[2] *Intransigeant*, 16 décembre 1888.
[3] *Question sociale*, 1885.

souvent alors des sotnias de cosaques sont mises à la disposition des usiniers.

Le Gouvernement français, si doux pour les accapareurs et les voleurs de haute marque comme les Rothschild et les Erlanger, est inflexible pour les misérables grévistes. L'ami de Jacques Meyer et de Lepelletier, Thévenet, garde des sceaux, lors de la proposition d'amnistie en 1889, a déclaré que les condamnés pour la grève de Decazeville pas plus que Gyvoct ne pouvaient être amnistiés [1]. Le gouvernement, dans sa largesse, les gracierait partiellement. Quant aux condamnés pour délits fiscaux, des voleurs, l'amnistie pourrait leur être étendue sans inconvénients.

En France de 1874 à 1885, on a constaté 804 grèves; leurs principales causes ont été des demandes d'augmentation de salaires (44 p. 100); des diminutions de salaires (22 p. 100) et des griefs concernant les conditions de travail. La plupart de ces grèves ont échoué, car sur 753 dont les résultats sont connus, 427 n'ont pas abouti, et 206 seulement ont eu une issue favorable; 120 se sont terminées par une transaction [2].

L'ouvrier se déclare en grève pour revendiquer une augmentation de salaire, ou une diminution des heures de travail. Ces réclamations fort justes ne sont jamais appuyées par les gouvernements qui devraient cependant

[1] *XIXe Siècle*, 15 juin. — La Chambre a malgré cela voté leur amnistie.

[2] Le nombre moyen des grévistes est de 323. La grève des menuisiers à Paris en 1879 comptait 20,000 hommes. Celle des mineurs à Anzin, en 1884, en comptait 10,000. Les industries les plus frappées sont : les industries textiles, 39 p. 100; la métallurgie, 19 p. 100; bâtiment et ameublement, 15 p. 100; cuirs et peaux, 6 p. 100. — *Presse*, 28 mai.

savoir que leur mission est de protéger le faible contre les exactions du fort.

A Vienne, en avril dernier, éclate une grève de cochers de tramways. On envoie des troupes et de la police pour ramener à de meilleurs sentiments les fauteurs de désordre (c'est le nom qu'on donne ordinairement à ceux qui revendiquent le droit à la vie). Naturellement les émeutiers au nombre de deux mille résistèrent. La cavalerie charge sabre au clair, et l'infanterie à la baïonnette : il y a des blessés et des morts, puis tout rentre en ordre [1].

A Joinville, nous sommes en France sous le gouvernement républicain de M. Constans, l'ex-associé de Puig-y-Puig, la troupe charge aussi à la baïonnette les terrassiers de chemins de fer qui réclamaient une augmentation de leur salaire fort affaibli à cause de la concurrence des Italiens.

Quand les pouvoirs publics ne prennent pas de mesures répressives, MM. les patrons pétitionnent pour demander la protection de leur vie et de leurs biens contre la surexcitation des grévistes [3].

En Allemagne, il existe une organisation ouvrière très bien établie et très puissante ; ce sont les Gewerkverein (union de métiers) [4].

Chaque métier a son union étendant ses ramifications dans toute l'Allemagne ; dans chaque centre ouvrier, il y a une société ayant une vie propre, mais unie à toutes celles du même métier et toutes obéissent, s'il est nécessaire, à un mot d'ordre.

[1] *Presse*, 26 avril.
[2] Journaux des 17, 18 et 19 juin.
[3] Pétition des armateurs de la Clyde au Gouvernement anglais, *Eclair*, 20 juin.
[4] *Eclair*, 18 mai.

Le but de ces Gewerkverein est de lutter, tout en restant dans la légalité pour le relèvement de la condition ouvrière, et de faire respecter par le patron le droit des prolétaires.

A la tête de ces associations se trouve un comité central, qui instruit les ouvriers de leurs droits, leur fait trouver du travail, surveille les conditions de ce travail, etc...

Il a créé un tribunal arbitral composé par moitié de patrons et d'ouvriers. Tous les différends lui sont soumis, et si un patron condamné n'exécute pas la sentence, sa maison est mise en interdit, aussi le plus souvent cède-t-il. Malgré cela, l'ouvrier allemand est aussi exploité que dans les autres pays. Le pouvoir des Gewerkverein est considérable, mais quand ces unions se heurtent contre de puissantes administrations, elles n'ont qu'un moyen : la grève. Elles l'emploient à la dernière extrémité, alors qu'il ne leur est plus possible d'obtenir satisfaction d'une autre manière. La grande grève des mineurs d'Allemagne, survenue en Mai dernier, serait due à ces associations ouvrières.

Les houilleurs gagnent dans les bassins de la Ruhr, de la Sarre et en Silésie en moyenne 2 fr. à 3 fr. 75 pour un travail dépassant quelquefois 8 heures, soit au maximum 0 fr. 47 l'heure[1]. Ils réclamaient: 1° une augmentation de salaires; 2° l'engagement fait par les propriétaires de mines d'un maximum de 8 heures de travail; 3° l'engagement

[1] Les mineurs du nord de la France travaillent 10 à 12 heures par jour pour un salaire de 5,60 à 6 francs, soit 50 centimes l'heure. *Eclair*, 19 mai.

Dans la Basse Silésie, en 1888 on comptait 11,136 houilleurs dont la moyenne du salaire est 2 fr. 23 par jour. (*Rapport* de M. Delsart, consul de France à Breslau. — *Moniteur industriel*. 1er août 1889.)

que des heures supplémentaires ne seraient faites qu'en cas de nécessité (sécurité des mines) et qu'après entente avec un conseil ouvrier, s'il s'agissait de satisfaire aux commandes. Un mois après avoir inutilement fait ces revendications, ils se déclaraient en grève. Au nombre de plus de cent mille, ils restèrent 15 jours sans travailler. Le Gouvernement envoya naturellement des troupes. Il y eut plusieurs collisions sanglantes, des mineurs tués ou blessés et même d'inoffensifs passants, grâce à la bévue d'un officier allemand qui, à Bochum, prit des voyageurs pour des grévistes [1].

Enfin Guillaume reçoit les délégués mineurs et leur dit qu'il a ordonné une enquête, puis les délégués patrons auxquels il donne le conseil de ne jamais oublier que les sociétés industrielles doivent s'occuper du bien-être de leurs ouvriers et empêcher que les habitants d'une province tout entière ne soient placés dans une position aussi difficile que l'est celle des houilleurs en grève.

L'opinion publique est ouvertement favorable aux ouvriers qui trouvent du crédit chez les bouchers, boulangers, etc. Certaines administrations communales demandent même le retrait des troupes.

Enfin les sociétés minières qui perdent 1 million par jour capitulent en partie et les ouvriers entrent dans les mines ayant obtenu un succès relatif [2]. Grâce à leur organisation ouvrière, les prolétaires allemands arrivent assez souvent à obtenir gain de cause en tout ou en partie [3].

[1] Voir les journaux du 6 au 25 mai.

[2] Un directeur d'une mine, M. Schrader, avait payé de sa vie les duretés qu'il faisait éprouver aux mineurs. Rencontré par eux, il fut enlevé de sa voiture et tué à coups de bâtons.

[3] On a pu encore le voir dans la grève des ouvriers lithographes et imprimeurs de Nuremberg. *Intransigeant*, 12 juin.

Partout les soldats et la police sont aux ordres des dirigeants [1].

Il en est à Paris comme ailleurs. Au moment de la grève des terrassiers en 1888, nous avons vu les gardes municipaux garder tous les chantiers. Lors de la grève des cochers, en juin de cette année, Constans l'intègre faisait faire des patrouilles de gendarmes et de gardes municipaux. Il fallait protéger les ressources de Bixio [2] et de Lamonta, [3] créateur avec Rouvier de l'inénarrable Compagnie Auxiliaire des chemins de fer.

Les cochers des petites voitures travaillent à la feuille ou à la moyenne, c'est-à-dire que, dans le premier cas, ils reçoivent 4 francs par jour et versent toutes leur recettes; dans l'autre cas, ils doivent donner une certaine somme, chaque jour 15 à 24 francs et gardent le surplus de leur recette. Les cochers ont en outre des frais divers, de sorte qu'il leur reste en moyenne 4 francs pour 13 heures de travail effectif [4].

[1] Cependant, en Angleterre, les soldats sont rarement employés. La dernière grève des ouvriers des docks de Londres se termina par la victoire des prolétaires. Le Lord-Maire, le cardinal Manning, la population entière manifestèrent leurs sympathies pour les grévistes, au nombre de plus de 100,000. Ils reçurent des secours importants de toute l'Angleterre, d'Australie même. (Journaux de Septembre.)

[2] Il est président du conseil d'administration de la Compagnie générale des voitures. Les actions de cette Compagnie valent 810 francs (bourse du 21 juin), ont été émises à 500 francs et depuis 1872 n'ont pas rapporté moins de 25 francs. Trois ans elles ont rapporté 30, six ans 35 et un an 45 francs. En 1878, elles ont donné 50 francs de dividende.

[3] Lamonta est administrateur de la Compagnie des voitures Urbaine dont les actions valent 160 francs (bourse du 22 juin).

[4] Les frais divers montent à 2 francs et se composent de pourboire aux palefreniers, aux garçons de place, assurances, etc. La moyenne demandée étant généralement de 20 francs en 1889, il en résulte que le cocher doit travailler 13 heures pour avoir 4 francs pour lui (26 — (2 + 20) = 4); or, étant admis qu'il lui faut déjeuner, dîner et attendre le client, c'est donc 17 heures de travail au moins pour 4 francs. C'est peu! Les frais par voiture pour la com-

La grève causée par ce salaire insuffisant ne dura qu'une semaine sans grands désordres. Quelques cochers seulement furent arrêtés pour avoir renversé des voitures. En police correctionnelle, on leur octroya libéralement plusieurs semaines de prison. Ils reprirent le harnais sans avoir vaincu, car il fallait vivre.

A Prague, la grève des cochers de tramway s'est aussi terminée par leur défaite partielle, mais là la municipalité avait nettement pris parti pour les grévistes. Dans la même journée, elle a envoyé à la direction des tramways trois sommations notariées d'avoir à reprendre le service avec les grévistes sous peine de confiscation du cautionnement et de décheance de la concession, et d'avoir à payer une amende de 25,000 francs pour suspension de service [1]. La conduite de la municipalité de Prague, favorable aux faibles, aux pauvres, contre les riches est assez rare pour que nous la signalions. Si toutes les autorités municipales ou statales en faisaient autant, l'exploitation des prolétaires par les possédants serait moins intense.

Non seulement les gouvernements envoient des troupes, mais encore des agents secrets qui excitent les ouvriers, ce qui permet de les arrêter et de les condamner. Nous l'avons vu à Montceau-les-Mines avec l'agent Brenin et dans les grèves du Borinage [2] avec Pourbaix. C'est tout simplement inique!

Nous savons fort bien que les libéraux prétendent

pagnie s'élèvent à 13 francs au maximum; c'est donc en général un bénéfice de 7 francs par voiture. C'est beaucoup! *XIXe Siècle*, 30 mai.

[1] *Moniteur industriel*, 6 juin 1889.

[2] Journaux de décembre 1888.

qu'on envoie des troupes pour protéger la liberté du travail. Il faut, disent-ils, que les ouvriers qui veulent travailler puissent le faire et ne soient pas forcés d'obéir aux ouvriers grévistes. C'est là un sophisme. En effet, de même que dans un pays où règne le suffrage universel la minorité obéit aux lois faites par la majorité, de même dans une usine, une mine, etc.; la minorité doit obéir aux décisions de la majorité. Si les troupes du gouvernement étaient employées à faire exécuter les ordres de la majorité, les patrons capituleraient sans aucun doute. Mais alors, adieu les pots-de-vin parlementaires[1] !

Voilà pourquoi, tout comme Léopold, François-Joseph ou Guillaume, les radicaux Floquet et Constans, les opportunistes Ferry et Rouvier envoient des troupes pour charger les grévistes.

Partout la juiverie est la maîtresse et gouverne sous l'étiquette de ces hommes.

Il existe une autre classe de salariés dont le travail est peut-être moins dur, mais dont le sort est tout aussi misérable. Ce sont les paysans.

Leur nombre est très grand[2] et leur salaire très

[1] Chirac donne une parfaite définition de ce qu'on appelle les pots-de-vin. « Est pot-de-vin tout avantage monnayable qu'un mandataire du pays se procure à l'occasion de ses fonctions. » *Les Pots-de-Vin parlementaires*. Paris, 1888.

[2] En France on trouve environ 19 millions d'ouvriers agricoles soit 51 p. 100 de la population ; en Angleterre 12, en Italie 77, en Russie 87, dans les Pays-Bas 16 et en Allemagne 56,3 p. 100 (Letourneau).

En Italie, 1,800,000 paysans seulement sont possesseurs de terres, le reste travaille à gage sur des propriétés appartenant à des rentiers. (*La Question sociale*, 1885.)

En France, 210,000 propriétaires de 5 hectares cultivent et font valoir eux-mêmes leur domaine ; 3,100,000 propriétaires de moins de 5 hectares, ne peuvent vivre du produit de leurs terres et sont journaliers.

minime, car si en France une famille d'agriculteurs gagne en moyenne 800 francs par an, en Italie un ouvrier qui travaille à la terre reçoit 132 francs soit 36 centimes et demie par jour, et cela pour un travail de douze à quatorze heures. Il est vrai que dans certaines provinces de ce pays, quand la récolte est bonne, le patron leur donne en plus un demi-hectolitre de blé et autant de fèves !

Les malheureux paysans vivent dans des taudis, couchent dans des étables, ne mangent que du pain et des légumes. En France, ils ne consomment guère en moyenne que 53 grammes de viande par jour [1]. Leur état sanitaire est cependant meilleur que celui des ouvriers urbains, car ils vivent au grand air. En Italie toutefois, la maladie décime les ouvriers agricoles. Cela s'explique aisément, ainsi que le brigandage qui règne dans le pays, quand on connait leur misérable vie. Ils mangent du pain dont les chiens ne voudraient pas, un pain noir que le massaro (intendant) leur délivre à l'aube. Ils le mangent à 10 heures pendant un repos d'une demi-heure. Le travail cesse à la nuit, et ils vont alors prendre leur repas qui se compose d'une soupe, mélange d'eau chaude, de sel, de mauvais pain et d'huile rance. Ils ne boivent du vin qu'à la moisson. Ils couchent dans des cabanes sur de la paille et ne se déshabillent jamais. Une fois toutes les trois semaines, ils vont au village voir leur famille.

La terre donne de moins en moins de bénéfices pour

[1] Cette moyenne est obtenue en divisant la quantité de viande totale consommée dans les campagnes par le nombre de paysans. Il faut remarquer que quelques-uns mangent bien plus que cette moyenne, tandis que d'autres n'en mangent qu'une ou deux fois l'an, ou même jamais (Dr Rochard).

le fermier ; les produits se vendent cher à la ville, mais ce gain est surtout pour les commerçants et les intermédiaires qui les ont accaparés. Comme dans toute l'industrie et le commerce, ce sont ces intermédiaires et ces acheteurs en gros qui sont la plaie de l'agriculture. Ils achètent bon marché, vendent cher et empochent un gain immoral au détriment des producteurs et des consommateurs. Ce sont des parasites, juifs pour la plupart, car ce genre d'opérations convient bien à leur nature et à leur esprit. Un jour peu éloigné, ils seront supprimés.

La location des terres augmente : il faut bien que les propriétaires puissent jouir à la ville des revenus que gagne le paysan en peinant et haletant. Il est de règle que le prix d'un objet soit basé sur ce qu'il a coûté à faire ; pour la terre ce principe n'existe pas. Le prix de location ne devrait pas être basé sur le prix d'achat de la terre, mais bien sur les produits qu'elle donne. Ce prix aujourd'hui est beaucoup trop élevé, aussi les fermiers ne peuvent-ils le payer. On les expulse alors comme Mme Beue la fermière du duc de Polignac[1]. On lui a vendu son mobilier, on l'a jetée à la rue sans un sou pour manger, sans un toit pour s'abriter et on la condamna à deux ans de prison parce qu'elle a voulu se venger en frappant avec un parapluie le régisseur du riche duc.

En Irlande, les paysans sont plus énergiques. Quoique ne vivant que de pommes de terre, et ne buvant que de l'eau, ils savent résister par la violence à l'injustice des lords anglais. Ils luttent contre les policemen et les troupes, barricadant leurs demeures, jetant des pierres et de l'eau bouillante. La police et les soldats sont obli-

[1] *Peuple*, 11 décembre 1888.

gés de faire l'assaut des maisons où on les reçoit à coups de fourche, de bâtons et même de fusils. Quelquefois même la force armée est obligée de reculer.

Les paysans voisins vont assister à ces évictions, et encouragent de leurs cris les tenanciers que l'on veut expulser. Les prêtres irlandais, véritables gardiens de la doctrine du Christ, appuient de leur présence la lutte de ces misérables contre les millionnaires landlords.

Pour en être arrivé à cet état de guerre, il a fallu que les paysans irlandais subissent bien des misères, qu'ils travaillent pour ne rien gagner, qu'ils meurent littéralement de faim en vivant dans une promiscuité épouvantable.

D'autrefois les propriétaires fonciers veulent transformer leurs propriétés en territoires de chasse. Sans souci des fermiers, ils les expulsent brutalement. Ceux-ci ne se laissent pas toujours faire, nous en avons eu la preuve dans l'île de Skye et en Ecosse[1]. Là ils ont lutté, sans vaincre il est vrai, car les propriétaires avaient pour eux la force armée et les paysans n'avaient que le droit[2].

De cet état de choses est née une émigration considérable des paysans vers les villes et les centres industriels. En Allemagne, par exemple, la population rurale de 1871 à 1886 a diminué de 7, 6 p. 100.

Letourneau.

[1] Le grand-père du marquis Huntley a expulsé ainsi quarante familles de fermiers; il fit démolir les maisons, et transforma sa propriété en territoire de chasse.

On peut lire dans l'*Eclair* du 21 juin que le domaine Ponsoney à Knockmonclea a été vendu et que cent tenanciers ont reçu l'ordre d'éviction. Quelques-uns ont résisté, il a fallu faire le siège des fermes, mais enfin force est restée à la loi. Quelle loi ! !

Le paysan russe vit dans une misère dont on ne se fait pas une idée ; il mange de la viande très rarement ou même jamais, se nourrissant de soupe aux choux à l'eau. Dans certaines localités, le pain dont il fait usage est tel qu'il est besoin de l'analyse chimique pour savoir si c'est du pain ou de la boue. Son travail peut à peine le nourrir; pour s'enrichir il faut qu'il vole, fraude, etc.

Ces misérables, qui végètent en des tanières, aspirent cependant à l'égalité sociale et à la suprématie du travailleur. Traités indignement par les nobles, surtout dans les provinces Baltiques, ils se révoltent, opposent la force à la force, la violence à la violence. Fréquemment ils incendient les récoltes et les forêts, détruisent les demeures et tuent les intendants des nobles et bourgeois riches propriétaires fonciers. Les paysans russes sont fortement empreints de l'idée que la terre doit appartenir à celui qui la travaille et la fait produire. Ils sont à ce point de vue très communistes et souvent ils exploitent de force des terres nobles, sans rien payer pour la location.

En Russie, il existe même une forme de tenure des terres qui étonne les économistes bourgeois. Nous voulons parler du *Mir*. Le mir russe est une sorte d'association de paysans, coïncidant quelquefois avec la commune légale, ou comprenant une ou plusieurs communes ou partie d'une. Ce mir possède en commun les terres, forêts, etc. Le partage s'en fait par les soins des habitants du mir, ou bien l'exploitation a lieu en commun; il en est toujours ainsi pour les pâturages.

La propriété individuelle des paysans tend de plus en plus à se transformer en propriété communale (mir) malgré le Gouvernement du tzar qui favorise la propriété foncière individuelle, source de la plaie sociale, nommée le propriétariat[1].

Tel est bien affaibli, le tableau des misères que subissent dans le monde les individus obligés de travailler pour vivre.

[1] Tenure communale (mir) de toutes les terres paysannes.

Région du Bas Volga.	98,4	p. 100
— de Moscou.	97,0	—
— de l'Oural	95,4	—
Sud Grand Russien.	89,1	—
Russie blanche.	55,5	—
Petit Russien, à Gauche du Dnieper.	58,5	—
Ukraine polonaise.	15,1	—
Lithuanie	0,7	—

(L. Tikhomirov. *La Russie politique et sociale*, 1886.)

Il est à remarquer que, en certaines régions du Morbihan, le régime communal du sol existe. C'est un état communautaire analogue au mir qui est en plein développement. (Communication du 16 mai 1889 de M. Lombard à la Société d'Anthropologie.)

CHAPITRE III

Les formes gouvernementales en Europe — Les gouvernements parlementaires — Les Autocraties — Les Parlements et leurs partis. — M. Bratiano et les concussions de MM. Maïcan et Anghelesco — Les sénateurs Donnot, Marion, Béral et Trarieux — Le gouvernement serbe et les emprunts juifs — Le Sénat et les faux. — Clémenceau et Jules Ferry. — Les députés Christophle, Rouvier, Baïhaut, Constans, Arène. — Thomson et Lejeune. — M. Wehr, député allemand. — M. Ghiani Mameli, député italien. — Le général Mattei. — Les fonctionnaires hongrois. — M. Floquet et le père de son secrétaire. — Un faussaire, Homery, conseiller général. — La fraude des tabacs — Tirman, les juifs algériens et les escrocs Richard et Cobert. — MM. De la Porte, Perret, et de la Loyère. — La traite des forçats en Nouvelle-Calédonie. — Higginson et la Compagnie du nickel. — Le cumul. — Le Dr Prengrueber et les garnis. — L'Inspecteur des ponts et chaussées L... — L'adduction des eaux de Cochepies et les ingénieurs des ponts et chaussées. — La France au Tonkin. — Les Anglais en Egypte. — L'Allemagne en Afrique et en Océanie — Les dettes et les budgets stataux. — La lutte des Irlandais. — Les prêtres catholiques. — La morale du Christ, de saint Ambroise et de Bossuet. — La papauté. — Les prêtres orthodoxes. — Les occultistes. — Les socialistes en Europe. — Leurs sectes, leurs forces, leur propagande, leurs congrès et manifestations. — Les partis en France. — Les républicains. — Le boulangisme. — Les bonapartistes. — Les orléanistes. — Le duc d'Aumale et la duchesse de A... — L'esprit de la noblesse et de la bourgeoisie. — Les bêtises du gouvernement. — La Haute Cour. — La franc-maçonnerie et les francs-maçons. — La politique intérieure de Bismarck. — La Presse en Europe, sa liberté, sa vénalité, son importance. — Eugène Mayer, Arthur Meyer, les Simond, Lalou, Reinach, etc. — Un bal chez G. de Rothschild. — L'envahissement des juifs. — L'esprit juif. — Discours d'un grand Rabbin. — L'antisémitisme en Europe. — La politique extérieure de Bismarck. —

La triple alliance. — Peuples et gouvernements en Orient. — La politique anglaise et russe. — La situation générale en Europe.

En Europe [1], deux formes gouvernementales existent seulement : le Parlementarisme et l'Autocratie.

Les divers gouvernements parlementaires diffèrent entre eux, seul, le principe en est le même.

En France, nous avons une République avec un président M. Carnot, ingénieur d'intelligence moyenne qui n'occupe cette haute place que parce qu'il est le petit-fils de son grand-père. Les Allemands et les Autrichiens ont l'empire héréditaire: ceux là, avec un empereur Guillaume II, jeune, maladif, mystique, imbu de l'idée qu'il remplit sur terre une mission divine, piétiste, antisémite, féodal et surtout militaire; ceux-ci, gouvernés par François II, descendant dégénéré des Habsbourg, déjà vieux et qui a abdiqué son pouvoir en Autriche et en Hongrie entre les mains de ministres inféodés aux milliardaires Rothschild.

En Angleterre, Italie, Belgique, c'est la royauté ayant à sa tête, là une vieille femme avare, Victoria [2] qui, il y a quelques annés, a joint à son titre de reine celui d'impératrice des Indes; ici Léopold II, le propriétaire du Congo; ailleurs Humbert Ier oubliant Solférino et

[1] La population de l'Europe est de 343 millions d'habitants qui se répartissent ainsi : Russie 100 millions; Allemagne 46,901,500; Autriche-Hongrie 39,882,000; France 38,168,200; Grande-Bretagne 36,276,500; Italie 29,962,162; Belgique 5,816,100; Roumanie 5,380,500; Serbie 1,914,300. (Kiaer. *Congrès de démographie* de Vienne, 1887.)

[2] Elle touche comme liste civile, etc... 56 millions. Elle possède en outre une fortune de 125 millions au moins. La famille royale anglaise reçoit annuellement 16 millions du peuple anglais ; le prince de Galles, comme duc de Cornouailles, a en outre un revenu de 14 millions. (*Baltimore américan journal*, 28 décembre 1888.)

Magenta pour être l'ami des Allemands et des Autrichiens.

Les Serbes, et les Roumains possèdent la royauté que les Bulgares ont demandé sans l'obtenir. Un jeune roi, Alexandre Ier, sous l'égide des régents, préside aux destinée de la Serbie, tandis que l'Allemand Charles de Hohenzollern dirige celles de la Roumanie.

Voilà avec la Suède, la Norvège, le Danemark, la Hollande, l'Espagne, la Grèce et la Suisse républicaine les gouvernements parlementaires d'Europe.

Quant aux autocraties, elles sont au nombre de deux. L'une d'elles, la Russie, voit les millions d'habitants qui la peuplent dirigés par un seul homme : le « père », le Tzar Alexandre III, muet, profondément slave, laissant dire et agissant toujours pour se rapprocher du but qu'il poursuit. L'autre, la Turquie, est gouvernée par un être qui est à la fois : Dieu, roi et fétiche. Le public ne le voit pas ; il est toujours enfermé dans son palais où il travaille beaucoup, paraît-il [1]. C'est le Sultan Abdul-Hamid II.

Dans ces pays, le Tzar ou le Sultan ont des ministres qui sont les premiers serviteurs du maître ; au contraire, la où vit le parlementarisme, théoriquement, le roi règne, mais ne gouverne pas. Nous disons théoriquement, car en fait s'il en est ainsi dans la Grande-Bretagne et en France, partout ailleurs, l'empereur, le roi, ou tout au moins ses ministres, ont une politique personnelle qu'ils savent imposer aux parlements.

Toutes ces nations jouissent en effet de parlements qui suivant la latitude ou la longitude, portent des noms différents.

[1] *Figaro*, 12 décembre 1883.

En Angleterre, on les nomme Chambres des lords, Chambre des communes; en Belgique, en Italie et en France : Chambres des députés et Sénat ; en Allemagne Reichstag, en Autriche Reichsrath, en Serbie Skouptchina, etc...

Elus au suffrage universel, restreint ou à deux degrés, les membres de ces Parlements acceptent des ministres choisis par les chefs du Gouvernement et légifèrent, tandis que les ministres exécutent.

Nous voyons partout un plus ou moins grand nombre de partis. Si la Chambre des députés français se divise en deux groupes : républicains et réactionnaires, elle se subdivise en une masse de petits clans, ayant chacun au moins un président, un vice-président et un secrétaire.

Il est si agréable d'avoir des titres, que, n'était le ridicule, quelques-uns formeraient un groupe à eux seuls. Ainsi il y a : le parti ouvrier, l'extrême gauche, la gauche radicale, l'union des gauches, le centre gauche, le parti national, les bonapartistes, les impérialistes, les orléanistes et enfin les intransigeants de la royauté qui se refusent à voir en Philippe VII, le roi de droit divin.

Opportunistes (union des gauches et centre gauche) et radicaux se disputent le pouvoir, tandis que les réactionnaires se portent tour à tour vers les uns ou vers les autres pour renverser le ministère.

Ce petit jeu de bascule fonctionne sans interruption depuis une quinzaine d'années, aussi le nombre de ministères et de ministres que nous avons usés est-il considérable [1]. Cela s'explique quand on connaît l'ardeur

[1] En 18 ans, du 4 septembre 1870 à mars 1889, nous avons eu 15 ministres des affaires étrangères. (*XIX* *Siècle*, 24 février.)

dont brûlent les sous-vétérinaires parlementaires, pour une place quelconque de ministre. On en a vu comme M. de Freycinet qui passent de l'intérieur aux affaires étrangères puis à la guerre ; comme M. Lockroy, tour à tour ministre du commerce et de l'instruction publique, etc.

En Angleterre, il n'existe que deux grands partis, les *Torys* (conservateurs) et les *Whigs* (libéraux). Ces derniers sont divisés en deux groupes relativement à la politique irlandaise. L'un a pour chef Gladstone, qui suit la véritable politique libérale ; l'autre porte le nom de *Libéraux unionistes* avec M. Chamberlain et lord Hartington comme leaders. Ces *libéraux unionistes* votent le plus souvent avec les *Torys*. On trouve aussi dans la chambre des communes quelques radicaux comme M. Bradlaugh, mais leur nombre n'est pas assez grand pour former un parti important.

Le Reichstag allemand avec ses 390 membres compte des conservateurs, des conservateurs libres, des nationaux libéraux, des progressistes, des démocrates socialistes, les partis du centre, polonais et alsacien. Tous ces partis, sauf quelques exceptions votent pour le chancelier de l'Empire, prince de Bismarck qui dirige les affaires intérieures et extérieures depuis fort longtemps. Là le parlement a peu d'influence, l'Empereur et son chancelier savent lui imposer leur volonté et le faire voter comme ils veulent.

L'Autriche, qui est une juxtaposition de races, dont l'unité n'est en réalité point faite, possède un Reichsrath très divisé. Mais l'influence des différents partis (catholique, libéral allemand, vieux et jeune tchèque, démocrate, antisémite et slave) est nulle ; le ministère gouverne avec l'appui de François II sans s'occuper du parlement. A la chambre hongroise, le comte de Tisza réunit une majorité chancelante qui lui permet cependant d'exercer le pouvoir malgré son impopularité.

En Italie, M. Crispi joue au petit chancelier, tout en gouvernant avec la Chambre des députés et le Sénat où il a une majorité servile qui ne veut point écouter les libéraux et républicains, adversaires peu nombreux de la néfaste politique Crispienne.

La Chambre des députés belges se divise en deux groupes, les conservateurs catholiques et les libéraux progressistes dont les tendances sont républicaines. Ce sont les premiers qui possèdent le pouvoir. Ils l'emploient fort bien, car on a pu voir que le ministère conservateur a fomenté des attentats et des complots contre l'État, lors de la grève du Borinage. Les agents provocateurs ont même été compris dans les poursuites judiciaires et seuls condamnés par les jurés belges. Cette attitude inqualifiable du ministère a été signalée à la tribune du parlement qui a voté, cependant, un ordre du jour de confiance[1]. On peut juger par là de la moralité de cette Chambre.

En Serbie et en Roumanie, nous voyons des radicaux, des progressistes, des libéraux radicaux, qui se disputent tour à tour le pouvoir, tandis qu'en réalité le roi gouverne avec ses ministres comme si le parlement n'existait pas, ou bien avec une majorité servile qui vote tout ce qu'on veut, pourvu qu'on la paie.

C'est le cas en Roumanie où M. Bratiano fut si longtemps ministre, bien qu'il protégeât les frères Maïcan, le général Anghelesco et son collègue au ministère, M. Radu-Mihaï convaincus de vols et de concussions[2].

[1] Journaux du 25 mai au 1er juin.

[2] Au corps législatif roumain, un député, M. Voinov, a pu s'écrier :

D'ailleurs c'est à peu près partout la même chose. Partout les députés, que ce soit au Reichsrath, au Reichstag, à la Chambre des communes ou des lords, à la Chambre italienne, belge où française, sont des bourgeois et favorisent leur classe au détriment du peuple et de la masse de la nation. Partout le vol, la concussion, l'exploitation des petits, la protection des grands!

Les membres des majorités parlementaires font passer leur intérêt personnel avant celui de la nation. Le peuple de tous les pays en sait quelque chose. Consciences à vendre! consciences achetées! les politiciens n'ont plus d'honneur! En France nous voyons des sénateurs comme Donnot[1], le banquier condamné à huit mois de prison pour banqueroute frauduleuse, comme Marion[2], l'agent de change expulsé de la Compagnie pour abus de confiance et invalidé à l'unanimité en 1869 au Corps législatif; comme Béral[3], l'ingénieur des mines émargeant

« Les ministres volent, les préfets volent, tout le monde vole, » sans qu'aucune voix protestât. M. Bratiano, alors ministre, était chef d'une bande de voleurs qui s'appelait « la Collectivité ». (*Nouvelle Revue*, 1888.) En 1889 le député Blaremberg déposa une demande de mise en accusation contre ce ministre. La Chambre la rejeta à une voix de majorité. (Journaux des 7, 16 et 17 février.)

Le général Anghelesco a été condamné à trois mois de prison et 30,000 francs d'amende pour les concussions auxquelles il s'était livré lorsqu'il occupait le ministère de la guerre. Le roi a fait, avec Bratiano, perdre au pays 286 millions dans les affaires Strousberg. (*XIX Siècle*, 21 décembre 1888.)

Lors de l'emprunt de 1885, les juifs fournirent au Gouvernement serbe l'argent nécessaire pour acheter 30 députés devant voter l'emprunt usuraire qu'on leur proposait. Sur les 43 millions empruntés, 24 seulement furent touchés, et cependant la Serbie paye un intérêt de 8 p. 100 sur les 43 millions. (*Question sociale*, 1885.)

[1] *Petit Champenois*, 20 au 27 décembre 1888 — 18 juin.

[2] *La Fin d'une République*, 1888.

[3] Ce sénateur, de 1884 à 1887, a touché une allocation annuelle de 8,400 francs pour une mission fictive. (Journaux des 25, 26 et 27 juin.)

au budget pour une mission fictive; comme Trarieux[1] qui enlève d'un dossier une lettre du fils de son collègue, Léon Renault et la lui envoie.

Au sénat, à la chambre des députés on se livre à des faux relatés au *Journal officiel*[2].

Nos députés se serrent la main dans les couloirs et s'injurient dans la salle. Plus forts que les augures de Rome, ils se regardent sans rire, et se prennent même au sérieux. Un jour ils se traitent de criminels, le lendemain ils se congratulent. Les variations de ces pantins devraient être inscrites en lettres d'or, sur les murs, pour que les électeurs voient de quelle manière agissent des élus comme Guyot-Dessaigne[3], financier malpropre, impérialiste avec l'Empire, républicain avec la République et ministre à poigne; comme Clémenceau, le protecteur et le protégé de Cornélius Herz[4], comme

[1] Ce membre de la haute cour tombait sous l'article 183 du Code pénal qui défend de distraire une pièce d'un dossier. On ne l'a pas poursuivi. En fait, l'acte de M. Trarieux était sans importance; mais en principe il était coupable et aurait du être poursuivi (Journaux du 20, 21 et 22 juin), comme on l'a fait pour Mermeix quelque temps après.

[2] Le Sénat vota un article de la loi des finances, et M. Le Royer, président de cet auguste corps, annonce gravement que cet article est repoussé. L'examen du *Journal officiel* du 31 décembre 1888, montre que les chiffres cités par le Président du Sénat sont faux. Un journal le signale; M. le Royer le constate en donnant des explications ridicules, et il ajoute : « Le bureau s'est aperçu de l'erreur, il a fait rectifier le chiffre du scrutin » ; mais, d'après le règlement, le vote n'en était pas moins acquis.

C'est une étrange théorie, bien digne des vieux bonzes qui siègent au Luxembourg. Il est vrai qu'à la Chambre des députés cette théorie a aussi cours, car le vote du crédit relatif au Tonkin en 1886 n'a passé qu'à l'aide d'un faux.

Un ministre, Waldeck-Rousseau, n'a-t-il pas contrefait la signature de Basly? (*Intransigeant*, 24 janvier.)

[3] *Matin*, 7 février..

[4] En mars 1885, M. Clémenceau appelait Jules Ferry et ses aco-

Christophle[1], Lévêque, Leguay, Ferry, Rouvier[2], Baïhaut[3], Constans[4], Arène[5]; mais arrêtons-nous, il faudrait les citer tous.

Souvent les séances de la Chambre des députés sont scandaleuses. On n'a pas encore oublié celle du 25 juin

lytes, des accusés avec lesquels il ne voulait plus avoir de rapports. En janvier 1889, le même Clémenceau marchait la main dans la main avec le même Jules Ferry. (*Intransigeant*, 13 janvier.)

[1] Ce député de l'Orne, directeur actuel du Crédit foncier, est venu à Paris avec 1,400 francs de rente. Il ne compte plus ses millions. Il domine le gouvernement, car les ministres tombent, et lui reste, s'enrichissant chaque jour, avec ses amis, MM. Lévêque, Leguay, etc... C'est ce député financier qui a mené la campagne de bourse contre le Panama; c'est lui qui fut une des causes de la ruine de l'Assurance financière, société pour la reconstitution des capitaux et il a eu l'impudeur de fonder une nouvelle société: « La Capitalisation » qui a le même but. Quant aux actionnaires de la première société, ils sont ruinés et il se trouvera des gogos qui lui apporteront leur argent! (*XIX*e *Siècle*, 12, 13, 17, 19, 25 janvier, 18 mars.) Ils sont dépassés, les brigands du moyen âge qui l'arquebuse à la main, vous attendaient au coin d'un bois! La Société d'Encouragement au Bien a, le 2 juin dernier, décerné à ce député financier une médaille d'or!! Tout commentaire est inutile. (*Presse*, 4 juin.)

[2] Ce député ministre a été administrateur fondateur de la Compagnie auxiliaire des chemins de fer et travaux publics actuellement en liquidation judiciaire (faillite); M. Caze, député de la Haute-Garonne, a été président du Conseil d'administration. Les actionnaires et obligataires sont ruinés, les actions valent 15 francs (bourse du 25 mai) et les obligations 72 francs. Une somme de 6 millions a été détournée au profit de certaines personnalités. Cette Société avait été lancée par la maison de banque Henri de Lamonta au moyen de prospectus alléchants. Les affaires marchaient fort mal depuis quatre ans; cependant, les administrateurs ont prolongé facticement l'existence de la Compagnie jusqu'en mars 1889, pour la mener jusqu'au moment de la promulgation de la nouvelle loi sur les faillites: loi juive par excellence.

La Compagnie auxiliaire des chemins de fer et des travaux publics a été fondée en 1881; elle a acheté, au moyen de dix mil-

dernier. Un député de la droite, M. Lejeune, est expulsé au milieu des menaces de ses collègues de la gauche qu'il a traité de canailles. Comble de la dérision, parmi les plus acharnés, on trouve E. Arène et Thomson[1], le député des juifs algériens ! C'est dans cette mémorable séance que l'on vit Andrieux tirer son revolver au grand effa-

lions d'actions entièrement libérées, l'actif de la première Compagnie auxiliaire des chemins de fer dont le fondateur était M. Gustave Cantin. Celui-ci avait reçu en actions, partiellement libérées, une somme de 4,500,000 francs pour son apport consistant en un mobilier de bureau, un chariot à vapeur et des terrains non payés à Saint-Ouen ! (*Presse*, 17 avril. *Gazette française*, 30 mars, 6 avril, 18 mai.)

Le même groupe de gens a ruiné aussi les porteurs de titres des salins d'Algérie, des carrières du Pas-de-Calais, du casino de Nice, des canaux agricoles, formant y compris la Compagnie auxiliaire des chemins de fer, un capital de 76 millions. Cependant il y a des administrateurs qui sont riches (pas M. Rouvier, qui ne possède que 10,000 francs de rente !), leur responsabilité civile est effective ; les poursuivra-t-on ? Toutes ces affaires n'étaient que de vastes escroqueries.

[3] M. Baïhaut, accusé de tripotages par M. Mariotte, rédacteur en chef du *Réveil de la Haute-Saône*, le poursuivit devant la cour d'assises de Vesoul. Ce journaliste a été condamné à 20 jours de prison, 1,000 francs d'amende et 2,000 francs de dommages-intérêts (*le Peuple* 15 et 16 février); en fait M. Baïhaut a été administrateur de sociétés financières telles que les *Pêcheries*, et pour nous, un député, ne doit jamais être administrateur d'une société qui peut finir par une faillite plus ou moins scandaleuse.

[4] M. Constans, étant ministre de l'intérieur, a été accusé par M. Laguerre d'avoir reçu 10,000 francs d'un M. Barratte et des actions libérées de la Compagnie d'assurances « la ville de Lyon », pour être président du conseil d'administration de cette Compagnie. Ce fait est prouvé par le procès intenté à Barratte devant la cour de Nancy. M. Dubois, député aujourd'hui décédé, avait également reçu des actions. (*Presse* 16, 17, 18 et 23 mars.)

[5] Ce député a été illustré ainsi que son collègue Peraldi, par ses tripotages avec la Compagnie de navigation Morelli qui fait le service entre Marseille et la Corse. M. Judet l'a justement flétri. (*Fin d'une République*, 1888.)

[1] Voir l'*Algérie Juive* et les *Juifs en Algérie*, par G. Meynié — 2 volumes in-18, — Paris.

rement de Rouvier[1]. Quelques jours plus tard, ce même député criait dans l'enceinte de nos législateurs : « A bas les Voleurs ! » et le public ne s'étonnait pas.

Le monde politique français est profondément pourri, mais il en est de même dans le reste de l'Europe et elle n'a rien à nous envier à ce sujet.

En Allemagne, M. Wehr[2], ancien député et préfet, est poursuivi sous l'inculpation d'escroqueries. En Russie, le procès scandaleux d'un honnête homme, le médecin Skariatine[3] a prouvé que les politiciens russes ne le cèdent en rien à ceux qui vivent sur les bords de la Sprée ou de la Seine.

Au delà des Alpes, c'est la même chose. M. Ghiani Mameli est député et aussi directeur des établissements de crédit de Cagliari. Il vole et escroque le public ; coût : 10 ans de réclusion et 2 millions de dommages-interêts[4].

Le général Mattei, député, a accusé le ministère Crispi de se livrer à des malversations nombreuses. On l'a puni par mesure disciplinaire, mais on n'a pas démontré qu'il accusait à faux.

En un mot, quel que soit le pays, politiciens, financiers, industriels, commerçants, bourgeois, tous n'ont qu'une devise, celle de Guizot : « Enrichissez-vous. » Tous les les moyens leur sont bons.

Les fonctionnaires des Gouvernements tiennent à ne le céder en rien aux députés; n'avons-nous pas vu un commissaire de police belge, M. Masseaux, arrêté pour complicité de vol[5]. Il recevait de l'argent pour protéger une

[1] Journaux des 26 et 27 juin.
[2] *Eclair*, 19 mai.
[3] *Russie politique et sociale*, par L. Tikhomirov.
[4] *XIXe Siècle*, 18 avril.
[5] *Peuple*, 12 janvier.

bande de voleurs. En Russie, en Turquie, le régime des pots-de-vins bat son plein.

En Hongrie, on voit arrêter une bande de voleurs de chevaux et parmi elle se trouvent 6 notaires, 10 juges de paix ! Les chevaux étaient expédiés à l'étranger à l'aide de faux passeports [1].

En France c'est identique. Le Gouvernement, obéissant à une majorité de tripoteurs, donne ses fonctions aux protégés des députés. Le népotisme règne d'une étonnante façon. Un ministre de l'intérieur, M. Floquet, a, en avril 1888, nommé le père de son secrétaire économe d'un hospice qui n'était pas encore construit et lui a fait toucher ses appointements à partir de sa nomination [2].

Un ancien notaire, Homery, maire de Ploubalay et conseiller général opportuniste des Côtes-du-Nord, joint à ses multiples fonctions celle de suppléant du juge de paix. Il a 23 condamnations pour faux et porte la croix de chevalier de la Légion d'honneur ! Les victimes de cet individu sont nombreuses et adressent en vain des plaintes au Procureur général qui refuse de poursuivre. Depuis huit ans, les volés n'ont pu obtenir justice [3].

Un autre, conseiller d'arrondissement du Havre, M. Marie, est arrêté sous l'inculpation de banqueroute et de faux en écriture [4].

Les fonctionnaires français sont quelquefois bien curieux comme ce Résident de la province d'Hai Dzueng, le capitaine Rodier, qui fait fusiller une quarantaine d'Annamites au service de la France croyant que c'était des pirates. On se contente de le relever de ses fonc-

[1] *Petit Champenois*, 18 mai.
[2] *Presse*, 11, 17 et 21 janvier.
[3] Journaux des 19 et 20 mai.
[4] *Presse*, 10 juin.

tions[1]. On se souvient encore de la fraude des tabacs où était inculpé M. Mottay, attaché au cabinet de M. Etienne, sous-secrétaire d'Etat aux colonies. Ce Mottay avait été renvoyé de la Compagnie du Nord pour fraude de tabac, et cependant, il avait trouvé le moyen de se faire nommer officier d'académie et attacher au cabinet du ministre.

Cette contrebande des tabacs est un indice de la moralité des industriels et commerçants, car le fabricant belge, M. Sannes, promoteur de la fraude, volait purement et simplement l'Etat français [2].

M. Chateau, honnête receveur de l'enregistrement à Eu, se suicide et laisse un volumineux paquet à l'adresse du Procureur général. Sur ce paquet était écrit : « Je jure que ceci est la vérité, rien que la vérité [3]. » Quelle a été la cause de ce suicide ? Des scandales peut-être, comme le bruit en a couru ? La lumière n'est pas encore faite.

Le Gouverneur de l'Algérie, Tirman, le serviteur des juifs, nomme un escroc, Richard, représentant de la colonie à l'Exposition de 1889. Il protège un autre voleur, Cobert, ancien pensionnaire de Poissy, directeur d'un journal musical, auquel le gouvernement abonne d'office tous les fonctionnaires. Il paie les Kabyles et les Arabes, avec des bons que ces malheureux escomptent pour des sommes infimes à d'ignobles juifs [4], citoyens français depuis le triste décret de Crémieux.

Le sous-secrétaire d'Etat aux colonies, M. de la Porte, qui est aussi député des Deux-Sèvres, était un administrateur singulier. Fonctionnaire modèle, il oblige les médecins de la marine à Nouméa à recevoir 800 pièces de

[1] *XIXe Siècle*, 21 mai.
[2] Journaux des 6 au 9 juin.
[3] *Soleil*, juin 1889.
[4] En Algérie, les juifs peuvent tout se permettre. Aucune justice

vins fuschinés. Il fait la traite des forçats, les loue à des particuliers qui les sous-louent à d'autres, avec un bénéfice de cent pour cent. Les lois n'existent pas pour ce député, maître tout-puissant des colonies, et pour ses créatures comme M. Perret et M. de la Loyère [1]. Dans la Nouvelle Calédonie, l'administration commet des actes illégaux que la Chambre des députés approuve en votant, lors de l'interpellation de M. de Lanessan, l'ordre du jour pur et simple [2]. Cela se passe dans une contrée si lointaine qu'on peut tout se permettre et qu'à cette distance tout devient légal.

Au Tonkin, le mépris des lois est aussi grand. C'est un cousin de Jules Ferry, M. Bavier-Chauffour qui a la con-

pour le Kabyle, le Français, l'Arabe, molesté par ces individus. En 1887, Tubiana et Ghniassa, deux immondes juifs, cassèrent la jambe à un Français; ils ne furent jamais ni arrêtés, ni inquiétés. (*La Bataille*, 27 janvier et 5 février.)

[1] M. de la Loyère fit tant de scandales (forçats soustraits au travail des routes pour lui construire une salle de bal, chevaux du gouvernement employés pour ses plaisirs, etc.), que le gouverneur de la Nouvelle-Calédonie le renvoya en France. M. de la Porte l'a réintégré dans ses fonctions.

M. Nouet, gouverneur intègre de cette colonie, fut déplacé par le podestat de la rue Royale, parce qu'il avait renvoyé M. Perret compromis dans la société du nickel. M. Perret fut réintégré dans son poste.

La spoliation, la concussion, comme dans l'affaire Ouameni Bouloupari, se font au grand jour. (*Peuple*, 10, 12, 14, 17, 24 décembre ; *XIXe Siècle*, 8 février, 11 mai ; *Presse*, 2 janvier ; *Intransigeant*, 28 mai.)

[2] Il existe en ce pays un certain Higginson, juif très probablement ou tout au moins digne de l'être, qui a vendu à la colonie un terrain pour deux millions et demi. Naturellement le terrain ne vaut pas cette somme, mais de plus il a été payé en condamnés ! Oui, lecteurs, les hommes forment la monnaie courante de l'administration néo-calédonienne. Voici le procédé employé pour transformer les forçats en esclaves. L'administration les cède à des individus comme Higginson, et le cessionnaire est autorisé à les utiliser à sa convenance, et à les céder, même avec primes, à

cession des mines de charbon[1]. Un parent de M. Sarrien, l'ancien ministre, M. Villard, fut, à cause de son immoralité, radié par ordre, en 1887, du cadre des administrateurs principaux des affaires indigènes. Il est réintégré[2] en 1888 par M. de la Porte. C'est ce même fonctionnaire qui passe des contrats, onéreux pour le pays, avec les concessionnaires des magasins généraux et centraux d'Haïphong.

Sept fonctionnaires au Tonkin sont révoqués pour concussion : quatre cent mille francs avaient disparu sans laisser de traces. On n'a pas encore poursuivi ces concussionnaires[3] !

En Tunisie, les tripotages, les exactions, l'arbitraire, etc., règnent au vu et au su de toute la colonie française. M. Cambon, gouverneur opportuniste, s'y est illustré par tant d'affaires malpropres qu'on a fait de lui un ambassadeur[4].

d'autres personnes. C'est une vente à longue échéance (dix, quinze, vingt ans) d'hommes condamnés aux travaux forcés, mais non à l'esclavage. C'est la violation de la loi de 1854 sur la transportation. Il résulte de là que la main-d'œuvre libérée ou libre ne trouve pas d'occupation, et que les travaux publics de l'île ne se font pas. Sur 6,000 forçats, 3,000 sont ainsi vendus par contrats.

Higginson et les autres cessionnaires concèdent leurs traités avec bénéfice (10 cent. par homme et par jour généralement) à la compagnie du nickel dont Rothschild est le maître. Là encore la pieuvre de la rue Laffitte étend ses tentacules. Grâce à ce système, l'exploitation des mines de nickel se fait activement et à peu de frais.

Un autre individu, M. de Cardozo, a fait l'opération suivante. Il y a quelques années, il a acheté la propriété Kerveguen avec une usine à sucre pour 214,000 francs. Il a fait l'élevage, puis il a vendu cette même propriété à l'Etat, moins le matériel de l'usine, pour 865,000 francs ! payés en forçats qu'il cède au nickel Rothschild. (*Eclair*, 22, 27 et 29 juin.)

[1] *Matin*, 19 décembre 1888.

[2] *Peuple*, 5 janvier.

[3] *XIXe Siècle*, 24 décembre 1888, 21 janvier, 10 février.

[4] Nos lecteurs liront avec fruit, relativement à ce pays, l'ouvrage de M. Pontois paru sous le titre : *Les Odeurs de Tunis*. Paris, 1889.

En France existe la même incurie. L'administration des forêts coûte chez nous 60 p. 100 du produit même de nos bois[1]. Le cumul est la règle générale. Des députés sont à la fois fonctionnaires et membres de Sociétés financières plus ou moins véreuses. D'autres remplissent en même temps plusieurs fonctions et naturellement les remplissent mal. Nous pourrions citer un savant qui est membre de plus de quinze comités et académies à jetons de présence. Il trouve le temps de professer, de faire de la clientèle, des rapports, de prendre part aux discussions académiques ou à celles des Sociétés savantes. Evidemment ce médecin se passe de sommeil, car un homme, aussi actif soit-il, ne peut dans sa journée satisfaire à d'aussi multiples fonctions.

Nous connaissons un chirurgien des hôpitaux, le docteur Prengrueber, qui, malgré ses occupations médicales et celles nécessitées par son intéressant journal, trouve encore le temps d'inspecter les garnis. Le Préfet de police seul, pourrait nous dire si cet employé du gouvernement gagne les émoluments qu'on lui donne.

Les ingénieurs des ponts et chaussées, qui se croient seuls en possession de la science (ils sont sortis de l'École polytechnique) se livrent au plus éhonté arbitraire. Leur omnipotence et leur omniscience égoïstes et stériles coûtent au pays des millions et des centaines de vies[2]. Ils ne se trompent jamais.

La maison de jeu de Monaco subventionne des employés

[1] *Presse*, 4 janvier.

[2] N'est-ce pas un de ces ingénieurs, M. L..., maintenant inspecteur principal en retraite, qui disait à un entrepreneur lui montrant un devis : « C'est trop cher. » — « Mais monsieur l'Ingénieur, mon bénéfice réel n'est que de 10 p. 100. » — « C'est possible ; je vous ferai regagner sur une autre fourniture ce que vous pourriez perdre sur celle-ci. Prenez comme règle d'accepter toujours ce que nous vous offrons. » L'entrepreneur n'accepta pas et la fourniture fut donnée

de l'Etat français pour pouvoir exercer en paix sa petite industrie.

Il résulte de tout cela une incurie profonde, un mépris général des lois, une anarchie complète. Les fonctions et le pouvoir sont aux mains de gens assez dépourvus de sens moral pour exploiter sans cesse la population. Ils n'agissent que dans l'intérêt de la classe bourgeoise dont ils sont les représentants.

C'est pour ouvrir un débouché nouveau aux produits des industriels, c'est pour créer de nouvelles fonctions, afin d'y placer ses créatures, que Jules Ferry nous a entraînés dans la guerre du Tonkin. C'est pour enrichir les bourgeois, que nos députés ont fait mourir par les balles chinoises ou les maladies, des milliers de soldats français, fils de prolétaires.

Notre mission est civilisatrice dans ces pays, disent les thuriféraires de la politique coloniale. En effet, nos troupes détruisent les maisons, brûlent les récoltes, tuent les habitants. Quand tout sera détruit, le pays sera certainement pacifié et civilisé ! En attendant, les populations, étonnées d'un pareil traitement, se révoltent avec raison ; il nous faut guerroyer sans cesse, car le pays est infesté par des bandes d'insurgés et de pirates ; c'est

à un autre, qui fit payer un prix plus élevé que le premier n'avait demandé.

N'est-ce pas aussi un ingénieur des ponts et chaussées, M. Belgrand, qui a construit l'aqueduc de la Vanne qu'il faut réparer chaque année, car il fuit de toutes parts ? Des millions ont été engloutis là.

N'est-ce pas le corps des ponts et chaussées qui est l'auteur de la dérivation des sources de Cochepies pour augmenter l'alimentation de Paris. Cette dérivation faite, lesdits ingénieurs se sont aperçus que l'aqueduc de la Vanne, qui devait conduire cette eau, ne le pouvait pas à cause de son manque de solidité. Ils ont alors renvoyé l'eau des sources de Cochepies à une rivière, l'Yonne. Résultat : 5 millions environ dépensés inutilement.

ainsi que nous appelons les gens qui défendent leur sol et leur domicile contre les envahisseurs. Les millions s'engloutissent, et la nation, le peuple, n'en retirent aucun profit.

Les lauriers, que nous avons conquis au Tonkin et en Tunisie pour le plus grand bénéfice de quelques Juifs et financiers, empêchaient M. Crispi de dormir. Aussi s'est-il empressé d'entraîner l'Italie dans l'expédition de Massaouah. Cette guerre coloniale n'a encore valu à notre voisine que des défaites et des dépenses. Là encore, on civilise à coups de canons ou de fusils, sans aucun résultat, sauf pour les financiers romains ou napolitains qui spéculent, d'après les dépêches dénaturées que Crispi livre à la publicité.

L'Angleterre qui, par sa conduite scandaleuse en Egypte [1], a fait perdre tout le sud de ce pays, est fort occupée par l'affaire de Souakim. Elle se heurte là à des soldats nègres, munis de fusils à tir rapide et de canons rayés, dirigés par des hommes connaissant la guerre européenne. Osman Digma, qui est le chef de ces troupes, serait, dit-on, un Français. Ce n'est peut-être qu'un racontar, mais il est certain que parmi ces mahdistes se trouvent des officiers européens ou tout au moins ayant fait leurs études en Europe.

Les Anglais n'ont pas été heureux dans cette lutte. Souvent battus, ils ont dû se cantonner à Souakim et dans les environs. Pour ce piètre résultat, nos amis d'outre-Manche perdent des millions et quelques hommes

[1] Les indigènes appellent les Anglais : la huitième plaie de l'Egypte. Il est impossible de décrire la misère des fellahs écrasés d'impôts pour payer les sommes énormes, gaspillées par les Anglais. (Edm. Planchut.)

seulement, parce qu'ils ont l'habileté de se servir des Egyptiens pour combattre les mahdistes. Comme toujours, sous prétexte de civilisation et de suppression de l'esclavage, ils couvrent leur véritable but, qui est de posséder une région où ils pourront écouler leurs verroteries, etc... Les lords et les bourgeois anglais feraient bien mieux de supprimer la misère du peuple irlandais et des ouvriers de leur pays.

Pendant longtemps l'Allemagne s'était prudemment abstenue de toute politique coloniale : une colonie ne valait pas, disait Bismarck, la peau d'un seul grenadier poméranien. Malheureusement pour les Allemands, le chancelier de fer est changeant, et, sous prétexte de civilisation, lui aussi conduit son pays à la conquête du continent noir. Les Arabes et les nègres ne se laissent pas faire; ils se révoltent, suivant l'expression si chère aux dirigeants. Habitués au climat, possesseurs de fusils et de canons, ils sont très redoutés des Allemands. Ceux-ci, d'accord avec les Anglais, ont bombardé Bagamoyo, une bourgade, et prononcé le blocus de toute la côte. Les quelques hommes qu'ils ont débarqués, décimés par la maladie, ont été obligés de reprendre vite la mer. Voilà ce qui se passe à Zanzibar. Dans les autres colonies allemandes, en Afrique, à Angra Pequeña, au Dahomey, la lutte n'est pas encore commencée, mais elle ne tardera pas, car les colons molestent les indigènes et ceux-ci protestent parfois assez brutalement.

Le Reichstag allemand a, d'ailleurs, accepté en partie la responsabilité de cette politique. Sauf quelques députés comme Bebel, Bamberger, la majorité du parlement a voté les crédits demandés.

En Océanie, l'Allemagne civilise de la même manière, incendiant les maisons, fusillant les indigènes, molestant même des citoyens de la libre Amérique qui s'étaient établis à Samoa.

Le tzar, lui, avec ses troupes que dirige le général Annenkof, continue lentement, mais sûrement la conquête de l'Asie dans la région des Khanats.

Toutes ces expéditions et guerres coloniales coûtent fort cher, en hommes et en argent. Aussi les finances s'épuisent, les budgets s'élèvent, les dettes s'accumulent, les impôts s'accroissent[1]. Il faut non seulement satisfaire aux dépenses des expéditions lointaines, mais aussi payer l'intérêt des dettes, l'armement toujours à renouveler, etc., etc.

[1] En France, le budget annuel tant ordinaire qu'extraordinaire est de trois milliards et demi, exactement 3,476,138,472 francs. Les impôts s'élèvent à près de 100 francs par tête, la dette est de 31 milliards ; l'amortissement et les intérêts de cette dette, s'élèvent à 1,336,000,000.

En Italie, la dette est de 11,141,000,000 avec 532 millions d'intérêt et d'amortissement. Le budget est d'environ 1,800 millions. L'impôt foncier enlève au propriétaire 30 p. 100 de son revenu, l'impôt sur la richesse mobilière lui retire 13,20 p. 100.

En Allemagne, les dettes de tous les Etats s'élevent environ à 10 milliards. La Prusse y entre à elle seule pour 4,814,100,000 francs et l'empire d'Allemagne 526,000,000. L'intérêt et l'amortissement de la dette est de 470 millions, le budget annuel est de 1,500 millions.

En Angleterre, la dette est de 17,820 millions, les intérêts et l'amortissement sont de 737 millions,

En Autriche-Hongrie, il y a 12,466,000,000 de dettes et 598,700.000 fr. d'intérêt et d'amortissement. (*Annuaire statistique*, 1888, *Bulletin international de l'Institut de statistique.*)

En Belgique, le budget ordinaire est de 313 millions et la dette 1,947 millions. (*Moniteur industriel*, 25 juillet 1889.)

En Russie, la dette, en 1883, s'élevait à 5,424 millions de roubles soit 13 milliards et demi de francs. En 1885, le budget de l'empire s'élevait à 885 millions de roubles, soit 2 milliards 212 millions de francs. (Tikhomirov. *Russie politique et sociale.*)

On voit par les chiffres précédents que le prorata des dettes par tête donne, pour la France, 815 francs; pour l'Allemagne 222; pour l'Italie 370; pour l'Angleterre 490; pour la Russie 135; pour l'Autriche-Hongrie 312 et pour la Belgique 334 francs.

Il résulte de cet accroissement continuel des charges, réparties sur la population d'une façon tout à fait inégale, que la misère augmente dans des proportions considérables, ainsi que nous l'avons montré dans les pages précédentes. De là naissent des troubles, comme ceux qui ont eu lieu en février 1889 à Rome et dans plusieurs provinces de l'Italie. La population misérable, ruinée, mécontente, gronde contre le Gouvernement, le Roi et son ministre Crispi[1].

Elle manifeste bruyamment, réclamant du pain et du travail; le ministre lui donne des troupes et des canons[2]. Il y a des blessés, on fait des arrestations; puis le calme renaît, calme passager, précurseur des grands mouvements sociaux.

Les lords anglais et les bourgeois de la libre Angleterre pratiquent eux aussi le système Crispi. Pour soulager les Irlandais de leur misère réellement épouvantable, ils leur envoient des soldats et des policemen. Là ils ne se contentent pas d'arrêter les tenanciers récalcitrants, ils incarcèrent aussi les députés irlandais en vertu de la loi de coercition. Plus de douze députés de

[1] Le déficit du budget italien est d'environ 400 millions. Cela oblige nécessairement le ministère à recourir à de nouvelles taxes qui, en augmentant la misère, ne font que précipiter le dénouement. Rien que pour l'exercice 1888-89 ce déficit est de 191 millions. (Journaux de décembre 1888.)

En Italie un krach financier vient d'avoir lieu; la Banque d'escompte de Turin, la Banque Tibérine, etc., ont suspendu leurs paiements. La ruine s'étend sans cesse. (*Matin*, 27 août.)

[2] Les émeutes de Rome en février 1889 avaient transformé cette ville en une véritable cité prise par une armée triomphante. Chaque coin de rue était gardé par des troupes bivouaquant en plein air. Les ouvriers traqués se ruaient sur la police, envahissant les magasins et les boutiques, brisant tout. Des vols nombreux eurent lieu chez des bijoutiers et des horlogers.

la chambre des communes, MM. Firn-Cane, Sheehan, O'Connor, Condon, O'Brien, etc.[1], ont été condamnés à des peines fort dures, soumis au travail forcé dans les prisons, et l'on sait que le régime des prisonniers d'outre-Manche est terrible.

La « Land league » qui s'était transformée en ligue nationale est dissoute officiellement ; mais elle ne subsiste pas moins, dirigée par Parnell, un protestant froid, rompu à toutes les ruses du parlementarisme. Dans cette lutte mémorable des Irlandais contre les Anglais, c'est-à-dire du droit contre la force, du juste contre l'injuste, on remarque avec étonnement que les prêtres catholiques se sont ouvertement prononcés pour les faibles contre les forts. Ils se sont rappelé qu'ils étaient les disciples de Celui qui a dit : « Il est plus difficile à un riche d'entrer dans le royaume de Dieu, qu'à un chameau de passer par le trou d'une aiguille. »

Ils se sont dit avec raison, que Jésus ayant toujours été pauvre, ayant toujours professé l'égalité et la fraternité, ils devaient eux, ses ministres, suivre ses leçons.

Alors, malgré les objurgations du pape Léon XIII, ils se sont institués les défenseurs des misérables Irlandais. Ils les ont encouragés à la résistance, les ont soulagés dans leur malheur, non par des prières, mais par des paroles chaudes et vibrantes et surtout par des actes. Plusieurs ont payé de leur liberté cet amour de l'humanité souffrante, comme les PP. Mc. Carthy, Mc. Fadden[2], etc., qui ont été incarcérés pendant plusieurs mois[3]. Telle a été la conduite des prêtres de la Verte Erin.

En Irlande même, les autorités municipales sont toutes

[1] *Matin*, 5, 25, 30 janvier, 3 février.

[2] *Presse*, 9 février ; *Peuple*, 21 janvier.

[3] L'acuité de la lutte est si grande que les soldats catholiques

favorables au peuple; le lord maire de Dublin, Sullivan, est un des plus actifs défenseurs de cette population pressurée et emprisonnée par M. Balfour, le triste gouverneur de l'île.

Au Parlement anglais, un important parti est favorable aux Irlandais, c'est celui des libéraux qui reconnait pour chef le « Vieil homme » Gladstone, John Morley et Hanbury. Ils protestent en vain, lord Salisbury laisse dire et maintient dans l'île sœur 30,000 hommes de troupe pour la pacifier; ce à quoi il n'arrivera jamais.

Le peuple anglais en grande partie est du côté des Irlandais contre les landlords; il tient des meetings pour protester contre les agissements ministériels vis-à-vis des députés de l'île sœur.

Si, en Irlande, les prêtres ont embrassé la cause du peuple; sur le continent, ils se mêlent à la classe des bourgeois dirigeants. Ils ignorent qu'un des plus célèbres Pères de l'Église latine, saint Ambroise a dit : « La nature a fait le droit commun, l'usurpation a fait le droit privé... La terre a été donnée en commun aux hommes. Pourquoi riches, vous en arrogez-vous à vous seuls la propriété? » Ils ne se souviennent pas que Bossuet s'est écrié : « O riches du siècle, si nous voulions remonter à l'origine des choses, nous trouverions peut-être que les pauvres n'ont pas moins de droit que vous aux biens que vous possédez. »

Mais ils ne veulent point remonter à l'origine des choses et ils méconnaissent l'enseignement du Christ.

Occupés seulement de bien-être matériel ou de ques-

oublient les principes de discipline. Ainsi, assistant à une messe où le P. Byrne stigmatisait, dans un sermon, la conduite du gouvernement, ils n'obéirent pas au lieutenant leur donnant l'ordre de se retirer. (*Matin*, 4 mars.)

tions purement métaphysiques, les prêtres catholiques et protestants négligent complètement la question sociale. Comme leur rôle serait beau cependant, s'ils le comprenaient!

Le pape Léon XIII, habile politique, ne poursuit qu'un but : le rétablissement du pouvoir temporel, qu'il croit nécessaire, et qui, s'il l'est, peut-être réellement, à la grandeur de la Papauté, est bien indifférent à celle du Christianisme. Le Christ ne possédait rien, n'avait ni courtisans, ni pompe fastueuse; son vicaire a un palais, des gardes nobles, un budget annuel de 8 millions[1] et un trésorier comme le commandeur Sterbini[2] qui, gérant les biens du Saint-Siège, spécule avec à la Bourse et vient de perdre 3 millions!

Les chaires des églises retentissent de discours sur la Grâce, et autres points de scholastique qui n'intéressent personne. Il vaudrait mieux pour la religion entendre les ministres prêcher en chaire, d'un accent convaincu, l'amour du prochain, les questions de propriété et d'héritage, ou autres sujets économiques et sociaux!

Le clergé orthodoxe russe est à la solde de la noblesse et du Tzar; le pope est à l'égard des paysans le plus fin, le plus insatiable et le plus impitoyable des pillards. Il en résulte que les prêtres ne sont pas estimés du peuple dont ils sont les adversaires[3].

La religion fondée par Jésus, d'une morale si élevée, si pure, si sociale a été complètement modifiée par ceux qui prétendent la représenter sur terre. Ils préconisent la charité qui humilie celui qui la reçoit et enorgueillit celui qui la fait, tandis que Jésus préconisait la soli-

[1] *Petit Champenois*, 15 janvier.
[2] *Petit Champenois*, 7 janvier. *XIX° Siècle*, 12 février.
[3] Tikhomirov. *Russie politique et sociale.*

darité qui accorde à tous les hommes des droits égaux au bien-être de la vie.

Reçus dans toutes les familles riches, bourgeoises ou nobles, les prêtres s'en font les courtisans; ils se contentent de prêcher la foi et s'occupent peu des vertus chrétiennes. Ils n'abordent jamais les questions sociales, car ils craindraient de se voir fermer les salons de M. X..., Y..., ou Z..., qui, avec ses invités, les trouveraient ennuyeux.

Il en est cependant, mais c'est l'exception, qui aiment les humbles, les visitent, les consolent dans leurs malheurs. Trop souvent cela se borne à des paroles d'expérance pour la vie future et à quelques secours. Combien plus belle est la conduite des prêtres irlandais! Ils souffrent avec les misérables et ils stigmatisent les puissants qui leur infligent ces souffrances.

D'ailleurs nous devons le constater, une évolution est en train de se faire. Quelques prêtres veulent résolument aborder les questions sociales. Ils sont malheureusement gênés par la discipline de l'Eglise dont ils ne peuvent s'affranchir. On a vu en effet un ancien prieur des Dominicains, le P. G. de Pascal publier l'année dernière une brochure *le Centenaire de* 1789 *et les Conservateurs catholiques*, dans laquelle il présentait, comme remède à l'état actuel, la liberté des corporations, le groupement naturel des intérêts, la représentation des diverses classes et l'ordre rendu à la société par la reconnaissance naturelle d'une hiérarchie. C'est à des conclusions semblables qu'est arrivé dans sa «*France Vraie*» un juif, Saint-Yves d'Alveydre, adepte de la science occulte.

Il en est de même de Mgr Freppel, évêque d'Angers, qui toutefois est beaucoup plus politicien que sociologue.

L'année dernière les Parisiens ont assisté à un fait peu

banal. Un prélat, Mgr Campana, est allé dans une réunion publique [1] où il a parlé de Dieu et des facultés intellectuelles. Naturellement il a été peu écouté et le tumulte a été fort, car cette question toute philosophique ne touche pas la masse. Combien son succès aurait été grand au contraire si, abordant les sujets sociaux, il eût développé l'idée de saint Ambroise que nous avons citée ou les préceptes socialistes de l'Evangile !

C'est aussi un autre prêtre, l'abbé Rocca, chanoine honoraire, qui s'est attiré les foudres de l'Eglise [2] parce que, dans ses ouvrages, il prêchait ce qu'avait enseigné le Christ et s'était réuni aux partisans de l'occultisme.

Ces occultistes, qui depuis quelque temps font beaucoup parler d'eux, sont répandus partout en Europe. Ils sont unis à la société théosophique dont le siège est à Adyar, en Hindoustan. Plusieurs branches de cette société existent en France, en Angleterre et en Allemagne. Sans vouloir exposer leurs doctrines que plusieurs ont ridiculisé et que d'autres admirent, nous dirons qu'au point de vue purement sociologique, ils sont partisans de la solidarité et préconisent les principes du socialisme.

En France, un des plus ardents adeptes de l'occultisme était le regretté L. Dramard, socialiste bien connu pour ses études parues dans la revue de Benoit Malon.

Les théosophes ont des organes de publicité en France : le *Lotus* dont le directeur est F.-K. Gaboriau, et *l'Initiation* dirigée par Papus. En Angleterre Mme Blavatsky, fondatrice de la Société théosophique, publie le *Lucifer*, tandis qu'en Allemagne, le Dr Hubbe

[1] *Paix sociale*, 1er décembre 1888.

[2] *Peuple*, 6 et 21 février.

Schleiden fait paraître le *Sphinx*. Leur devise est : Il n'y a pas de religion plus élevée que la vérité.

La plupart de ces théosophes suivent, en réalité, la religion de Bouddha ; quoi qu'il en soit le nombre des adeptes est encore petit et ce n'est que dans un cercle restreint que se fait leur propagande socialiste.

Celle qui se fait dans les ateliers, dans les réunions publiques, par les publications et les journaux est de beaucoup la plus importante. Le socialisme s'étend sans cesse ; ses partisans s'accroissent de jour en jour et se recrutent dans toutes les classes de la société, surtout parmi les prolétaires. Ses doctrines si justes et si vraies se répandent progressivement ; elles éclaireront un jour l'humanité entière.

En Allemagne, il voit également sa force augmenter. Le système de répression, inauguré par Bismarck en 1879, n'a fait qu'activer la propagande et accroître le nombre des adhérents. Ils ont des députés au Reichstag : Liebknecht, Bebel, Grillenberger, Singer juif et riche manufacturier, etc. Ils ont des journaux et des revues : le *Volksblatt*, le *Tagesport*, le *Demokrat Socialist*. Ils font des manifestations dans les grandes villes. Ils étaient sept cent mille aux dernières élections, ils seront un million aux prochaines. Leur succès est assuré au Landtag bavarois, lors de son renouvellement. Bismarck a beau les condamner à des amendes, les emprisonner, les expulser, ils n'en progressent pas moins, non seulement dans la classe prolétarienne, mais encore parmi les étudiants, fils de bourgeois. Les recteurs des Universités, sauf celui d'Erlangen, ont même pris des mesures disciplinaires contre ces étudiants. Cependant les socialistes, malgré l'espionnage et les tracasseries policières font des réunions publiques, distribuent des brochures et des

proclamations à Dresden, Essen, Munich, Weimar, Berlin, Kehl, Strasbourg, Nuremberg, Mayence, etc.

Les comités secrets ont répandu, par centaines de mille, des imprimés où ils étalent au grand jour la conduite de la bourgeoisie capitaliste. Cette publicité se fait sous le nez de la police avec une rapidité inouïe.

Dans l'armée, les doctrines du socialisme font d'énormes progrès que n'entravent point les arrestations. Chaque conscrit arrive au régiment imbu de ces doctrines. Il répand la bonne parole et fait des prosélytes parmi ses camarades de chambrée. L'armée entière est gangrenée. Les socialistes ont aussi forcé l'entrée des conseils municipaux[1].

La grande richesse des uns, l'extrême misère des autres, le militarisme à outrance, la mauvaise répartition des charges, la pléthore pour certains, et pour d'autres la pénurie des jouissances de la vie, doivent fatalement favoriser l'expansion de l'idée socialiste qui préconise la solidarité, l'égalité, les mêmes droits et les mêmes devoirs pour tous.

Si le socialisme s'est plus répandu en Allemagne qu'en France, c'est que là le peuple par son éducation et sa nature était tout préparé pour s'imprégner des doctrines de Karl Marx et de Lassalle. Tous les ouvriers connaissent maintenant ces théories. Le caractère mystique, nébuleux de l'Allemand s'accorde bien de ces idées morales, tandis que le Français positif, à l'esprit précis est plutôt apte à aimer et à comprendre des doctrines pour ainsi dire mathématiques et immédiates dans leur application. L'Allemand discipliné avance peu à peu, lentement et

[1] *Cri du Peuple*. 7, 8, 11, 12, 14 janvier. *Parti ouvrier*, 4 décembre. *Intransigeant*, 3 janvier, 8 février. *Presse*, 10, 13 décembre 1888; 8 février. *Matin*, 6 mars.

celier de fer, mais comme en Allemagne, cette répression à outrance appelle et provoque l'expansion du socialisme.

En Belgique existent deux groupes distincts : les possibilistes avec Anseele, César de Pæpe, Volders, Louis Bertrand ; les révolutionnaires avec Defuisseaux. L'organisation du parti possibiliste est excellente, surtout chez les Belges flamands. Ainsi à Gand, Anseele, Van Beveren, Hardins, Foucaert, ont fondé une association coopérative ouvrière, le *Vooruit*, et un journal du même nom qui marchent très bien et apprennent à tous les iniquités de la classe bourgeoise et les droits des ouvriers. Les socialistes ont encore d'autres organes de propagande, la *République belge* de G. Defuisseaux, le *Peuple* de Volders, etc. A Verviers, Bruxelles, Liège, existent des groupes comme l'*Arène Révolutionnaire*[1] où se discutent et s'étudient les questions sociales.

En Angleterre depuis longtemps existent des corporations ouvrières et organisations syndicales appelées *Trades Unions*. Elles se contentaient d'essayer de faire augmenter le salaire par les grèves. Aujourd'hui le parti socialiste est constitué. Il compte de nombreux adhérents et dispose d'une véritable force. Il se compose de la *Social Démocratic federation* et de la *Socialistic league*. Hyndmann, rédacteur en chef du journal *Justice*, John Burns, Champion, Williams, sont les orateurs les plus écoutés. Il possède encore un organe le *Commonwealth*[2]. Chaque jour des meetings ont lieu, à Hyde Park, etc. ; le socialiste Williams prêche la Révolution sociale en plein jour au milieu de la foule ; aussi

[1] *La Question sociale*, 1885.
[2] *Matin*, 19 février.

la police, qui, là comme ailleurs, est à la solde des dirigeants, l'arrête souvent et disperse les réunions[1]. Le ministère Salisbury n'a rien à envier à Léopold II, aux ministères français, italien ou allemand.

L'opinion publique commence à se modifier profondément. On sait, en effet, le respect que tout Anglais professe pour la royauté et cependant le chant national *God save the Queen* a été sifflé[2]. La population se lasse à la fin de crever de misère dans White Chapel, tandis que les lords et les gros marchands de la City jouissent de fortunes considérables.

En Russie, un certain nombre de membres de la classe instruite (*Intelliguentia*) sont partisans des doctrines socialistes, mais la masse du peuple les ignore quoique, instinctivement, elle soit très égalitaire. D'ailleurs, le régime autocratique, auquel est soumis ce pays, étouffe toute manifestation de la pensée et ne peut donner naissance qu'à des sociétés secrètes. Le nihilisme en est une preuve. D'abord puissant, il est maintenant presque entièrement détruit, grâce aux exécutions, aux prisons et aux mines de la Sibérie. Les nihilistes qui ont pu échapper à la vindicte du Tzar se sont réfugiés en France ou en Suisse, où ils se mêlent au mouvement social. Tel a été le cas de Lavrof, de Bakounine, de Krapotkine, etc. [3].

En Roumanie par contre, l'idée socialiste est assez avancée dans l'esprit du peuple. A Jassy, il se publie deux revues très lues, l'une surtout le *Contemporanul*, faisant de la propagande dans la partie éclairée, jeune et libérale de la classe bourgeoise. A Bucharest, le mou-

[1] Journaux des 31 décembre 1888, 10 janvier et 2 février.

[2] *Cri du Peuple*, 7 janvier.

[3] Tikhomirov, *Russie politique et sociale*.

vement est en pleine activité; les *Drapturile Omuuli*, journal quotidien répandent chaque jour les nouvelles doctrines! Les paysans, dont la misère est très grande, paraissent un terrain tout préparé pour recevoir le germe fécond[1].

C'est en 1869 que Oberwinder introduisit le socialisme en Autriche. Comme en Allemagne, il progressa peu à peu jusqu'en 1879. A ce moment, le gouvernement de François-Joseph prit des mesures de répression qui provoquèrent dans le parti socialiste la naissance de deux fractions. La première n'admet la propagande que par la parole et les écrits, journaux, brochures et livres. La seconde recourt à des actes pour répandre ses idées. C'est de là que naquit l'anarchisme en 1883; il subsista jusqu'en 1886, provoquant par ses attentats des mesures de plus en plus sévères et des lois d'exception qui atteignirent les socialistes. Ainsi Merstallinguer et sa bande pillèrent une maison; Stellmacher assassina un commissaire de police; Kammerer tua trois enfants et leur gouvernante, chez un grand banquier qui lui refusait de l'argent. Ils avaient des fabriques de bombes qui furent presque toutes découvertes par la police. Aujourd'hui les anarchistes se sont fondus dans l'autre fraction du parti socialiste. Cette réunion vient d'être confirmée au récent congrès de Hainfeld, en même temps que le parti, quittant la lutte sur le terrain économique, a décidé d'aborder le terrain politique : partisans des théories de Karl Marx, ils réclament l'établissement du suffrage universel, la séparation de l'Eglise et de l'Etat, une législation ouvrière, l'abolition des armées permanentes. Depuis ce congrès, ils ont pris le nom de

[1] *Question sociale*, 1885. — *Matin*, 19 février.

parti démocratique socialiste. Ils font une propagande très active au moyen de journaux généralement hebdomadaires ou bimensuels ayant une centaine de mille de lecteurs. Ce sont : l'*Egalité* du Dr Victor Adler, l'*Association du peuple*, la *Voix des travailleurs*, la *Voix du peuple*, le *Chemin de la liberté*[1].

Les socialistes sont répandus partout en Autriche, mais surtout à Vienne, Linz, Gratz. Le gouvernement du comte Taaffe opère de nombreuses arrestations parmi les ouvriers convaincus de socialisme, mais il est impuissant à empêcher les idées de progresser.

Si, en Autriche, les anarchistes ont désarmé devant la répression statale, en France, ils subsistent toujours et font de temps à autre parler d'eux. Leurs groupes qui portent des noms plus ou moins parlants, la *Panthère* des Batignolles, les *Déshérités* de Clichy, les *Précurseurs*, les *Révltéos*, la *Sentinelle Révolutionnaire* de Montmartre, etc.[2]; sont nombreux, mais comptent peu d'adhérents.

Quelques-uns ont fait beaucoup parler d'eux, comme Duval condamné pour vol. Cet anarchiste n'a pas volé dans son intérêt personnel, mais pour avoir les fonds nécessaires à la création d'un journal, *le Droit Social*. Gallo réfléchit à la Nouvelle-Calédonie sur les inconvénients de tirer des coups de revolver dans le temple du vol, vulgairement appelé Bourse. Louise Michel a visité comme pensionnaire toutes les prisons de France et bien d'autres expient tous les jours leur révolte contre l'injuste distribution des biens de ce monde.

[1] *Cri du Peuple*, 28 décembre 1888. *Matin*, 2 et 7 janvier. *Intransigeant*, 4 janvier ; *Bataille*, 17 janvier.

[2] Le *Figaro*.

Les anarchistes ont publié une certaine brochure, *L'Indicateur Anarchiste*, dans laquelle on trouve des renseignements sur la fabrication, la manipulation et l'emploi des substances explosibles : nitroglycérine, fulminate de mercure, dynamite, nitrobenzine, racka-rock, etc.[1]. Quelques Parisiens ont mis à profit les renseignements de cet indicateur, car on n'a pas encore oublié les explosions qui ont eu lieu dans les bureaux de placement. La police, malgré quarante perquisitions faites chez Tortelier, Espagnac, Tennevin, Charveron, Cavé, Ducros, Leprince, Lutz, etc., tous compagnons anarchistes, n'a rien trouvé[2]. Elle a fait quelques arrestations, comme celle de Perrault; mais, faute de preuves, elles n'ont pu être maintenues.

Il existe aussi un mouvement socialiste agraire créé et dirigé aux Etats-Unis par Henry Georges, le célèbre auteur de *Progress and Poverty*[3]; ce mouvement a gagné l'Europe et a des ramifications en Angleterre, Allemagne, France et Belgique. Tandis que dans la Grande-Bretagne il est démocratique, dans le reste de l'Europe il est surtout bourgeois.

Les chefs anglais sont : MM. Alfred Russel Wallace et William Saunders. Le premier est un illustre naturaliste, et le second, qui dirige *The Democrat*, est un ancien membre de la Chambre des communes.

M. Michael Flurscheim, riche industriel retiré des affaires, est le chef des socialistes agraires allemands et publie le journal *Deutsch Land* (Le Sol Allemand).

En Belgique, la revue philosophique *Société Nou-*

[1] *Peuple*, 11 décembre 1888.

[2] Journaux du 12 au 30 décembre 1888.

[3] Cet ouvrage a été traduit en 11 langues et tiré à 1 million d'exemplaires. (*Matin*, 5 et 8 juin.)

velle est à la disposition des partisans d'Henry Georges pour y défendre leurs doctrines. En France, cette secte de socialistes n'a pas d'organe officiel, bien qu'elle compte de célèbres partisans : notamment MM. Elie Reclus, Ardant, l'auteur de *Question Agraire*; Rudolph Meyer, écrivain catholique illustre; Eugène Simon, auteur de la *Cité Chinoise*, etc.

Lors de la période des Congrès à l'Exposition universelle, il y eut un congrès agraire qui a voté la résolution suivante, à laquelle nous nous associons pleinement :

> L'assemblée, considérant que le sol n'est pas le produit du travail, qu'il est la matière première ou la source d'où celui-ci tire tout ce qui est nécessaire à l'existence;
> Considérant que le travail doit constituer la base légitime et rationnelle de la propriété ;
> Considérant que l'appropriation individuelle du sol a pour conséquence le paupérisme, l'esclavage ou l'exploitation du travail,
> Considérant enfin que cette situation sociale engendre des dangers qui, si elle était négligée, finiraient par rendre tout ordre impossible;
> Déclare que la propriété individuelle du sol doit disparaître et se trouver remplacée par son appropriation collective, c'est-à-dire établie à l'avantage de tous[1].

Cette année devait voir à Paris deux autres congrès socialistes internationaux[2] : l'un organisé par les Marxistes, l'autre par le Parti Ouvrier. Tous deux avaient réuni de nombreux adhérents allemands, italiens, anglais, belges, russes, autrichiens, hollandais, danois, etc. Leur succès a été complet et a montré que l'idée socialiste et altruiste progresse peu à peu, gagnant chaque

[1] *XIXe Siècle*, 13 juin.

[2] *Eclair*, 12 juin. *Matin*, 17 juin. Journaux de juillet.

jour du terrain sur l'égoïsme infécond qui ruine le monde actuel.

Il s'est formé à Paris un nouveau groupe démocrate socialiste sous le nom de « la Commune », créé par Félix Pyat, Cluseret, Ferroul, Planteau, députés; Champoudry, Chassaing, Daumas, conseillers municipaux; Ostyn, Protot, Urbain, Closmadeuc, Gaston Cougny, etc.[1]. Ce groupe réclame la commune telle qu'il a été tenté en vain de l'établir en 1871.

C'est une sorte d'intermédiaire entre les radicaux socialistes comme Hovelacque, Longuet, et les socialistes véritables comme Guesde, Lafargue, Deville.

La population française, au point de vue politique, se divise en trois principaux partis : républicains, réactionnaires et socialistes. Nous avons déjà parlé des derniers.

Les républicains forment la masse de la nation, si l'on désigne sous ce nom ceux qui se sont ralliés à la République. Mais si l'on entend par cette désignation les partisans des Rouvier, Ferry et Clémenceau, ils sont réduits à un petit nombre d'exploités et à un plus grand nombre d'exploiteurs; ceux-ci ne veulent pas abandonner les chefs qui leur permettent de traire la France jusqu'à siccité. Les palinodies de nos députés ont dégoûté la majorité de la population républicaine qui s'est tournée vers le boulangisme pour former le parti national.

Ce parti, créé depuis un peu plus d'un an et très puissant, a pour chef le général Boulanger. Cette personnalité vaut la peine qu'on s'y arrête.

Fils d'un ancien avoué de Rennes et d'une Anglaise, Boulanger fit ses études au lycée de Nantes et entra à Saint-Cyr. Sa carrière militaire fut heureuse : jeune en-

[1] *Peuple*, 31 décembre 1888.

core, il était général de division. Il n'est pas ce qu'on peut appeler un bel homme, il séduit cependant grâce au charme de sa voix, à son regard pénétrant, mais couvert et vague, rappelant tant soit peu celui de Napoléon III. Son front est bas et bossué; sa tête trop exiguë, fuyante et rétrécie au sommet, indique, d'après Ignotus[1], qu'il possède le crâne d'un oiseau de proie : le grand faucon. Sa phrase est simple et nette, mais il écrit beaucoup trop. Il a donné des gages à tout le monde, aux d'Orléans, aux opportunistes, aux radicaux et ne s'est engagé sérieusement nulle part. Il est lui et rien que lui. Les réactionnaires, attelés aujourd'hui à son char, croient à tort que le général Boulanger travaille pour eux. C'est un républicain qui, par la force même des choses, se verra obligé de faire du radicalisme.

Ministre de la guerre en 1886, Boulanger sut inspirer à la Nation la confiance en elle-même qu'elle avait perdue depuis 1870. Parti du ministère, il fut envoyé à Clermont. A cette époque, G. Thiébaud le porta candidat dans plusieurs départements où il recueillit un assez grand nombre de voix. Le gouvernement le mit alors à la retraite et depuis la popularité du général n'a fait que grandir. Nommé deux fois dans le Nord, dans la Charente-Inférieure, la Dordogne, la Somme, il a été élu dans la Seine à une majorité de 82,000 voix[2]. Sur les 245,236 suffrages qu'il a recueillis, il y en a eu au moins 160,000 émanant de républicains.

En fait, rien ne nous a encore décélé chez le général Boulanger la présence du génie ou même d'un grand talent. Beaucoup d'autres, parmi les officiers, ont des

[1] *Le Figaro*, 1886.
[2] Election du 27 janvier.

états de service aussi beaux que les siens, ils sont cependant inconnus. Comment donc expliquer cette popularité toujours croissante, et d'ailleurs plus apparente que réelle ? Quelque sympathique qu'il puisse être à ceux qui le connaissent, sa personnalité est trop nouvelle, trop dépourvue d'une auréole de gloire, pour être l'origine de l'élan national qui porte les Français à l'acclamer ainsi. Par là, le peuple veut simplement montrer toute la haine qu'il a contre le parlementarisme infécond actuel, contre les tripotages sans nombre et sans fin qui se pratiquent sous la direction de la Haute Finance. On s'est souvenu qu'il avait dit : Il faut surtout se débarrasser de la juiverie[1]. On a crié et on crie : Vive Boulanger ! ce qui signifie : A bas les voleurs !

La nation française éprouvait le besoin impérieux d'un nettoyage absolu. Le général s'est offert pour l'opérer. On l'a accepté, fermement résolu à le lâcher, s'il n'accomplissait pas sa tâche.

Habilement secondé par G. Thiébaud, Laguerre, Naquet et Laur, le général Boulanger a pu, malgré les fautes d'un autre conseiller, le comte Dillon, réunir dans le parti national un grand nombre de républicains, de bonapartistes et même certains orléanistes.

Depuis la mort du prince impérial, les bonapartistes avaient deux chefs : le prince Jérôme et son fils, le prince Victor. Le premier, fort intelligent, mais trop sceptique, trop « *je m'enfoutiste* », ne voulait plus se donner la peine de faire de la politique active. Quant à l'autre, son intelligence médiocre l'empêchait d'être un sérieux chef de parti. Les bonapartistes erraient donc à l'aventure quand le général Boulanger commença à faire parler de

[1] *Matin*, 18 janvier.

lui. Ses principes : plébiscite, referendum, s'accordaient assez avec ceux des Bonaparte et leurs partisans se sont jetés dans le groupe boulangiste.

Quant aux Orléanistes, leur chef et roi est le comte de Paris qu'ils appellent Philippe VII. Digne petit-fils de Louis-Philippe, il est d'une ladrerie qui n'a d'égale que celle de ses amis, les juifs. Ses partisans sont assez nombreux ; mais ce serait un malheur pour la France de retomber sous le pouvoir de cette famille. Véritables bourgeois d'esprit et de cœur, les d'Orléans accroîtraient encore la puissance des financiers. Si Philippe VII régnait en France, ce serait la famille vampire des Rothschild qui gouvernerait.

Tout pour le comte de Paris se résume en l'argent. En possède-t-on beaucoup ? il vous considère ; est-on pauvre ? il ne vous regarde même pas. Le talent, le génie artistique, scientifique, ou littéraire comptent peu en face de l'or et des billets de banque. La fortune de cette famille est considérable. D'autres qu'eux, aspirant à devenir roi de France, auraient jeté l'or à pleines mains. Ils auraient subventionné des savants, des artistes, des littérateurs, et auraient dépensé leur fortune largement. Mais eux, ils économisent sans cesse et ne soutiennent même pas les journalistes qui ont usé leur vie pour leur parti. Ce sont des bourgeois, de purs bourgeois, qui n'ont qu'une passion : l'argent. Dans leurs salons se prélassent les Rothschild milliardaires que, pour un peu de leur or, ils appelleraient mon cousin [1]. Leur homme de confiance

[1] Le duc d'Aumale, comme son neveu, est aussi à genoux devant la famille milliardaire et se trouve fort honoré d'être reçu par elle. Il lui a été donné une leçon à Bruxelles où il vivait en un exil dont les amertumes étaient tempérées par ses richesses.

Mme la duchesse de A... donne un bal et n'invite pas Mme Lambert,

est le youd Arthur Meyer dont tout le monde connait le courage et l'honneur. Drumont, Bloy, l'ont dépeint de main de maître. A voir la conduite des d'Orléans vis-à-vis de cet individu, on se demande si une de leurs aïeules n'a pas eu pour amant un laveur de vaisselle.

Parmi les partisans de Philippe VII, se trouve la presque totalité de la noblesse française : noblesse bien déchue qui a besoin, pour redorer ses blasons, de l'or que lui apportent les filles des financiers, des industriels et des gros commerçants, le plus souvent juifs[1]. Cavaliers servants de toute la juiverie, les nobles s'honorent de recevoir et d'être reçus par ces ignobles financiers Rothschild, Hirsch, Cahen d'Anvers, etc., que tant d'honnêtes gens ont cloués au pilori. Ils adorent le veau d'or et s'en constituent les plats valets; catholiques pour la plupart, ils pratiquent

une Rothschild. Celle-ci écrit à la duchesse pour lui demander une invitation, elle ne reçoit pas de réponse. Elle va trouver alors le duc d'Aumale et le prie de lui avoir une invitation. Le noble duc d'écrire aussitôt à la duchesse de A... qui répond en envoyant l'invitation demandée, mais qui ajoute en post-scriptum que son bal était remis à une date indéterminée. Mme Lambert ne put donc aller danser dans les salons aristocratiques de la duchesse. Elle se vengea d'ailleurs de ce dédain, car huit jours après, à un dîner du duc d'Aumale, elle occupait à sa droite la place d'honneur, tandis que Mme de A... était à sa gauche. (*Revue internationale*, 10 juin 1888.)

Le duc de Chartres et le prince de la Trémoille ont présenté comme parrains à un cercle parisien le baron Hirsch, si cher aux Osmanlis!! Il n'a pas été refusé à cause du parrainage, mais on l'a ajourné.

Le duc de Bragance, futur roi de Portugal et gendre du comte de Paris, a assisté à une chasse, à Ferrières, chez le juif A. de Rothschild !! (*Eclair*, 6 septembre.)

Ces petites anecdotes montrent l'esprit étroit et mesquin de cette famille qui ose prétendre au trône de France.

[1] Pour retrouver pur le vieux sang gaulois, il faut aller dans le peuple, qui se marie parce qu'il s'aime et non point par raison pécuniaire ou commerciale.

leur religion mais ils ont oublié la signification de ces symboles ; ils suivent les formes et ignorent l'esprit.

Ils font partie des conseils d'administration de sociétés financières et prêtent leur nom à des escrocs juifs qui s'en servent pour dépouiller plus facilement le public.

Race dégénérée d'ancêtres qui avaient des qualités, et des défauts, la noblesse n'a plus que les seconds. L'amour de l'or et de la propriété a remplacé chez elle tous les nobles sentiments qui l'animaient autrefois. Souples et plats avec les riches, durs et fiers avec les pauvres, tels sont les barons, les comtes, les ducs et les marquis d'aujourd'hui.

Quant à la petite bourgeoisie, elle est en majorité républicaine, son républicanisme se rapproche beaucoup de la royauté constitutionnelle : un président tient la place d'un roi. Le peuple seul aime profondément et sincèrement la République, c'est-à-dire le gouvernement de tous pour tous. Dans les deux premiers chapitres de ce livre, nous avons d'ailleurs assez montré l'esprit du peuple et de la bourgeoisie pour ne pas avoir à y revenir ici.

Devant les progrès toujours croissants du parti national, devant l'écœurement de la majorité républicaine, les députés et sénateurs opportuno-radicaux et le Gouvernement ont entassé bêtises sur bêtises. Ils craignaient de voir s'échapper les pots-de-vin, les fonctions et les missions grassement rétribuées. Ils ont sorti de nos codes de vieilles lois réactionnaires oubliées depuis longtemps, et ils ont voulu les appliquer à la Ligue des patriotes. Ils ont eu l'aplomb de poursuivre cette Ligue comme société secrète ! Les magistrats de la police correctionnelle ont acquitté les prévenus Déroulède, Naquet, Laguerre, Gallian, Richard, Turquet, montrant ainsi que, s'il est des magistrats qui rendent des services, il en est aussi qui rendent des arrêts. C'était une défaite pour le Gouvernement. Alors il dépose une demande en autorisation de poursuites contre le général Boulanger ; la Chambre la vote dans une séance scandaleuse où l'on vit Laur, Le Hérissé et de Cassagnac tenir courageusement tête à la bande des Arène et autres Constans.

Le Général s'était enfui en Belgique et de là en Angleterre. Il a eu raison, car au lieu de juges, il a des sénateurs qui le condamneront sûrement.

Le Sénat a été constitué en haute cour de justice pour condamner [1] le député de la Seine et en sa personne le suffrage universel qui jugera, lui aussi, dans quelques jours les tripoteurs qui siègent au palais Bourbon.

La plupart de nos ministres et de nos députés se sont livrés depuis trois mois à tous les actes qu'ils flétrissaient sous l'Empire. Ils l'ont même dépassé. Un jour, c'est à Angoulême un député, Laguerre, arrêté et détenu pendant cinq heures illégalement [2]. Une autre fois, c'est l'expulsion de la Chambre de Laguerre, Le Hérissé, de Cassagnac [3]. C'est l'attentat au suffrage universel par la loi contre les candidatures multiples. Ce sont les ordres draconiens donnés à la police pour empêcher les manifestations du public, etc. Boulanger est le cauchemar de

[1] M. Morellet, sénateur et membre de la commission des Neuf, préparait dès juillet 1887 un dossier contre le général Boulanger. (*Petite République Francaise*, 16 juin.)

L'acte d'accusation dressé par le fameux Lucie Herpin, autrement dit Q. de Beaurepaire, est à coup sûr *remarquablement* écrit. Cela pourrait peut-être faire un intéressant roman, mais comme acte d'accusation, c'est peu sérieux. La journée du 14 juillet 1887 est étonnamment dramatisée. Pour Jules de Glouvet, ce serait très bien, mais pour Q. de Beaurepaire, c'est tout simplement mauvais.

[2] Journaux de juin.

[3] Journaux de juillet.

tous ces députés qui possèdent, comme on dit vulgairement, l'assiette au beurre et qui ne veulent point la lâcher. Mais vous ne pensez donc pas, tripoteurs et concussionnaires comme Constans [1], amis de voleurs comme Thévenet [2], que le suffrage universel est, en résumé, le seul maître, et que d'ici quelque temps le peuple vous chassera honteusement comme vous le méritez?

Une des causes qui ont, sans contredit, contribué à l'avènement de la République en France, est la Franc-Maçonnerie. Cette association, d'abord secrète et maintenant publique, compte un grand nombre d'adhérents. Ceux qui n'en font point partie la connaissent peu; ils n'en savent que ce qui transpire en public; ils n'ignorent pas que presque tous les hommes politiques actuels en font partie, et comme ils connaissent leur valeur, ils la jugent d'après eux. C'est une erreur dans laquelle est tombé Drumont. Sans doute, depuis que les juifs y sont entrés, elle a perdu en grande partie son caractère primitif; mais on commence à se lasser d'eux.

Dans son principe, la Franc-Maçonnerie est indépendante des hommes qui la composent. C'est une institution initiatique dans laquelle ses fondateurs ont voulu faire revivre les mystères de l'antiquité. Son but est la recherche de la vérité, qu'elle ne prétend pas posséder à

[1] Dans les journaux de juillet, notamment l'*Intransigeant* et l'*Eclair*, ont été publiés la dépêche et le rapport de Richaud. C'est un terrible acte d'accusation contre l'ex-associé de Puig y Puig qu'un député, M. de la Martinière a traité de concussionnaire sans que le ministère ait osé le poursuivre. Il paraît prouvé qu'au Tonkin, Cambodge, etc., Constans s'est livré aux trafics les plus éhontés.

[2] Dans le *XIXe Siècle* (juillet), il a été prouvé que l'ami de Jacques Meyer, Thévenet, était aussi l'ami de Lepelletier, le créateur-directeur du Crédit de France qui avait fait deux ans de Centrale pour diverses indélicatesses.

l'exclusion d'autrui et en vertu d'une révélation surnaturelle [1].

La loi primordiale de la Franc-Maçonnerie est donc la tolérance la plus large en matière de philosophie, de religion ou de politique. Elle s'interdit d'une manière absolue de restreindre la liberté de conscience. Cependant elle exige une croyance de la part de ses adeptes ; elle est d'ordre moral, c'est la fraternité humaine. Tous les hommes sont égaux, il n'y a nulle autre supériorité que celle du savoir et de la vertu. Celui-là devra être le mieux considéré qui rendra le plus de services à ses semblables. La maçonnerie pratique également un culte, celui du travail. Elle le glorifie sous toutes ses formes, proscrit l'oisiveté et la paresse, la mère de tous les vices.

On voit qu'elle a un but essentiellement élevé qui est le même que celui du christianisme pur. C'est ce qui explique qu'à un moment beaucoup de prêtres catholiques en faisaient partie.

Malheureusement, de même que les prêtres ont oublié l'enseignement du Christ, de même la presque totalité des maçons ignore la signification des symboles maçonniques. Ils n'y voient qu'une association soit politique, soit de secours mutuel, qui leur permettra de devenir fonctionnaires, magistrats, conseillers municipaux, députés ou sénateurs. Les questions sociales, qui devraient faire le sujet des études dans les réunions, sont négligées le plus souvent : on y fait de la politique ; on y mange du prêtre. C'est peut-être une occupation agréable, mais, à coup sûr, elle est bien inutile [2].

[1] *Le Lotus*, 1888.

[2] En France, les démêlés politiques entre francs-maçons ont eu, en février 1889, du retentissement jusque dans la Presse qui a

Pour nous, la Franc-Maçonnerie est en pleine décadence, et elle ne tardera pas à succomber si quelques-uns de ses adeptes ne viennent pas tenir d'une main ferme son drapeau chancelant. Les maçons d'aujourd'hui ne sont presque tous que des sectaires pour qui la fraternité humaine n'est qu'un mot vide de sens.

La plupart de nos députés sont franc-maçons seulement d'étiquette, mais non point d'esprit. On s'en aperçoit chaque jour et notamment dans la discussion de la question du travail de nuit. Il a fallu qu'un catholique ultramontain, orateur de talent, le comte de Mun, vienne à la tribune défendre les intérêts des prolétaires. Quant aux républicains, radicaux et opportunistes, ils se sont abstenus; ou bien, comme Yves Guyot, ils ont, sous le fallacieux prétexte de liberté individuelle, défendu la cause des bourgeois qui vivent du travail de leurs misérables ouvriers.

En Allemagne, Bismarck s'occupe de temps en temps des ouvriers; il a réalisé l'assurance contre les maladies et les accidents; il a promulgué, en Alsace-Lorraine, une loi entravant la liberté du travail des femmes et des enfants au-dessous de seize ans [1]; il propose l'assurance contre la vieillesse et l'incapacité du travail.

Il est d'ailleurs facile au prince de Bismarck de faire de semblables lois, car le Reichstag vote comme il veut. Il est le seul maître, arrête des Allemands, expulse des

raconté longuement une séance scandaleuse de boulangistes et d'antiboulangistes. (*XIXe Siècle*, 6 février.)

En Italie, le grand maître de la maçonnerie italienne, M. Lemmi, dans un manifeste déclare que la F.·.-M.·. est partisan de la paix avec la France, si elle rend Tunis! (*Peuple*, 18 décembre.)

Voilà à quoi s'occupe cette association. Les vrais francs-maçons sont maintenant les cercles et les groupes socialistes.

[1] *XIXe Siècle*, 3 janvier.

députés, des hauts fonctionnaires, et le parlement ne proteste même pas. Il est capable même d'un crime pour les besoins de sa cause, a-t-on dit dans une Revue anglaise, la *Contemporary Review.* Toujours est-il qu'en Allemagne, administration, armée, finance, presse, diplomatie, tout se résume et vit en lui.

Avec Frédéric III, l'empereur libéral, cet homme de génie a pu craindre d'être forcé d'abandonner la direction de l'empire qu'il avait fait. La mort est venue le délivrer de cette crainte. Il a repris avec le nouvel empereur la prépondérance qu'il avait eue avec Guillaume Ier. Les ministres sont ses valets. Il entretient à l'étranger une masse d'espions de toute sorte, dont quelques-uns se transforment en agents provocateurs. Les scandaleuses affaires du capitaine Von Ehrenberg[1], brûlé par les socialistes suisses; de l'escroc O'Danne[2], l'ancien gouverneur de Guillaume II, de l'espion Wohlgemuth[3] en sont des preuves flagrantes.

Bismarck subventionne la presse et en est le maître; les *Gazette de Cologne, de l'Allemagne du Nord*, la *Gazette nationale de Berlin*, dont le correspondant à Paris, M. Beckmann[4] est un espion, la *Correspondance hambourgeoise*, etc., sont des journaux officieux. Le chancelier de l'empire leur fait dire ce qu'il veut. Il y a bien quelques journaux indépendants comme le *Berliner Zeitung*, la *Gazette de Francfort*, la *Gazette de la Croix*, etc... Mais ils sont bâillonnés, car la Presse en Allemagne n'a aucune liberté. Dernièrement, on a pu voir qu'un journaliste avait été condamné à plusieurs mois de pri-

[1] *Matin*, 17 décembre 1888.
[2] *XIXe Siècle*, 23 décembre 1888.
[3] Journaux de juin.
[4] *France*, 16 décembre 1888.

son pour avoir écrit un article contre l'empereur ; un journal, *la Volkszeitung*, a été saisi au mépris de toutes lois[1] ; M. Korver, rédacteur à la *Westfalische Volkszeitung*, a été arrêté pour avoir émis *des opinions séditieuses* sur l'armée[2].

Les fonds des reptiles n'entretiennent pas seulement des journaux allemands, mais encore un certain nombre d'organes de la presse étrangère. La *Neue freie Presse* de Vienne, le *Lloyd* de Pesth, la *Saint-James Gazette* de Londres, sont des journaux entretenus par Bismarck. En Autriche, la Presse n'est pas absolument libre, car lors de la mort mystérieuse de l'archiduc Rodolphe, un journal a été saisi parce qu'il donnait de cette mort une version désagréable pour la famille impériale. L'*Allgemeine Zeitung*, le *Fremdemblatt*, le *Wiener Tagblatt*, dont le propriétaire est M. Szeps[3], un juif beau-père de M. Paul Clémenceau, le frère du député du Var, sont des journaux relativement indépendants en ce sens que le gouvernement allemand ou autrichien ne les subventionne pas.

Ils sont toutefois inféodés aux financiers comme la presque totalité des journaux de tous les pays.

En Angleterre aussi, où la Presse jouit d'une très grande liberté, les principaux journaux sont à des financiers. Le *Times* appartient presque tout entier, dit-on, aux Rothschild.

En Turquie, la presse est encore plus bâillonnée qu'en Allemagne ; là c'est l'arbitraire le plus absolu qui règne. Le ministre de l'intérieur, Munir Pacha, dirige la censure

[1] *Matin*, 4 juin.

[2] *Eclair*, 14 juin.

[3] *Presse*, 25 janvier.

et a fait rédiger une circulaire[1] dont l'exécution aurait obligé les journaux à disparaître. Cette Excellence les supprime, et fit même faire le siège de deux de ces organes, le *Stamboul* et le *Néologos*[2].

M. Crispi aime à se modeler sur son ami le chancelier de l'empire d'Allemagne. Il entretient la *Riforma*, et autres feuilles bien pensantes. Nos amis les Italiens possèdent, heureusement pour eux, des journaux indépendants comme le *Secolo* qui s'est attiré la haine de Bismarck, ce qui lui a valu l'expulsion du territoire allemand de son correspondant M. Paronelli. Crispi a supprimé lui aussi, *il Messagero*, dont les théories lui paraissaient par trop subversives.

En Serbie, en Roumanie, théoriquement la liberté de la Presse existe, mais en fait on sait la bâillonner soit par la crainte, soit par des promesses, soit par des dons.

En Russie, les journaux ne peuvent publier que ce qui est autorisé par le Gouvernement. Que ce soient des organes réactionnaires comme la *Gazette de Moscou* de Katkoff ou le *Gradjanine* du prince Metchersky, que ce soient des organes juifs comme les *Novosti* ou officieux comme le *Journal de Saint-Pétersbourg*, etc., tous passent devant une censure dont les redoutables ciseaux coupent et élaguent sans cesse. Pendant quelque temps les révolutionnaires ont publié *la Volonté du Peuple*, feuille paraissant à des intervalles indéterminés, suivant que le permettaient les poursuites de la police.

Dans l'arsenal des lois françaises, on trouve inscrite

[1] *Presse*, 27 décembre 1888.

[2] *XIXe Siècle*, 5 février.

la liberté de la Presse. Elle est libre, mais les journalistes ne le sont pas. Le ministère, qu'il soit opportuniste avec Ferry ou Rouvier, radical avec Goblet ou Floquet, subventionne de nombreuses feuilles publiques qui défendent le ministère entreteneur. La plupart des organes français appartiennent à la finance qui s'en sert au détriment de la masse de la nation.

Paris a le bonheur de posséder une jolie série de directeurs de journaux. Ainsi Arthur Meyer, le juif catholique, le pieux défenseur du trône et de l'autel, est directeur du *Gaulois*. Il est boulangiste, contrairement à son quasi homonyme Eugène Mayer de la *Lanterne*[1].

Meyer, du *Gaulois*, est quelque peu parent de Jacques Meyer. D'ailleurs, Arthur ou Jacques, c'est tout un. Lors de l'affaire de la lettre J. Meyer, lue à la tribune par Thévenet, nous avons été fort amusé de la mine effarouchée d'Arthur. Il est monté sur son grand cheval de bataille, a traité le ministre d'ami de voleur, de complice, etc.[2]. C'était vrai, mais il était non moins vrai qu'il a rendu visite à son compère Jacques dans la prison de Bruxelles et que, probablement, il lui a fait les propositions délicates dont nous avons parlé précédemment. Arthur Meyer ou Thévenet, l'un vaut l'autre.

Parmi les directeurs de journaux justement célèbres, nous trouvons encore Valentin Simond[3], Vic-

[1] Ce youd souffleté par Mermeix a endossé la giffle sans répondre. Il a été trop justement flétri par Ed. Drumont et par A. Chirac dans la *France Juive* et l'*Infamie* pour que nous en reparlions ici.

[2] Journaux de juillet 1889.

[3] Le juif Valentin Simond possédait plusieurs journaux radicaux : le *Mot d'ordre*, la *Marseillaise* qui firent faillite. Il tomba alors dans

tor non moins Simond, Edmond Magnier[1], Lalou[2].

Toute cette presse est vénale[3]. Suivant ce qu'elle reçoit,

une dèche noire. Quelques mois après, il avait chevaux et voitures, ses journaux étaient devenus opportunistes.

Dans le volume de documents, intitulé *Annexe* et distribué aux membres de la Haute Cour, on lit la pièce suivante :

N° 51.
Payé le 15.

Reçu la somme de 3,000 fr. (Subvention V. Sim...)
Paris, 14 *février* 1887.

S. Plet.

Il s'agit d'argent versé par le cabinet du ministre de la guerre à la presse. Ce M. V. Sim... ne serait-il pas M. Valentin Simond ? Les initiales M. V. Sd. R. M., qui sont sur un autre reçu, ne désigneraient-elles pas le même Valentin Simond du *Réveil-Matin* ?

Voici cette autre pièce :

N° 158.

Reçu la somme de 5,000 fr. (M. V. Sd. R. M.)
Paris, 2 *mai* 1887

Plet.

(*Intransigeant*, 14 août.)

M. Plet a déclaré qu'il ne s'agissait pas de M. Victor Simond, du *Radical*.

[1] Lors de l'affaire Hériot, dans l'*Evénement* parut une note déclarant que demain on donnerait des renseignements sur ceci, cela ; rien ne fut publié !

[2] La *France* est dirigée par M. Lalou, ancien administrateur de la Banque de prêts à l'industrie. Les affaires de cette banque étaient peu honnêtes : en avril 1884, il devait comparaître devant la 11e chambre correctionnelle. Cette comparution n'eut jamais lieu, parce que M. Lalou, dès le lendemain, changea la politique de son journal. Presque toute la rédaction le quitta, entre autres M. Judet qui, en août 1887, écrivait : « M. Lalou craignait d'être mis en prison dans les vingt-quatre heures pour une fâcheuse affaire correctionnelle... » Des faits complètement faux avaient été publiés par cette banque pour attirer l'argent du public ; des dividendes fictifs, basés sur des inventaires frauduleux, avaient été mis en distribution, etc.

[3] Dans son réquisitoire devant la Haute Cour, M. Q. de Beaurepaire a dit : « Le journal l'*Action* a reçu pour sa part 25,000 fr. et M. Hanotaux, député de l'Aisne, ancien rédacteur au *National*,

elle garde un silence religieux ou éclate en clabauderies. On le sait si bien qu'il y a des gens qui paient des annuités pour obtenir le silence sur leurs agissements. Tel est le cas de la maison de jeu de Monaco qui paie annuellement au *Figaro* 60,000 francs, au *Gil Blas* 30,000, au *Petit Journal* 25,000, à la *France* 15,000, au *Temps* 12,000, au *Journal des Débats* 8,000, au *Siècle* 4,000, etc.[1]. Inutile de dire que ces feuilles ne signalent jamais les scandales de la maison possédée par les princes Roland Bonaparte et Radziwill.

Les journalistes, vivant de leur plume, sont obligés de passer sous les Fourches Caudines des directeurs qui ne publient, en fait de nouvelles scandaleuses, que celles qui n'ont pas été payées. Il est de ces directeurs qui sont vraiment curieux, comme M. Joseph Reinach, décoré on ne sait pourquoi, traité de drôle par son coreligionnaire, C. Dreyfus, et qui se contente d'un procès-verbal étonnant[2].

dans la déposition qu'il fit devant la commission, déclara qu'il savait que ce journal avait été dans la main du général Boulanger, grâce à un achat fictif de 1,000 numéros par jour. » (*Eclair*, 12 août 1889.)

MM. Michelin et Gérin, directeurs respectifs de ces journaux, ont protesté avec énergie et ont traité de calomnies les racontars du procureur général. (Journaux des 13 et 14 août.)

D'après une pièce du volume des documents distribué à la Haute Cour, la *Nation* du youtre Camille Dreyfus aurait reçu 5,000 francs en 1886 du ministère de la guerre. (*Intransigeant*, 14 août.)

[1] *XIXe Siècle*, 20 janvier.

[2] Le 29 décembre 1888, dans le salon de la Paix, à la Chambre, le directeur de la *République française*, le juif normalien, Joseph Reinach, est traité de drôle par Camille Dreyfus, autre juif. Il avait tronqué des dépêches en les publiant. Des témoins sont envoyés, ce sont : MM. Jullien, Wickersheimer, Gaston Thomson, Emmanuel Arène, députés. Ils se réunissent et accouchent du

La Presse presque tout entière appartient à des juifs; ils pénètrent dans les journaux comme rédacteurs, directeurs, reporters, etc... On ne peut entrer dans une salle de rédaction sans en trouver. Ce sont les Albert Wolf[1] et Millaud, les Catulle Mendès, les Hément, l'in-

nirifique procès-verbal suivant : « Les quatre témoins se sont réunis avec les pleins pouvoirs de leurs clients respectifs. Ils ont minutieusement examiné les origines de l'affaire, et après avoir reconnu qu'elle ne reposait que sur un regrettable malentendu, ils ont été unanimes à déclarer que, ce malentendu ayant été facilement éclairci, l'expression employée par M. Camille Dreyfus devait être retirée. » Rien encore n'a été retiré (*Peuple*, 30 décembre). Il faut croire que M. Reinach a l'épiderme peu sensible. Cela est dû probablement à l'hérédité, sa famille ayant vécu longtemps dans le ghetto de Hambourg ou d'autres villes allemandes, et étant habituée à courber l'échine devant le Teuton. Joseph est si généreux que, dans la circonscription où il est candidat, il a donné comme prix aux tireurs d'arbalète un abonnement de six mois à la *République française* !! (*Intransigeant*, 12 juin.) C'est son oncle et beau-père, M. le baron Jacques de Reinach, qui commanditait M. Maréchal l'inventeur du café en tablettes expérimenté par les troupes du général Boulanger en Tunisie. Les rapports ayant été défavorables à ce café, il ne fut pas adopté au grand détriment de MM. Maréchal et de Reinach (*Intransigeant*, 7 août. — *Eclair*, 12 août). Joseph, dans une lettre écrite au général le 7 août, relativement à cette affaire, dit qu'il est et a toujours été étranger à toute opération de banque, à toute affaire financière (*Eclair*, 9 août). M. Joseph Reinach pourrait-il alors nous dire quelle est l'origine de sa fortune et s'il n'a pas un intérêt dans la maison de banque Kohn Reinach ?

[1] Ce juif rend au *Figaro* les oracles artistiques ; il est payé fort cher, mais cela ne lui suffit pas pour vivre. Il lui faut recourir au jeu. Wolf sait, d'ailleurs, faire pencher la veine de son côté ; non point en biseautant les cartes, il est trop adroit pour cela. Un de nos amis a été témoin, il y a quelques années, de la manière dont il procède : Wolf arriva au cercle avec un étranger qu'il présenta comme un banquier prussien fort riche. Le Prussien, venant pour la première fois, ne pouvait prendre la banque. Le juif la prit pour lui à mille louis ; le banquier arrosait et Wolf était associé par moitié. La banque sauta plusieurs fois, fut arrosée, et gagna finalement. Wolf partagea la masse en deux parts égales, il en

nombrable famille des Lévy; la dynastie des Bernheim, des Weil, des Weiss et des Bloch. Ailleurs on trouve des Strauss, Ephraïm, Cahen et Hirsch, etc.

La Presse étrangère est tout aussi juive que la Presse française. En Allemagne, en Autriche, les directeurs de journaux sont presque tous des youddis. En Italie nous trouvons les juifs Obliéght, Prino Levi et Friedlander, propriétaires et directeurs respectifs de l'*Italia*, de la *Riforma*, et de l'agence Stefani. Le *Diretto*, l'*Opinione* la *Tribuna*, la *Fanfulla*, comptent dans leurs rédactions les youtres Tedeschi, Luzzatti, T. O. Cesardi, Luzzatto, Barzilai, Evangelisti et Giron [1].

De même que le correspondant du *Times* en France est un juif, de Blowitz, celui de l'agence Reuter en Italie est un autre hébreu, Arbib.

La Presse française presque tout entière est à genoux devant les Rothschild. Lorsque ces usuriers donnent des fêtes, elle les célèbre en des termes dithyrambiques. Ainsi en mai dernier, deux mois après l'interpellation Laur sur les cuivres et le Comptoir, huit jours avant la nouvelle question Millerand sur le même sujet, la baronne Gustave de Rothschild [2] donnait un bal très select dans

mit une dans sa poche et dit au Prussien : « Voilà ce qui reste de la banque et je vous dois 2,000 louis. » Notre youd à ce jeu en avait gagné 3,000. Pourquoi ce juif à la face de singe a-t-il tant besoin d'argent? Ce ne peut être pour les femmes, puisqu'elles lui sont inutiles.

Les critiques dramatiques influents touchent des droits d'auteurs pour certaines pièces. C'est le moyen le meilleur pour avoir une presse favorable. Léon Bloy a écrit dans un pamphlet violent, le *Pal* (25 mars 1885), que M. Wolf recevait un tiers des droits d'auteur de MM. Moinaux et Bocage pour le vaudeville : *Les Jeux de l'Amour et du Hasard*. M. Wolf n'a pas démenti cette assertion.

[1] *L'Observateur français*, 2 octobre 1888.

[2] On sait que la fille de cette juive, Alice de Rothschild, a épousé

son hôtel de l'avenue de Marigny. La description de ce bal dans les journaux mondains affectait un tel lyrisme que nous priverions nos lecteurs en ne le rapportant pas :

Il est onze heures. Encadré de ses grilles solennelles, le portail monumental de l'hôtel du grand banquier laisse passer les équipages; ils s'arrêtent sous un flot de lumière devant le large perron qui présente, au fond de la cour, ses degrés hospitaliers. Les lions énormes qui y sont accroupis semblent regarder d'un air *doux* les fraîches toilettes et les souriants visages passant devant eux.

« Le vestibule s'ouvre avec ses proportions colossales et son caractère de sévère magnificence. Soutenu par des colonnes ioniques, dallé de marbre blanc et noir, il est orné de statues dont les piédestaux disparaissent sous des buissons d'azalées. Dans un renfoncement, deux dauphins entrecroisés forment une fontaine qui distille goutte à goutte sa fraîcheur et son harmonie; des guirlandes de fleurs y mêlent les grâces de leur coloris et de leur parfum.

« Une haie de laquais se tient immobile, en livrée d'une sobre élégance : veste à pans gros bleu, garnie d'une double rangée de boutons de cuivre plats, sans armoiries et sans chiffre, laissant à peine entrevoir l'extrémité du gilet de panne jonquille; bas de soie rose, souliers à boucle; point de poudre.

« L'escalier est immense. Au-dessus du palier, de blanches statues s'alignent dans des niches dont le rebord est jonché de roses; telles devaient être les offrandes aux divinités de l'Olympe, au Parthénon ou à Delphes. Le plafond s'arrondit en voussures percées d'œils-de-bœuf...

un juif hindou immensément riche, Albert Sassoon. Ce banquier a probablement gagné sa fortune en prêtant de l'argent aux cultivateurs de l'Inde à 40 et 60 p. 100 d'intérêts. La misère est si grande en Hindoustan que le Dr Hunter *évalue à 40 millions le nombre d'individus morts déjà par insuffisance de nourriture.* (*Observateur français*, 26 septembre 1888.) Ce n'est pas le manque de vivres qui est la cause des famines, mais le manque d'argent. Tout est entre les mains de quelques hommes, comme le juif Sassoon.

« En montant, on aperçoit l'enfilade des salons, par de grandes fenêtres vitrées qui permettront tout à l'heure de regarder, comme des loges d'un théâtre, le flot grandissant des invités arrivant dans le chatoiement des traînes soyeuses, le nuage des dentelles encore jetées sur les épaules nues, la fulguration des pierreries pareilles à des constellations en marche. . . . .

« Cependant l'orchestre de Waldteufel a fait entendre ses accords, et on se précipite avec ardeur dans la salle de bal. Elle est très belle, cette galerie avec ses moulures *incrustées de filets de cuivre*. Par les trois grandes baies qui y donnent accès, on peut suivre le balancement des couples qui tourbillonnent comme des phalènes sous le grand lustre. Au-dessus de la principale de ces portes, L'AIGLE IMPÉRIALE PLANE, LAISSANT ÉCHAPPER DE SES SERRES DES GUIRLANDES DE LAURIER.

« Aussi bien, la fête bat son plein et le baron Alphonse de Rothschild lui-même vient de faire un tour de valse avec la marquise d'Hervey de Saint-Denis, *qui, après une telle galanterie ne saurait se déterminer à partir encore*.

« Dans la salle du buffet on commence à souper debout, en attendant que de petites tables y soient dressées après le cotillon.

« Le buffet est splendidement servi : des corbeilles de vieux Sèvres portent les fruits, l'anse fleurie d'azalées... »

Voilà le cadre. Voyons maintenant les invités. La baronne est qualifiée par le journal mondain d'*immuable beauté*, sa fille Mme Ephrussi est « l'*Aurore descendue de l'Empyrée pour sourire de plus près aux simples mortels* ».

Dans les salons on pouvait apercevoir la duchesse d'Uzès, la princesse de Broglie, les duchesses de Grammont et de Morny, la princesse de la Tremoille, la marquise de Galiffet, la comtesse de Pourtalès, la princesse de Wagram, etc[1].

[1] La duchesse d'Uzès est une bourgeoise qui descend de la veuve Clicquot; la duchesse de Grammont est une fille Rothschild. La marquise de Galiffet est la femme d'un youtre. Le général de

Parmi les hommes citons :

Le prince Murat, le duc de Broglie, le baron Haussmann, le comte d'Andigné, le duc de Montmorency, le duc de Luynes, M. Chevandier de Valdrôme, Chevreau, le marquis de Beauvoir, l'un des secrétaires du comte de Paris, M. Magnin gouverneur de la Banque de France, etc.

En lisant les splendeurs de cette fête que le peuple paie par son travail, ils nous revenaient à la mémoire ces vers de Victor Hugo :

« Songez vous qu'il est là sous le givre et la neige,
Ce père sans travail et que la faim assiège ;
Et qu'il a dit tout bas : « Pour un seul que de biens !
« A son large festin que d'amis se récrient !
« Ce riche est bien heureux, ses enfants lui sourient !
« Rien que dans leurs jouets que de pain pour les miens ! »
. . . .
. . . .
Riches, heureux du jour, qu'endort la volupté,
Que ce ne soit pas lui qui des mains vous arrache
Tous ces biens superflus où son regard s'attache [1]. »

Et pourtant, ce sera lui, le misérable qui un jour prochain reprendra son bien que lui ont volé les juifs et les judaïsants.

Les juifs ont tout envahi. La Finance comme la Presse leur appartient. Dans l'administration des Etats et des

Galiffet descend, en effet, d'un juif Peiron Coulet, qui en 1381 fut obligé de quitter le Comtat Venaissin pour des crimes qui lui étaient imputés. Il se fit baptiser ayant pour parrain le consul de Senas. Il vint plus tard s'établir à Aix et prit le nom de Galiffet. (P. 201. *Relation des troubles occasionnés en Provence par l'établissement d'une chambre semestre et du mouvement dit le Sabre.* Aix, 1881.) La princesse de Broglie est, sauf erreur, une Say.

[1] *Feuilles d'Automne.*

villes, surtout en notre pays, les youddis occupent les hautes fonctions, celles qui donnent des honneurs, de l'argent et de la prépondérance. Allez à un ministère quelconque, à une préfecture et vous verrez des May, des Isaïas Levaillant, des Kahn, des Cohn, des Cahen, des Dreyfus, des Mayer, Meyer, Alphand. Les places où il faut travailler sont dédaigneusement laissées par les juifs aux immondes chrétiens. Dans la science, ils accaparent les places aux Académies et cependant ils n'ont ni génie, ni même talent hors ligne; ils savent seulement s'emparer des idées des autres, se les assimiler et faire proclamer à son de trompe qu'ils en sont les auteurs. C'est ainsi que Maurice Lévy, M. Lœvy et tant d'autres sont arrivés à siéger dans les Académies.

Dans l'art, les youddis ne font que du commerce. Leur peinture, leur sculpture, leur musique, se vendent bien; mais elles n'ont qu'une valeur conventionnelle, qu'ils savent augmenter par une réclame bien faite. Aucune idée géniale n'a encore jailli du cerveau d'un juif. Leur nature essentiellement positive s'oppose, d'ailleurs, à la naissance de toute idée nouvelle qui ne saurait rapporter de suite. A quoi leur servirait-il de se fatiguer l'esprit? L'aryen n'est-il pas là qui travaille et produit au profit du juif.

Cet accaparement de toutes les forces des nations par la race hébraïque ne peut être l'effet du hasard. Il faut qu'un même esprit dirige tous les membres de cette race, qu'une même direction soit donnée à leurs efforts, qu'une profonde solidarité les unisse tous; autrement ils n'auraient pu arriver aux résultats où ils sont parvenus.

Cette unité d'esprit, de direction, de solidarité existe en effet chez eux. Comme preuve, nous donnons ci-après un extrait d'un discours d'un grand Rabbin prononcé à une réunion secrète[1]:

« Foulé aux pieds, humilié par ses ennemis... le peuple « d'Israël pourtant n'a point succombé; et s'il s'est dispersé « sur toute la surface de la terre, c'est que toute la terre doit « lui appartenir... A nous appartient ce Dieu du jour « qu'Aaron nous a élevé au désert, ce veau d'or, cette divi- « nité universelle de l'époque. Lors donc que nous nous « serons rendus les uniques possesseurs de tout l'or de la « terre, la vraie puissance passera entre nos mains, et alors « s'accompliront les promesses qui ont été faites à Abraham... « Dix-huit siècles ont appartenu à nos ennemis, mais le « siècle actuel et le siècle futur doivent nous appartenir à « nous, peuple d'Israël, et nous appartiendront sûrement...

« Chaque fois, le nouveau sanhédrine a proclamé et prê- « ché la lutte sans merci avec les ennemis (les chrétiens); « mais dans nul des précédents siècles nos ancêtres n'étaient « parvenus à concentrer entre nos mains autant d'or, consé- « quemment de puissance, que ce que le XIXe siècle nous en a « départi... Ce progrès (de la civilisation) est le meilleur « bouclier derrière lequel nous puissions nous abriter et « agir pour franchir d'un pas rapide et ferme l'espace qui « nous sépare encore de notre but suprême... A Paris, à « Londres, à Vienne, à Berlin, à Amsterdam, à Hambourg, « à Rome, à Naples et chez tous les Rothschild, partout les « Israélites sont maîtres de la situation financière par la « possession de plusieurs milliards... Partout, sans les fils « d'Israël, sans leur influence immédiate, aucune opération « financière, aucun travail important ne peuvent s'exécuter... « La bourse cote et règle ces dettes (statales) et nous sommes « en grande partie maîtres de la Bourse sur toutes les « places. C'est donc à faciliter encore de plus en plus les « emprunts qu'il faut nous étudier, afin de nous rendre

[1] Ce discours, cité par Kalixt de Wolski, dans son livre *la Russie Juive* (livre que nous conseillons à tous de lire), est extrait d'un ouvrage anglais : Compte rendu des événements politico-historiques survenus dans les dix dernières années, par sir John Readclif.

« seuls régulateurs de toutes les valeurs, et autant que faire « se pourra, prendre en nantissement des capitaux que nous « fournissons aux pays, l'exploitation de leurs lignes de fer, « de leurs mines, de leurs forêts, de leurs grandes forges « et fabriques ainsi que d'autres immeubles, voire même « l'administration des impôts. L'agriculture restera toujours « la grande richesse de chaque pays... Il suit de là que nos « efforts doivent tendre aussi à ce que nos frères en Israël « fassent d'importantes acquisitions territoriales.

« Sous prétexte de venir en aide aux classes travailleuses, « il faut faire supporter aux grands possesseurs de la terre, « tout le poids des impôts, et lorsque les propriétés auront « passé dans nos mains, tout le travail des journaliers et « prolétaires chrétiens deviendra la source pour nous d'im- « menses bénéfices... Le prolétariat est le très humble ser- « viteur de la spéculation... Le commerce et la spéculation, « deux branches fécondes en gros bénéfices ne doivent jamais « sortir des mains des Israélites... Et d'abord il faut acca- « parer le commerce de l'alcool, du beurre, du pain et du « vin, car par là nous nous rendrons maîtres absolus de « toute l'agriculture et de toute l'économie rurale... Tous « les emplois publics doivent être accessibles aux Israélites. « La magistrature est pour nous une des institutions de « première importance. La carrière du barreau développe « de plus la faculté de civilisation, et initie le plus aux « affaires de nos ennemis naturels les chrétiens. C'est par « là que nous pouvons les réduire à notre merci... Ce qu'il « importe d'obtenir, c'est une loi moins sévère sur la ban- « queroute[1]. Nous en ferons pour nous une mine d'or. Le « peuple d'Israël doit s'efforcer d'avoir la haute main sur « toutes les associations industrielles, financières et commer- « ciales... Nous ne devons être étrangers à rien de ce qui « conquiert une place distinguée dans la Société : philoso- « phie, médecine, droit, musique, économie politique, en « un mot toutes les branches de la science, de l'art et de la « littérature sont un vaste champ, où les succès doivent nous « faire la part large, et mettre en relief notre aptitude... « Quant aux sciences, médecine et philosophie, elles doivent

[1] Ils viennent de l'obtenir en France.

« faire également partie de notre domaine intellectuel. Un « médecin est initié aux plus intimes secrets de la famille, « et a, comme tel, entre ses mains la santé de nos mortels « ennemis les chrétiens... Il serait désirable que les Israélites « s'abstinssent d'avoir pour maîtresses des femmes de notre « sainte religion, et qu'ils les choisissent pour ce rôle parmi « des vierges chrétiennes... Une fois maîtres absolus de la « presse, nous pourrons changer à notre gré les idées sur « l'honneur, sur la vertu, sur la droiture du caractère... « Nous déclarerons une guerre ouverte à tout ce qu'on res« pecte et qu'on vénère encore... Que chaque enfant d'Israël « se pénètre de ces vrais principes; alors notre puissance « croîtra comme un arbre gigantesque, dont les branches « porteront les fruits qui se nomment richesses, jouissance, « bonheur, pouvoir... Lorsqu'un des nôtres fait un pas en « avant, que l'autre le suive de près; que si le pied lui « glisse, il soit secouru et relevé par ses coreligionnaires. Si « un Israélite est cité devant les tribunaux du pays qu'il « habite, que ses frères en religion s'empressent à lui donner « aide et assistance, mais seulement lorsque le prévenu aura « agi conformément aux lois qu'Israël observe strictement, « et garde depuis tant de siècles... Il faut autant que pos« sible entretenir le prolétariat, le soumettre à ceux qui ont « le maniement de l'argent. Par ce moyen, nous soulèverons « les masses quand nous le voudrons ; nous les pousserons « aux bouleversements, aux révolutions et chacune de ces « catastrophes avance d'un grand pas nos intérêts intimes « et nous rapproche rapidement de notre unique but : celui « de régner sur la terre. »

Tel est en effet le but poursuivi par le juifs, telles sont leurs aspirations les plus intimes. Ce discours d'un rabbin révèle et explique bien la conduite des juifs dans le monde entier. Pour arriver au point où ils en sont, car ils ont presque atteint le but qu'ils se proposent, il leur a fallu une solidarité à toute épreuve, une entente franche et cordiale, une fraternité sincère, qu'ils n'ont pu posséder, que grâce à une organisation spéciale, longtemps inconnue au public chrétien, et fort bien exposée par un antisémite slave : Kalixt de Wolski.

Cette organisation, véritable gouvernement occulte, est le kahal (commissaire administratif) et le bet dine (tribunal judiciaire)[1]. Les juifs exécutent aveuglément les prescriptions de ces deux autorités qui ont pour but d'acquérir le plus d'influence possible sur les juifs et sur les chrétiens. « Les sémites remplissant les fonctions de juges « dans les tribunaux des pays qu'ils habitent ne forment « pas leur opinion d'après le texte des codes soit civils, « soit criminels, qui font loi dans le pays et ne rendent « pas leur verdict selon la lettre de ces codes, mais doi« vent se conformer aux prescriptions du kahal[2]. » Cette assertion éclaire d'un jour nouveau certains verdicts rendus en France par des magistrats juifs tels que Lœw, Bedarrides, etc.

L'état juif, qui étend ses tentacules dans le monde entier où il parait s'être souvent fondu dans le sein de la nation qu'il dévore et suce, est divisé en districts ayant chacun un kahal et un bet dine. C'est à ces seules autorités que le youd obéit ; ce sont elles seules qui le dirigent dans ses pensées et dans ses actes. Elles possèdent le moyen de donner une sanction à leurs décisions, si les juifs ne s'y soumettent pas. Elles vendent aux youddis le droit d'exploiter un ou plusieurs chrétiens et lui accordent la propriété de leurs biens. Elles prélèvent un impôt que les juifs versent d'ailleurs sans difficulté ; car ils savent que, tant qu'ils obéiront, ils seront aidés et poussés en avant. S'ils se révoltaient, ils seraient, comme les

[1] Ce tribunal a condamné à mort, paraît-il, Drumont, Jacques de Biez, etc...

[2] Kalixt de Wolski. *La Russie Juive.*

chrétiens, des ennemis pour leurs frères qui ne se feraient point faute de les exploiter.

D'ailleurs, le juif ne jouit pas de la propriété de ses biens de la même façon que le chrétien. Si devant la loi du pays où il vit, il en possède le fonds et le tréfonds, avec droit d'user et d'abuser, devant le kahal il n'en est que le dépositaire. Par le seul fait de ce dépôt, il a des charges à remplir vis-à-vis de ses coreligionnaires.

En résumé, le kahal s'occupe de toutes les affaires civiles et religieuses et indique à chaque juif de son rayon le chemin qu'il doit suivre et l'occupation qu'il doit remplir. Le peuple juif est divisé en confréries et en communautés, dont l'existence facilite beaucoup l'œuvre du kahal. Une association de toutes ces communautés s'est formée sous le titre d'Alliance universelle israélite [1]. Elle a pour but la protection de l'élément juif partout où il se trouve.

Les juifs ne forment pas une secte religieuse comme beaucoup le croient ; c'est une race, un Etat parfaitement établi, gouverné par un pouvoir occulte. L'Hébreu ne se fond pas avec les peuples chez qui il vit ; il est et il reste juif, ayant ses coutumes et ses mœurs spéciales. Il forme, selon l'expression de Schiller, un Etat dans l'Etat, une nation dans la nation. Leur religion est toute terrestre; ils n'ont pas de prêtre, car les rabbins ne sont pas des personnages sacerdotaux, bien que depuis le

[1] Hirsch, le richissime banquier, a donné à cette Alliance, lors de la mort de son dernier fils, la modeste somme de cent millions, infime partie de la fortune *gagnée* sur les goym imbéciles. Plus récemment, en 1888, il a donné douze millions pour les Ecoles juives de Galicie et de Bukowine. Le gouvernement autrichien a refusé ce don (journaux de juillet). Un jour prochain, on lui fera donner tout ce qu'il possède, mais à coup sûr ce ne sera pas pour les écoles juives !

commencement du XIXe siècle, ils affectent de le dire et tâchent de le faire croire. Chaque juif mâle est son propre prêtre et celui de sa famille. Les juifs ne forment donc pas une association religieuse, mais une association politico-sociale, dirigée par l'Economique seule.

Les juifs sont fort nombreux, en Russie et surtout en Pologne, quoiqu'ils ne jouissent pas des mêmes avantages que les autres citoyens russes ou étrangers. Il ne leur est pas permis de demeurer où ils veulent. Le juif, en ces pays, comme partout ailleurs, sert d'intermédiaire entre le producteur et le consommateur. Il est commerçant, commissionnaire ou courtier. Il est surtout cabaretier. Ainsi, dans le gouvernement de Kherson, 97 p. 100 des marchands de spiritueux, 77 p. 100 des cabaretiers et 78 p. 100 des marchands de blé sont des youddis. Les israélites russes s'occupent aussi à acheter des terres, non pour les travailler, mais pour les louer aux paysans[1].

En Autriche, ils détiennent une grande partie du marché des grains, toute la finance et par suite la grande industrie. Ils sont fort puissants dans ce pays, et ont osé menacer le Gouvernement de porter leur argent et leurs affaires à l'étranger s'il ne faisait pas cesser la campagne antisémite[2].

La juiverie est une véritable lèpre pour l'Orient. Fort nombreux, car rien qu'à Salonique, on en compte 70 à 80,000; les Youddis sont les pourvoyeurs des harems musulmans et les proxénètes de tout le pays. Ils enlèvent des jeunes aryennes de Pologne et de Galicie pour les vendre aux riches turcs et aux lupanars de Péra. La prépondérance du youd est telle que l'Alliance israélite

[1] Tikhomirov. La *Russie politique et sociale.*
[2] *Matin,* 18, 20, 25 avril.

a fait frapper une monnaie qui circule en Palestine sous sa garantie[1].

L'immigration des juifs à Jérusalem a lieu sans cesse et déjà leur nombre dépasse celui des mahométans et des chrétiens[2].

Le mouvement antisémite qui se produit en ce moment dans toutes les nations n'est donc pas, comme les juifs voudraient le faire croire, dû à l'intolérance religieuse et sectaire; c'est un mouvement purement social. Les moyens mis en œuvre par les youddis ont accru rapidement le paupérisme et le prolétariat; car toute la classe bourgeoise aryenne a inconsciemment marché dans la voie que lui indiquaient les israélites. Ces derniers, ainsi que l'a dit le grand Rabbin dont nous avons rapporté le discours, pensent soulever les masses quand ils le voudront et les pousser aux révolutions. Cela était vrai il y a quelque temps; mais aujourd'hui les masses prolétariennes des Aryens slaves, gaulois, germains ou romains savent que les hébreux sont une des principales causes de leur misère. Elles savent que cette race ne travaille pas, car elle ne produit pas, qu'elle vit d'usure[3], de commerce, c'est-à-dire du travail des autres. Elles savent tout cela, et le jour de la prochaine Révolution sociale, les juifs s'en apercevront.

Partout maintenant l'aryen se réveille et commence la lutte contre le juif sordide et riche.

En Russie, on n'a pas encore oublié le soulèvement des paysans contre les juifs marchands d'alcool frelaté, à Nijni-Novgorod; en Hongrie, en Roumanie, en Galicie

[1] *Le Pays*, octobre 1888 à janvier 1889.

[2] *XIXe Siècle*, 11 juin.

[3] La Bible défend l'usure entre hébreux, mais non avec l'étranger.

des troubles se sont produits. Des youtres ont été tués, d'autres blessés, leurs boutiques mises au pillage. Épouvantés, ils sont venus en assez grand nombre demander asile à leurs coreligionnaires de France. On est si bien sur les bords de la Seine ; les Français sont si aimables que vraiment ces excellents youddis ne pouvaient faire autrement que d'y venir !

En Algérie, où le juif est le maître, il y eut quelques troubles en 1884. Des boutiques furent mises à sac, et quelques immondes israélites houspillés par la population française. Ce fut parmi les journaux, sauf dans quelques-uns, un soulèvement général contre les Français qui se trouvaient depuis assez longtemps exploités par les juifs. Ceux-ci étaient de petits saints qui rendaient d'innombrables services aux Algériens en leur prêtant à 120 p. 100. Le peuple à cette époque croyait encore aux journaux, maintenant il en est bien revenu. Il sait que si le *Rappel*, la *République radicale*, etc., fulminaient contre les Aryens, c'est que les juifs les dirigeaient. D'ailleurs, ces massacres ne sont rien auprès de ceux qu'éprouveront bientôt les juifs, au jour des revendications sociales.

Les rixes entre Arabes et juifs sont continues ; les premiers ne peuvent se faire à l'idée que les chiens d'israélites sont leurs supérieurs, puisqu'ils jouissent des droits de citoyens français à eux conférés par le décret du juif Crémieux.

Si, en France, il n'y a pas de journaux antisémites, du moins nous possédons une littérature antijuive. Les œuvres d'Auguste Chirac, d'Edouard Drumont, de Jacques de Biez, de Toussenel, de Gougenot-Desmousseaux, de Georges Meynié, de Georges Corneilhan, etc., se vendent à des milliers d'exemplaires. C'est surtout depuis l'apparition de la *France Juive* du catholique socialiste Drumont que l'idée a progressé en France[1]. Le succès a été grand parmi toutes les classes de la société ; une section française de l'Alliance anti-israélite universelle a été créée. Bon nombre de Français, qui n'en font point partie, en partagent cependant les idées. Malgré leur or, ou plutôt à cause des fortunes qu'ils ont entassées, les juifs sont destinés à disparaître du sol européen. Le jour où la plèbe de l'Océan Atlantique à l'Oural, de la mer du Nord à la Méditerranée, se soulèvera dans une colère terrible contre les exploiteurs, les juifs ne trouveront aucun toit pour les abriter, aucun aryen pour les protéger. Ils jetteront leur or, source de tant de crimes et de tant de larmes, aux pieds des vengeurs, mais ce sera en vain ! Qu'importe l'or ou l'argent quand arrive le moment d'une vengeance si impatiemment attendue.

Le succès des œuvres antijuives a été tel que les juifs ont renoncé à les faire disparaître comme ils l'ont fait

[1] La *France Juive* s'est vendue à plus de 110,000 ex., dans l'édition à 7 francs en deux volumes. L'édition in-8 illustrée a été vendue à 20,000.

La *France Juive devant l'opinion* a eu plus de 30,000 volumes vendus. La *Question Juive* de Jacques de Biez a eu plusieurs éditions, de même que les *Juifs, Rois de l'époque*, de Toussenel, réimpression d'un ouvrage devenu fort rare. Tout le monde lit l'*Agiotage sous la troisième République*, la *Haute banque et les Révolutions*, *les rois de la République* de Chirac, la *Russie Juive* de Kalixt de Wolski, et surtout la *Fin d'un monde* de Drumont. Le *Juif* de Gougenot Desmousseaux, l'*Algérie Juive* et *les Juifs en Algérie* de Meynié, *Juifs et Opportunistes* de Corneilhan ont eu aussi plusieurs éditions.

Depuis il s'est publié d'autres ouvrages où la politique et la morale juive ont été exposées. Ce sont : *Le Sang chrétien dans les rites de la synagogue moderne*, par Jab ; *la Politique israélite*, par Kimon ; *le Juif selon le Talmud*, par Auguste Rohling ; *le Mystère du sang chez les juifs de tous les temps*, par Henri Desportes.

pour tant d'ouvrages. Ainsi le livre de M. Achille Laurent publié vers 1834 sous le titre : *les affaires de Syrie*, ne se trouve en vente nulle part ; il n'existe plus qu'à la Bibliothèque nationale où il est porté sur les catalogues.

En Russie, en Autriche, en Allemagne, existe un parti antisémitique puissant. Des députés du parlement autrichien ou hongrois, comme MM. Vergani, Komlossy[1], se déclarent ouvertement contre les juifs. Ils ont des journaux à Vienne, comme le *Deutsche Volkszeitung*[2], qui est répandu dans le peuple. Mais dans ce pays la Cour est toute à la dévotion des juifs, tandis qu'à Berlin, le jeune empereur est ouvertement favorable aux idées du pasteur Stœcker[3]. Il s'est fondé récemment à Berlin une librairie où se vendent spécialement les ouvrages en toute langue qui ont été publiés sur les juifs. Les journaux illustrés font connaître les types les plus curieux de cette race qui veut conquérir le monde, qui a des richesses considérables, qui est toute-puissante, mais qui ne réussira qu'à succomber finalement sous un cataclysme prochain dont elle ne se fait pas une idée. Elle se trompe, si elle croit que la civilisation la protégera.

La campagne antisémite est très active, en Autriche-Hongrie ; nombre de conseillers municipaux sont des ennemis connus des juifs et ont été élus comme tels.

[1] *Eclair*, 18 mai.

[2] *Cri du Peuple*, 15 décembre 1888.

[3] La Cour d'Allemagne et Bismarck sont fort mal disposés contre les juifs qui, dans l'affaire Geffcken, leur ont fait échec. Dans ce procès, le président de la cour de Leipzig était un juif converti Simson ; le juge d'instruction, un juif Hirchsfeld ; l'avocat de Geffcken, un autre youd Wolffsohn (*Matin*, 13 janvier). On voit que les youddis aiment la magistrature.

[4] *Matin*, 11 mars, 18, 20 avril ; *Eclair*, 17 avril, 11 et 13 mai.

Lors des troubles de la grève des cochers à Vienne, des boutiques juives ont été pillées[1]; le peuple était manifestement antisémite. D'ailleurs, le 12 juin dernier, s'est tenu à Bochum un Congrès international antisémite; des délégués de toute l'Europe y ont été envoyés[2]. Son succès réel, quoique passé sous silence par la presque totalité des journaux, montre que les temps sont proches où les juifs devront craindre la juste colère des aryens.

Le monde s'agite et le juif le dirige. Combien de faits politiques apparaîtraient sous un jour nouveau, si on connaissait ceux qui, de la coulisse, les ont provoqués. L'influence de cette race dans les affaires intérieures et extérieures des Etats est considérable et néfaste. Elle sait, en donnant de l'or à propos, obtenir tout ce qu'elle désire. Les diplomates même font souvent inconsciemment ou malgré eux le jeu des hébreux. Bismarck, qui les connait à fond et par conséquent les déteste, les a plus d'une fois servis quand il y trouvait son avantage.

Actuellement, c'est lui qui est l'arbitre des relations extérieures de l'Europe. Il a su faire avec l'Autriche-Hongrie et l'Italie des traités d'alliance qui ont été rendus publics et qui dureront jusqu'en 1891.

Le roi des Belges Léopold II est l'allié des Allemands; il sent sa couronne menacée par les libéraux et les socialistes et il veut la sauver. Donc, il germanise la Belgique malgré l'opposition des Wallons; c'est ainsi que le Parlement a voté une loi obligeant tous les fonctionnaires à parler le flamand[3].

L'Autriche-Hongrie se germanise également de plus

[1] *Matin*, 25 avril.

[2] *Eclair*, 12 et 15 juin.

[3] *Peuple*, 22 décembre 1888.

en plus, malgré l'opposition des peuples tchèques, slaves et même hongrois. François-Joseph et ses ministres ont oublié Sadowa. Menacés par la Russie dans la possession des provinces slaves autrichiennes, ils se sont jetés dans les bras de l'Allemagne. La politique des comtes Taaffe et Tisza est essentiellement allemande, au point que ce dernier a défendu en Hongrie l'entrée d'un journal anti-prussien, le *Schwarrybild* qui se publie à Vienne[1]. Pour plaire à Bismarck, François-Joseph, qui est très catholique, n'a pas craint de blâmer officiellement un prélat slave Mgr Strossmayer, évêque de Diakova.

La mort récente et encore inexpliquée de l'archiduc Rodolphe est venu consolider l'alliance austro-allemande. C'était la disparition d'un obstacle, puisque, personnellement, l'archiduc était opposé à toute politique manœuvrant dans l'orbite de la chancellerie berlinoise. En fait, le chef de la politique austro-hongroise siège à Berlin, c'est le prince de Bismarck.

En Italie, la politique allemande triomphe dans les sphères gouvernementales, tandis que la population lui est généralement hostile, Humbert et Crispi vont à Berlin rendre visite à Guillaume II et échanger des paroles d'amitié. Ils ont même fait une convention militaire d'après laquelle l'armée italienne en cas de guerre se confondrait avec l'armée allemande sous la direction de l'état-major prussien; par contre, la flotte allemande serait sous les ordres de l'amirauté italienne[2].

Dans la triple alliance connue officiellement, on remarque un fait qui étonne quelque peu : l'Italie alliée de l'Autriche; elle qui revendique toujours certaines

[1] *Peuple*, 23 décembre 1888.

[2] *XIXe Siècle*, 7 juin.

provinces de ce pays. En Autriche, il existe un parti clérical puissant qui demande le rétablissement temporel du pape, tandis que les Italiens l'en ont dépossédé. Les irrédentistes Italiens sont nombreux même en Istrie et à Trieste, et ils ne se font point faute de manifester leur haine pour l'Autrichien. Tout cela n'empêche pas Humbert d'être l'allié fidèle de François-Joseph et de Guillaume. Cette politique allemande coûte cher à nos voisins, car il faut s'armer sans cesse. Le déficit augmente, et de nouvelles taxes vont bientôt peser sur les italiens, grâce à M. Crispi [1].

La fièvre de l'armement a envahi l'Europe entière. Les arsenaux de l'Etat, les usines particulières, travaillent activement à la fabrication d'armes et de munitions. Les fortifications, les voies ferrées pour la mobilisation s'achèvent; la guerre se prépare partout avec une grande activité et il semble que c'est l'Italie qui mettra le feu aux poudres [2].

En Orient, apparaissent aussi les signes précurseurs de la guerre. Bulgares, Serbes et Rouméliotes se livrent au brigandage; les Turcs et les Autrichiens massent des troupes sur les frontières. Depuis l'abdication de Milan et l'avènement d'Alexandre Ier, la politique serbe semble s'être rapprochée de la Russie, pas autant cependant que le voudrait le peuple. Le parti radical est le maître; un de ses chefs, M. Ristich, est régent. Milan avait divorcé avec la reine Nathalie, le divorce a été annulé. Les membres du clergé orthodoxe qui avaient été bannis sont rentrés; la Serbie est perdue pour l'influence autrichienne et reprise par l'influence russe. Le peuple même

[1] Journaux de juillet.

[2] *Matin*, 10 décembre 1888, 21 janvier.

revendique la Bosnie et l'Herzégovine dont les Autrichiens se sont emparés et dont ils ne jouissent pas d'ailleurs avec tranquillité. Souvent en effet, des troubles éclatent dans ces provinces et les habitants sous la conduite de leurs voïvodes comme Steva Ameritsa [1], tiennent continuellement la campagne. Avec Milan, les progressistes dont le chef était M. Garachanine possédaient le pouvoir; ils l'ont exercé si bien que, lors de leur chute, des troubles ont éclaté dans les villes et les campagnes [2].

En Roumanie, Charles de Hohenzollern, appuyé sur une majorité conservatrice, a contracté alliance avec l'Autriche et l'Allemagne quand Bratiano était ministre. La même politique a été suivie par les nouveaux ministres Th. Rosetti, Maioreno, Carp [3]. Le roi s'est aliéné son peuple, dont le cœur est russe, par les faveurs qu'il accordait à la bande Bratiano et accorde encore aux juifs; par l'autorisation de saisie à leur profit de biens d'église, d'écoles et d'hôpitaux. Le peuple roumain tout entier qui vit dans une misère épouvantable est travaillé par des émissaires révolutionnaires russes. Aussi la couronne du roi Charles est passablement chancelante, malgré son alliance avec les Allemands et les Autrichiens.

En Bulgarie, c'est exactement de même : le peuple n'est point partisan de son prince Ferdinand de Cobourg. Les Bulgares aiment les Russes, leurs frères slaves. Ferdinand, hautain, jouant au souverain, peuple son palais de dignitaires, et froisse la nation, qu'il gouverne, par des mesures ridicules contre les évêques orthodoxes [4]; chaque jour le peuple bulgare se détache de lui, qui con-

[1] *Nouvelle Revue*, 1888.
[2] Journaux de décembre 1888, de janvier à juin 1889.
[3] *Matin*, 9 avril.
[4] *Matin*, 23 janvier.

tinue à prendre à Vienne le mot d'ordre de sa politique.

L'influence allemande est aussi considérable en Turquie, où elle agit de concert avec les intérêts anglais ou italiens. Le grand vizir, Kiamil Pacha, encore un juif converti, est vendu à l'Angleterre; il cherche par tous les moyens à faire entrer le sultan dans la triple alliance. Il est vrai que son pouvoir est combattu par un conseiller écouté du sultan, Youssouf Riza Pacha, par Saïd Pacha, ministre des affaires étrangères, et par Artim Pacha, secrétaire d'Etat, tous partisans de l'alliance russe, ou tout au moins de l'expectative. Le médecin particulier d'Abdul-Hamid, Dr Mavrogény, qui jouit d'un grand crédit près de son impérial client, les aide d'une manière effective[1].

Abdul Hamid, fort intelligent, veut faire progresser la nation, qu'il gouverne. Il a décrété l'obligation de l'instruction primaire, créé des écoles et des imprimeries, et chargé un Arménien catholique, Agop Pacha, de réformer le système économique de la Turquie. Malheureusement le parti Vieux Turc, oppose une force d'inertie très grande à toute modification. Le progrès marche donc lentement, et il est encore retardé par des conspirations contre le sultan, comme celle des Softas (élèves en théologie) en 1888[2]. Abdul Hamid n'aime pas les Anglais, qui par l'occupation de l'Egypte[3], le privent d'un des plus

[1] *Figaro*, 19 décembre 1888.

[2] *Matin*, 15 janvier; *XIXe Siècle*, 19 et 30 janvier.

[3] Dans ce pays, les Anglais sont les maîtres absolus. Il n'y a point de justice pour les malheureux indigènes. Les fils de la perfide Albion traitent l'Egypte comme un pays conquis. Les Fellahs, écrasés d'impôts pour payer les intérêts usuraires (13 à 25 p. 100) des sommes prêtées au gouvernement par des banquiers juifs, sont encore pressurés par l'Angleterre.

Sur plus de deux milliards que doit l'Egypte aux Juifs de Lon-

beaux fleurons de sa couronne. Aussi n'est-il pas entré dans la triple alliance ; malgré les démarches des puissances alliées et de l'Angleterre, il conserve sa liberté d'action.

La Grande-Bretagne, dirigée par un ministère conservateur, a une politique antifrançaise bien accentuée. Si notre ambassadeur à Londres, M. Waddington se conduit d'une façon tout à fait contraire à nos intérêts, il rend par contre d'éminents services à la politique de lord Salisbury. C'est grâce à lui que les affaires d'Egypte et des Nouvelles Hébrides ne se sont pas terminées favorablement pour nous. D'ailleurs, partout les intérêts anglais se heurtent contre les intérêts français ; c'est à Madagascar, au Tonkin, à Terre-Neuve, dans les îles anglo-normandes, etc. Dans l'Inde, ils se heurteront bientôt contre les Russes.

L'intérêt de l'Angleterre, et on sait que son intérêt seul l'occupe, la pousse donc dans l'alliance allemande. Cette alliance est probablement faite malgré les froissements que l'honneur britannique a éprouvé dans l'affaire Morier.

Le jour, et il n'est certes pas loin, où un conflit viendra mettre en présence les armes à la main les différents peuples de l'Europe, nous verrons l'Angleterre équiper sa flotte pour nous faire la guerre. Mais alors probablement la Russie nous prêtera son appui. Le peuple russe tout entier aime la France et hait l'Angleterre et l'Allemagne.

Quand même le tzar ne partagerait pas les antipathies de son peuple, il sera obligé de tenir compte de l'opinion publique, beaucoup plus puissante en Russie qu'on

dres, Paris et Berlin, elle n'a pas touché plus d'un milliard et demi. Le reste a formé la *Bedide gomission* des youddis (*Question sociale*, 1885).

ne serait tenté de le croire avec un gouvernement autocratique. Alexandre III donc est antiallemand; malgré les avances de Guillaume II, il a refusé d'entrer dans la triple alliance; il sait que c'est Bismarck qui lui crée tous ses embarras, qui excite les gouvernements roumain et bulgare contre leur protecteur naturel, la Russie. Il n'ignore pas que les valeurs russes sont dépréciées et que le rouble baisse, par les manœuvres du chancelier allemand. Conformément aux vœux du parti slave, il a conservé son libre arbitre et pourra, le cas échéant, faire pencher la balance du côté où il le voudra. C'est lui qui a porté un toast au prince Nikita de Monténégro, le seul et sincère ami de la Russie[1].

En fait à l'exception de la Turquie qui reste muette et de la Russie, la France voit se liguer contre elle toute l'Europe. Encore s'en est-il peu fallu que, par sa bêtise, le ministère Floquet ne soulevât contre nous l'opinion publique russe lors de l'affaire Atchinoff. Il semble que nos gouvernants veulent isoler complètement la France: Floquet et Krantz auraient été Allemands ou Italiens qu'ils n'auraient pas agi autrement. On sent qu'une main puissante, celle de la Haute Finance, tire à sa guise la ficelle de tous ces pantins. Depuis la funeste guerre de 1870, l'Allemagne nous guette, elle espère en de nouvelles victoires. Elle ne sait quelles tracasseries inventer: passeports, expulsions de nos nationaux, arrestations arbitraires, assassinats des tranquilles promeneurs qui sont sur la frontière, etc.... Nous ne disons rien. Ce n'est que lors de l'affaire de Pagny-sur-Moselle et de Raon-l'Etape qu'il nous a été accordé quelques réparations peu importantes. Notre gouvernement se fait petit devant le chan-

[1] Journaux du 1er au 5 juin.

celier de fer que le hasard favorise, car ses adversaires Gambetta [1], Katkoff, Skobeleff, Louis II, Rodolphe de Habsbourg sont tous morts avant l'âge.

Les changements fréquents de ministères empêchent toute action suivie dans la politique française extérieure, qui va à vau-l'eau, comme celle des affaires intérieures d'ailleurs.

Dans l'Europe actuelle, les intérêts ont donc produit les groupements artificiels suivants : Allemagne, Autriche, Italie, Angleterre, Belgique contre la France ; Autriche, Bulgarie, Roumanie contre la Russie ; la Turquie ne se déclarant ouvertement ni d'un côté, ni de l'autre.

[1] C'est l'opinion publique qui prétend que Gambetta était un adversaire redouté de Bismarck. Pour nous, l'ancien dictateur de province n'était qu'un hâbleur de large envergure, sachant manier la phrase et les périodes ronflantes.

C'était un égoïste, ne voyant dans la France qu'une vache à lait qu'il espérait traire à volonté. Il était en train, lorsque la mort l'a arrêté.

CHAPITRE IV

La préparation à la guerre. — La guerre de demain. — Patrie et patriotisme. — Les budgets de guerre en Europe. — L'effectif des armées sur le pied de paix. — Les lois de recrutement. — L'effectif en temps de guerre. — L'infanterie et la cavalerie. — La discipline militaire. — Les officiers. — Le commandement. — Mobilisation et concentration des armées européennes. — Les chemins de fer stratégiques. — L'armement. — Le laiton et M. Secrétan. — M. M... et les enveloppes des balles. — Le nouveau fusil à répétition. — Nouvelle poudre. — Equipement de l'infanterie et de la cavalerie. — L'artillerie, canons et mitrailleuses. — Les explosifs. — La mélinite. — M. M... et les obus. — La télégraphie. — Les pigeons voyageurs. — Les ballons captifs. — Les ballons dirigeables. — La guerre en ballons. — L'aérostat Yon et le gouvernement russe. — M. Renard et son aérostat : La France. — Le moteur Krebs. — Nouvel aérostat Renard. — La section technique de la navigation aérienne au ministère de la guerre. — Histoire de M. X... et de cette section technique. — Les lieutenants-colonels Philippe et Peigné ; les commandants Renard et Halphen ; les capitaines Krebs et Bralet. — M. X..., le comte de Paris et M. A. de Rothschild. — Les fournitures militaires. — Scandales Wollank en Allemagne. — La graineterie française. — La section technique des chemins de fer. — La dilapidation en Italie — Les forts. — Les frontières. — L'armée de mer. — Les navires. — Les torpilleurs. — Les bateaux sous-marins Zedé et Goubet. — L'amiral Krantz et la Société des Forges et Chantiers de la Méditerranée. — Les flottes et équipages. — Résumé.

Une des principales causes de la ruine et de la faillite qui planent au-dessus de toutes les nations de l'Europe est certainement leur budget de guerre.

Chaque année des millions et des millions s'engloutissent pour les armées et les armements de la France, de l'Allemagne, de la Russie, de l'Angleterre, de l'Autriche et de l'Italie. Tous les peuples se préparent à la guerre où les pousse la classe dirigeante. On appelle sous les drapeaux de l'armée active tous les jeunes hommes, retirant ainsi à l'agriculture et à l'industrie un grand nombre d'individus qui, au régiment, consomment sans produire. Les armements succèdent aux armements, les fusils s'entassent dans les magasins, les cartouches dans les poudrières, les canons dans les arsenaux. Le progrès marchant sans cesse, à peine l'armée est-elle munie d'un fusil qu'il lui en faut un autre plus perfectionné. A peine un fort est-il construit qu'il faut le modifier, car de nouveaux explosifs plus puissants ont été découverts. C'est un éternel travail de Pénélope. Demain défait ce qui a été fait hier et cela se représente chaque jour. Des millions viennent ainsi s'engloutir dans ce gouffre que rien ne saurait combler tant que durera l'organisation sociale actuelle.

Cette fièvre d'armement, qui a envahi toutes les classes dirigeantes, ne peut comme l'a dit de Moltke, qu'aboutir à une guerre qui sera terrible tant à cause des procédés perfectionnés de destruction que l'on possède maintenant, que du nombre considérable d'hommes qui s'entre-choqueront en des combats dont ceux des temps passés ne peuvent donner une idée. Autrefois nous avions le combat d'homme à homme qui s'est légèrement modifié lors de l'invention des armes à tir rapide et à longue portée. Demain ce sera la bataille non plus des soldats, mais des appareils mécaniques. Ce sera une lutte d'ingénieurs et non de guerriers ; la valeur personnelle comptera peu, la science et surtout le génie mécanique feront tout dans la lutte épouvantable, que déchaînera tôt où tard la triste manie des dirigeants.

La guerre, lutte fratricide qui, selon l'expression de Liebknecht, est un crime, a encore de beaux jours à passer avant de disparaître de la surface de la terre. Mais il arrivera un jour, puisqu'elle est un crime où on punira comme des criminels ceux qui la commettront.

Alors on ignorera la signification des mots patrie, patriotisme et patriote. On saura qu'ils ont été inventés par les dirigeants pour surexciter les sentiments nobles qui agitent les prolétaires et les diriger dans une voie conforme à l'intérêt bourgeois. On saura que la patrie est le pays où l'on vit et non celui où le hasard nous a fait naître. Qu'importe que l'on soit né à Paris, à Berlin ou à Vienne ? L'homme ne naît-il pas partout d'une femme qui partout supporte les mêmes souffrances ? Pourquoi se haïr et ne point s'aimer ? Pourquoi inculquer à l'enfant des sentiments de haine pour ses frères, dont l'unique défaut est de naître au delà d'une ligne idéale qu'on nomme frontière et qui se modifie sans cesse comme tout ce qui est œuvre humaine ?

C'est que les classes dirigeantes y voient leur intérêt. Elles savent que le peuple a besoin d'une saignée de temps à autre; elles aiment à cueillir des lauriers que d'autres ont gagnés, et c'est pourquoi elles entretiennent dans l'esprit des populations l'idée de patrie. Pour les bourgeois ces idées sont vides de sens, et pourvu qu'ils gagnent de l'or, ils dépouilleront tout aussi bien un étranger qu'un de leurs compatriotes. Mais il faut que le peuple soit patriote, lui : il n'en défendra que mieux les propriétés bourgeoises, et croira accomplir son devoir en mourant sur un champ de bataille pour faire gagner des lauriers à un Galiffet ou de l'or à un Rothschild. Mais le progrès marche. et bientôt prolétaires allemands, français anglais, etc. refuseront de s'entretuer pour la plus grande gloire de leurs maîtres.

Aujourd'hui, malheureusement, nous n'en sommes pas encore là. L'idée de patrie est profondément enracinée dans l'esprit de tous; le désir des combats, reste de l'éthique sauvage et barbare par laquelle nous avons passé, enflamme toujours les cœurs des populations. Ce génie guerrier est soigneusement entretenu par les dirigeants qui l'exploitent à leur volonté. Aussi actuellement l'Europe entière peut mettre sous les armes plus de vingt millions d'hommes, vingt millions d'hommes qui s'entrechoqueront, se tueront, porteront la ruine partout sur leur passage. Calculez ce qu'il faut de fusils, de canons, de voitures, d'approvisionnements de toute sorte et de toute nature pour de telles armées! Considérez les millions qni ont été engloutis et qui disparaissent chaque année dans le gouffre du militarisme, pour qu'un jour peu éloigné ces tas d'or n'engendrent que la mort, l'incendie, la destruction de pays entiers ! Voilà où nous conduira l'armement actuel, car il n'a aucune raison d'être et il est un non sens si la guerre ne survenait pas.

Déjà même la paix armée engendre la ruine, car, selon l'expression toujours vraie de Lao Tze, « partout où l'armée est florissante, on voit pousser les épines et les ronces, car les meilleures armes sont des instruments de malheur[1] ».

Voyez l'Italie qui arme fiévreusement depuis son entrée dans la triple alliance, il lui faut augmenter ses dépenses

[1] Le *Lotus*. 1888.

militaires[1] et le déficit s'accroît; les contribuables sont à bout de ressources et la misère augmente.

La France, l'Allemagne, ont des budgets de guerre à nul autres pareils; la première dépense annuellement 555,934,529 francs; l'autre 453,524,297 francs[2], non compris les dépenses extraordinaires pour l'armement qui, rien que dans l'exercice 1888-89, s'élèvent pour notre voisine de l'Est à la modeste somme de 465,592,000 francs et pour notre pays à 138,554,360 francs[3] (1889). L'Angleterre, pour sa flotte, dépense chaque année

[1] En 1878, les dépenses s'élevaient à 178 millions. En 1883, l'Italie est entrée dans la triple alliance, elles s'élèvent à 232 millions, en 1888 à 319 millions et en 1889 à 450. (*Matin*, 23 décembre 1888.) Si l'on y comprend les dépenses de la marine et des chemins stratégiques, on a un budget de 632 millions. (T. Cahu.)

[2] *Annuaire statistique* 1888. — Dans ces dépenses considérables n'entrent pas celles afférentes à la marine des deux pays. Pour la France, ce budget dépasse 200 millions. Le budget ordinaire de la guerre varie peu, car il est destiné à la solde, à l'entretien des troupes et du matériel de guerre existant. L'entretien et la solde des troupes coûtent seuls 453.016.853. En Allemagne, l'exercice 1888-89 est en augmentation de 21 millions sur les dépenses de 1887-88.

La Russie a un budget de guerre qui dépasse 600 millions. (T. Cahu. L'*Europe en Armes*.)

Le budget annuel de l'armée autrichienne se chiffre à environ 300 millions (*idem*). Le budget de guerre de la Bulgarie est de 17,227,000 francs.

[3] La loi française du 26 juin 1888, modifiée par celle du 30 décembre de la même année porte à 770.731.000 les dépenses nécessitées pour la transformation des armes et engins de guerre et pour l'achèvement du système défensif de la France. Ces millions se répartissent, en plusieurs années, de la manière suivante :

555.950.000 pour l'artillerie (canons, fusils, explosifs, poudres);
183.083.000 pour le génie (forts, casernements);
31.698.000 pour les autres services.

La part qui doit être dépensée en 1889 comprend 114.134.360 pour l'artillerie. (*Journal officiel*, 31 décembre 1888.)

311,925,000 francs et pour son armée de terre, y compris l'armement, une somme de 459,847,500 francs [1]. Elle ne trouve pas cela suffisant, car le ministère Tory, après des pétitions d'un grand nombre de bourgeois anglais, va proposer au parlement un projet de défense de l'Angleterre nécessitant deux milliards et demi pour la construction de 20 à 22 cuirassés, de 50 croiseurs et l'augmentation du nombre des canons nouveaux modèles [2].

L'Allemagne seule a dépensé de 1872 à 1889 inclus plus de 11 milliards et demi pour l'armée, la marine, et leur armement, équipement, etc. [3].

Avec ces quantités considérables de millions, les gouvernements entretiennent sur le pied de paix des armées formidables qui, en temps de guerre, sont encore accrues. En France, l'effectif de paix est de 471,695 hommes, 26,186 officiers et 130, 920 chevaux [4]. En Allemagne, il est de 522,000 soldats et de 19,000 officiers. L'armée active austro-hongroise, vu les nécessités budgétaires, est moins nombreuse. Elle ne compte que 290,000 hommes et officiers, tandis que l'armée russe dépasse 863,000 hommes. L'armée italienne en comprend 216,000 et l'Angleterre 185,500, sans compter les troupes des Indes orientales, du Canada et des autres colonies.

Pour avoir sous les drapeaux un aussi grand nombre d'hommes, en paix comme en guerre, il a fallu des lois de recrutement qui diffèrent selon les pays. Bien que le service soit obligatoire pour tous, la classe bourgeoise

[1] *Annuaire statistique*. 1888.

[2] *Matin*, 5 janvier, 19 février.

[3] *Freisinnige Zeitung*.

[4] La gendarmerie n'est pas comprise dans cet effectif. Elle se compose de 788 officiers et de 25,024 hommes. En Allemagne il en est de même.

n'a point fait trop de difficultés pour les voter. Elle a compris qu'il était nécessaire d'avoir des armées innombrables pour se défendre ou pour attaquer ses voisins, suivant les besoins d'une politique égoïste et anti-humanitaire. Elle n'a point hésité à se priver ainsi de bras nombreux pour ses usines et ses fermes, ce qui lui aurait permis de réduire les salaires et de faire encore de plus gros bénéfices, toujours en vertu de la loi de l'offre et de la demande si chère à Leroy-Beaulieu et aux économistes de ce temps. En France[1], en Angleterre[2], en Italie[3],

[1] De vingt à quarante ans tout Français peut-être appelé sous les drapeaux en cas de guerre. En temps de paix, un tiers environ du contingent annuel (280 000 hommes) est exempté soit pour infirmités, soit comme faisant partie du personnel des cultes et de l'instruction publique, soit comme soutien de famille. Le reste du contingent est, par voie de tirage au sort, réparti en deux catégories : service de cinq ans, en pratique quarante mois, service d'un an, en pratique neuf à dix mois. Il y a en outre les engagés conditionnels qui, en payant 1,500 francs, ne servent qu'un an. Depuis plus de trois ans, une nouvelle loi militaire était devant le parlement, elle vient d'être votée. Le service dans l'armée active est donc maintenant de trois ans. Les membres du clergé sont soldats comme les autres, il n'y aura plus de volontaires d'un an. Les Français pourront être appelés sous les drapeaux jusqu'à l'âge de 45 ans.

A la fin des trois ans de l'armée active, les hommes appartiennent pour six ans à la réserve avec deux appels de vingt-huit jours, pour cinq ans à la territoriale et pour onze ans à la réserve de cette dernière.

[2] Depuis un siècle le service obligatoire est inscrit dans la loi anglaise, mais chaque année un bill parlementaire en suspend l'application. L'armée anglaise n'est composée que d'engagés qui reçoivent une prime et une solde assez élevée.

[3] Tout Italien, du premier janvier de l'année où il atteint l'âge de 20 ans jusqu'au 31 décembre de celle où il a trente-neuf ans révolus, doit le service personnel. Les hommes sont classés en deux catégories : 1° Ceux qui font douze ans de service dans l'armée active et la milice mobile, sept ans dans la milice territoriale. (La cavalerie ne fait que neuf ans dans l'armée active et dix ans dans la milice territoriale.) — 2° Ceux qui font neuf ans

en Russie[1], en Autriche[2] et en Allemagne[3] le service est obligatoire et personnel, sauf certains cas de réforme ou de dispense prévus par la loi. Il en résulte que l'effectif de guerre des armées de ces pays[4] est con-

dans l'armée active et milice mobile, et dix ans dans la milice territoriale. Les dispensés sont classés directement dans la territoriale, à laquelle ils appartiennent pendant dix-neuf ans.

[1] Tout Russe doit le service militaire personnel de vingt à quarante ans. En temps ordinaire, le contingent annuel est classé en deux catégories par voie de tirage au sort : 1° six ans dans l'armée active, neuf ans dans la réserve et ensuite dans la milice; 2° de suite dans la milice.

[2] En Autriche, le service militaire est de vingt-deux ans : trois sous les drapeaux, sept dans la réserve, deux dans la landwehr, dix dans le landsturm. Il existe des volontaires d'un an.

[3] En Allemagne, le service dans l'armée active est de trois ans, dans la réserve de quatre ans, dans la landwehr de cinq ans et ensuite dans le landsturm. Il y a des volontaires d'un an.

En Turquie, l'obligation du service personnel est de vingt ans.

En Belgique, le service est obligatoire à partir de dix-neuf ans; le remplacement est permis. La durée du service est de huit ans dans l'armée active.

Tout Roumain doit le service militaire de 21 à 40 ans (trois ans dans l'armée active et six dans la réserve).

[4] Les gigantesques armées modernes ont les forces nominales et réelles suivantes.

		Force réelle.	Force nominale.
FRANCE...	Armée active.........	1,832,000	2,440,000
	Armée territoriale....	890,000	1,180,000
	Réserve de l'armée territoriale	970,000	1,290,000
	Total...	3,692,000	4,910,000
ALLEMAGNE...	Armée active et landwehr.	1,400,000	1,840,000
	Réserve de remplacement (ersatz)......	810,000	
	Landsturm............	2.000.000	
	Total...	4,210,000	

sidérable et nécessite un nombre incroyable de voitures,

AUTRICHE-HONGRIE	Armée active et landwehr.	1,180,000
	Réserve de remplacement.	83,000
	Landsturm................	mémoire
	Total..	1,263,000

Selon Cahu, l'armée totale comprend 2,113,000 hommes instruits complètement et 417.800 hommes sommairement instruits.

RUSSIE...........	Armée active et réserve...	2,800,000
	Milice.....................	4,487,000
	Total.......	7,287,000

T. Cahu donne les chiffres suivants :

Armée active........	671,227
Réserve..................	1,516,914
Opoltschénié.............	2,090,000
Cosaques	158.446
Total.......	4,436,587

Sur ce nombre formidable de soldats russes, 3,000,000 ne sont pas instruits.

Italie....	Armée active et milice mobile...........	1,187,000
	Milice territoriale........	1,303,000
	Total..... .	2,490,000

Cahu, d'après des renseignements particuliers, fixe à 850.000 hommes seulement la valeur numérique réellement utilisable.

ANGLETERRE	Armée régulière..........	249,000
	Milice.	124,000
	Volontaires	247,000
	Total.......	620,000

D'après Cahu, l'effectif total de l'armée turque serait de 750,000 hommes.

L'armée belge s'élève en temps de guerre à 130,000 hommes. La Roumanie a une armée active et réserve de 150,000 hommes; la territoriale en compte 50,000. En cas de levée en masse, on obtiendrait 300,000 hommes armés (Cahu).

L'armée active bulgare compte 29,000 hommes et l'armée serbe 64,000 hommes en cas de mobilisation (Cahu). Nominalement la Serbie peut appeler sous les drapeaux 155,000 hommes (premier ban, 90,000; deuxième ban, 65,000).

de chevaux, etc.[1]. D'ailleurs, la force des troupes sur pied de guerre est beaucoup plus forte nominalement qu'elle ne le sera le jour d'une mobilisation effective. Il faut compter en effet sur un déchet de 25 p. 100, dispensés pour infirmité ou manquant à l'appel pour une raison quelconque. Ces armées formidables, que l'antiquité ignorait, sont divisées en infanterie, cavalerie, artillerie, génie, train, état-major, services divers (télégraphes, ballons, chemins de fer, etc.), administration (intendance, approvisionnement, corps de santé). L'infanterie, qui est la pierre fondamentale de tout l'édifice militaire, est de beaucoup la plus nombreuse; l'artillerie vient ensuite, sauf en Russie, où la cavalerie compte un plus grand nombre d'hommes[2].

[1] L'Allemagne peut employer en temps de guerre 400,000 chevaux et 40,000 à 50,000 voitures, sans compter le landsturm; la France environ 210,000 chevaux et 50,000 voitures, sans compter l'armée territoriale. La Russie a une cavalerie formidable. L'Angleterre, où le droit de réquisition n'existe pas, n'a pas assez de chevaux pour mobiliser un corps d'armée; pour mettre 50,000 hommes sur pied de guerre il lui faudrait acheter 18,000 chevaux.

[2] On compte en Allemagne, sauf le landsturm, 1,500,000 hommes d'infanterie; 150,000 d'artillerie; 48,000 soldats du génie; 90,000 du train, et 115,000 cavaliers formant 1,421 bataillons, 601 escadrons, 500 batteries. En France, la mobilisation de l'armée active et de sa réserve donnerait environ 1,270,000 hommes d'infanterie, 220,000 artilleurs, 110,000 cavaliers, 75,000 hommes du train et 30,000 sapeurs du génie formant près de 1,000 bataillons ou compagnies de dépôt, 540 escadrons, 684 batteries, etc. L'Italie compte, y compris sa milice territoriale, 1,073,000 fantassins, 58,000 cavaliers, 154,000 artilleurs et 33,000 sapeurs du génie répartis en 96 régiments d'infanterie active, 48 de milice mobile et 320 bataillons de milice territoriale, 12 régiments de bersaglieri, 7 régiments alpins, 22 compagnies alpines, 22 bataillons alpins, 24 régiments de cavalerie, 264 batteries d'artillerie de campagne et de montagne et 140 compagnies d'artillerie de forteresses et de côtes, 120 compagnies et sections de génie. L'infanterie active russe présente un effectif de 896,000 hommes de troupe et de 16,400 officiers. (Cahu.)

Toutes ces armées ont un nombre élevé d'officiers nécessaires en temps de paix comme en temps de guerre, car il faut encadrer tous les hommes que la mobilisation appelle sous les drapeaux. Ce nombre est en moyenne de 20 à 30,000.

La discipline faisant la force principale des armées, disent les manuels militaires, il importe qu'elle soit fidèlement observée. C'est en Allemagne qu'elle l'est le plus strictement. Là, tout porteur d'uniforme est persuadé de sa supériorité sur le civil. Voyez le simple soldat même, quand il se promène dans les rues : il marche la tête haute, raide, convaincu de sa dignité et de son importance. Le civil, employé, ouvrier ou paysan le regarde avec envie, aspirant au moment où, lui aussi, portera l'uniforme ou regrettant le temps où il le portait. Toujours bien habillé, en des vêtements propres et ajustés, il représente beaucoup mieux que le soldat français, assez souvent vêtu peu élégamment.

Le Français est de sa nature même peu discipliné. Il a horreur de toutes ces marques extérieures de respect, et il trouve que, pour se battre, point n'est besoin de savoir saluer militairement ou de mépriser le civil. La France est une nation guerrière, tandis que l'Allemagne est une nation militaire. Dans notre pays il n'y a guère que les officiers, et seulement ceux de certains corps, qui sont imbus de leur supériorité sur le reste de l'humanité.

Les thuriféraires de l'armée ont dit que l'officier renonce en endossant le harnais à toutes les satisfactions et à tous les plaisirs que procure la fortune. Il accepte une vie de privations et de travail sans relâche que ne compensent pas les quelques honneurs qu'on lui octroie.

Renonçant à amasser une fortune, à se créer un établissement définitif, à assurer l'avenir de sa famille, il lui faut des dédommagements tels que le respect et la considération de tous. Ce sont là de belles paroles, malheureusement leur sens est erroné. L'employé de bureau dans une administration publique renonce, lui aussi, à amasser une fortune, et cependant on ne lui octroie ni considération, ni honneurs spéciaux. L'ouvrier, le savant, passent souvent une vie de travail et de misère, et aucun dédommagement ne leur est offert. En réalité, l'officier ne travaille pas beaucoup ; il a pris la carrière des armes, parce qu'il sait que peu à peu, par la force des choses, avec une intelligence moyenne, il arrivera au grade d'officier supérieur. Il est militaire, comme il aurait été commerçant ou employé; il a préféré ce métier à tous les autres, parce qu'il sait que là son avenir est assuré et qu'il n'a point à se préoccuper du lendemain. Il ignore les douleurs et aussi les joies de la lutte pour la vie, sauf en temps de guerre. Il vit tranquille dans une garnison, passant plus de temps au café et dans les réunions mondaines qu'à la salle d'étude. L'officier riche, lui, n'a revêtu l'uniforme qu'à cause de l'espèce d'auréole dont un certain monde l'entoure encore. Le costume de hussard ou de chasseur lui sied bien, il entre alors dans ces corps. Il fera sensation dans les salons, toutes les jeunes filles le regarderont et le désireront, car nous sommes encore loin de la civilisation chinoise, qui considère le métier des armes comme le dernier des métiers. Ils sont rares les officiers qui sont soldats par vocation, qui travaillent continuellement pour augmenter leur bagage de connaissances techniques.

D'ailleurs, il est bien difficile à un officier d'un corps de troupe de travailler sérieusement, car ses camarades, qui préfèrent l'absinthe à l'étude, le plaisantent et l'entraînent. Il lui faut une grande force de volonté pour résister, aussi le fait-il rarement. Il fréquente le café, s'abrutit assez vite, et s'il lui reste un peu de vigueur morale, quand il voit ce qu'est devenue son intelligence si brillante autrefois, il se suicide. Les suicides, en effet, dans les armées européennes, sont beaucoup plus nombreux que dans le civil[1]. Leur nombre augmente avec la longueur du temps de service.

En fait, la vie d'officier n'est pas enviable, quoiqu'elle donne la certitude du lendemain ; elle oblige l'homme à se dépouiller de toute individualité. En vertu des principes de discipline, l'officier doit approuver ce que fait et dit son supérieur. Cela peut être absurde, tant pis! il porte plusieurs galons et par conséquent il a raison. C'est sur ces hommes imbus de leur valeur, minime en général, surtout lorsqu'ils sont arrivés à des grades supérieurs, car la vie qu'ils ont menés les a atrophiés, c'est sur ces hommes, disons-nous, que repose l'avenir des nations lorsqu'une guerre éclate. Ce sont eux qui, en quelques jours, doivent mobiliser des millions d'hommes, les concentrer sur les frontières, les approvisionner de vivres et de munitions, et les mener ensuite au combat, à la tuerie.

Pour faciliter leur tâche, les officiers organisent, pendant la période de paix, la mobilisation et la concentra-

[1] L'armée italienne a 14 fois plus de suicides que le civil; l'armée française 2,2; les armées prussienne, russe et anglaise 3; les armées belge et autrichienne 6, 7, 8 et 9 fois plus. (*Giornale medico dell exercito*, 1888.).

La mortalité militaire est la suivante dans les différents pays : 4,9 p. 1,000 Allemagne; 7,25 p. 1,000 Angleterre; 9,11 p. 1,000 France; 10,74 p. 1,000 Italie; 10,88 p. 1,000 Autriche; 14,14 p. 1,000 Russie (Dr Ravenez. *La vie du soldat au point de vue de l'hygiène*). La mortalité civile est en général du double plus forte, mais il faut remarquer que les enfants, les vieillards, les femmes et les débiles sont comptés dans la population civile.

tion; tout est prévu jusque dans les moindres détails, de sorte que, l'ordre de mobilisation donné, chacun sait ce qu'il a à faire.

La mobilisation en temps de guerre s'effectuera assez rapidement dans tous les pays d'Europe, mais il n'en est pas de même de la concentration. Celle-ci se fait sur des points différents, suivant l'ennemi que l'on a à combattre; il en résulte que plusieurs plans ont dû être et ont été étudiés par les états-majors des armées européennes. Quoi qu'il en soit de la position des lieux de concentration, il n'en faut pas moins y transporter, en quelques jours, un nombre considérable d'hommes et une effroyable quantité de matériel de toutes sortes. Ces transports nécessitent des milliers de wagons qui doivent être réunis sur quelques lignes seulement. De là naîtront, sans aucun doute, des encombrements qui retarderont la marche des trains, et reculeront plus ou moins l'achèvement de l'opération. Il faudra environ de quinze jours à trois semaines pour la terminer et pour que les armées belligérantes soient rendues sur les frontières respectives. Il ne s'agit là que de l'Allemagne et de la France, car pour les autres nations, la concentration et la mobilisation exigeront plus de temps.

En France, il est probable que, trois semaines après une déclaration de guerre, nous aurions sur notre frontière un million d'hommes au moins armés, équipés, approvisionnés et prêts à combattre. Malheureusement le généralissime de notre armée, quel qu'il soit ne pourra être un maître obéi à cause de notre organisation défectueuse. On pourrait croire qu'il n'a que son major général comme intermédiaire avec les commandants de corps d'armée. C'est une erreur, car il existe des inspecteurs généraux, des directeurs généraux de l'artillerie, du génie, de la télégraphie, etc., qui en qualité de chefs grandissimes auront la prétention de donner directement des ordres à leurs subordonnés des diverses armes. De là naîtront une situation fausse et embarrassante, la confusion des pouvoirs, des conflits d'autorité, des divergences de vue, encore augmentés par l'encombrement des états-majors des différents corps d'armée[1]. Tous ces défauts, qui ont leur origine dans notre mauvaise organisation du commandement, nous seront des plus nuisibles en cas de guerre. L'Allemagne, au contraire, verra sa concentration se faire plus rapidement. Dans ce pays les lignes de chemin de fer appartiennent à l'Etat qui ne perd point de vue une mobilisation et une concentration toujours probables. Il a fait construire quantité de voies ferrées purement stratégiques, et a dépensé pour cela des sommes énormes[2]. Son matériel de wagons transportera donc sur la frontière attaquée les hommes nécessaires avec plus de rapidité que ne pourra le faire la France dont les lignes de chemins de fer sont entre les mains de banquiers plus ou moins juifs, comme les Rothschild. Ces financiers ne se soucient que de leurs intérêts particuliers et par suite il en résulte que les routes françaises stratégiques sont fort rares.

En outre, le chef de l'armée allemande n'aura pas comme en France à lutter contre le mauvais vouloir de certains. Le grand état-major est fort bien constitué et composé d'hommes de valeur ; le commandement a une

[1] Général Lewal. *Presse*, 3 mars.

[2] Il a dépensé plus de 300 millions pour les lignes de Lehrte, Coblentz et Metz, de Fribourg-Aulm, et de Coblentz-Strasbourg. (*Presse*, 31 décembre 1888.)

organisation précise qui ne permettra aucun conflit d'autorité; le chef ordonnera et tous obéiront.

Cette préparation à la guerre, supérieure chez les Allemands, aurait sans doute pour résultat, dans le cas d'un conflit franco-allemand, une défaite des Français, si ceux-ci ne possédaient une bravoure et un entrain naturels qui les font se précipiter sur l'ennemi dans un élan terrible; si une certaine individualité ne subsistait pas en l'esprit de quelques officiers généraux ou supérieurs, individualité qui les pousse à commettre un acte de folie ou de génie, suivant que la Fortune le couronne ou non.

La mobilisation et la concentration de l'armée austro-hongroise s'exécutera bien moins rapidement que celles dont nous venons de parler[1]. Les gares de chemin de fer et le matériel roulant sont en mauvaises conditions et tout à fait insuffisants.

La Russie, vu son étendue considérable, exigera pour sa mobilisation un temps beaucoup plus long que celui nécessaire à la France ou à sa voisine occidentale. En outre, les opérations sont impossibles en hiver quand la neige couvre le sol. Aussi le tzar a-t-il, même en temps de paix, sur les frontières de l'Ouest des forces notables[2],

[1] L'état-major autrichien croit pouvoir faire la mobilisation en 26 jours (Cahu), mais c'est peu probable.

[2] La Russie est divisée en 20 corps de troupes de forces inégales et forme trois grandes armées, ayant pour quartiers généraux Kieff, Varsovie et Wilna. L'armée de Kieff qui fait face à l'Autriche a quatre corps et quatre divisions de cavalerie indépendante. Gourko commande l'armée de Varsovie composée de quatre corps et de cinq divisions de cavalerie indépendante ; elle est jointe par le camp retranché de Brest-Litowski à l'armée de réserve dont le quartier général est Moscou. L'armée de Wilna appuyée sur celle de Saint-Pétersbourg a quatre corps et quatre divisions de cavalerie indépendante. L'armée du Caucase qui comprend surtout des

suffisantes pour lui permettre de résister à l'ennemi jusqu'à la fin de sa mobilisation et de sa concentration totales. L'Italie a encore beaucoup à faire pour parvenir à un bon résultat. Les voies stratégiques de la région du Pô et des Alpes sont dans un état très précaire. Les travaux nécessaires à une mobilisation et à une concentration rapides sont à peine commencés.

On comprend aisément ce que peut coûter l'armement de semblables multitudes, si l'on songe à la quantité de fusils, de canons, de sabres, de voitures, d'outils de toutes espèces et de toute nature, qu'il faut pour armer une nation telle que la France, l'Allemagne ou l'Italie. Comme le progrès marche sans cesse, comme les inventions succèdent aux inventions, les armes se modifient chaque jour. Il faut s'en munir de nouvelles, avant même que les anciennes aient pu servir sur un champ de bataille.

Ainsi après la guerre de 1870, la France transforma son armement. Abandonnant le Chassepot, elle prit le fusil Gras avec des cartouches métalliques. C'était en 1874 et ces fournitures de cartouches valurent une fortune à un industriel, M. Secrétan, que vient d'illustrer et de ruiner le récent krach du cuivre.

Le laiton que fournissait cet honorable industriel était si bon que, quelques années après, on fut obligé de faire détruire les cartouches; des quantités immenses de vieux cuivre s'accumulèrent alors dans les arsenaux de l'État[1]. Les contribuables avaient payé des millions

troupes auxiliaires est réunie à ces armées par les cosaques du Don, et les troupes de Sébastopol, d'Odessa et de Paratoff. Il n'y a donc pas de la mer Noire à la Baltique de solution de continuité. (*Revue du Cercle militaire*, 1888.)

[1] *Gaspillage du budget de la guerre*, par Albert Hübner. Cette

pour un résultat négatif; mais M. Secrétan avait gagné une fortune magnifique qui lui permit d'avoir une galerie de tableaux dont le castrat Albert Wolf a chanté les louanges sur un ton dithyrambique[1]. Comment les commissions de l'artillerie acceptaient-elles des fournitures aussi mauvaises que celles qui devaient enrichir Secrétan? Nos lecteurs feront à cette question la réponse qui leur conviendra le mieux. Nous savons seulement que l'industriel en question a marié une de ses filles à un capitaine d'artillerie M. D... alors qu'il faisait partie de la commission de réception des laitons à l'usine de Puteaux.

Le Gouvernement français n'a jamais poursuivi Secrétan; bien plus, il a continué à se fournir chez lui. En 1886, lors de l'abandon du fusil Gras[2] et de son remplacement par le fusil Lebel, d'un diamètre plus petit, il fallut de nouvelles cartouches; la balle de plomb fut recouverte d'une enveloppe dure et flexible, de façon à ce que l'arme s'encrassât moins rapidement. Ce fut encore à M. Secrétan que l'administration de la guerre s'adressa pour ces nouvelles fournitures. L'enveloppe des balles est en maillechort nickelé et revient à un prix assez élevé. Or, nous connaissons un industriel M. M...

brochure d'un ancien courtier en métaux, notable commerçant, est édifiante. On voit là s'étaler, au grand jour, toute cette histoire des cartouches en laiton adoptées malgré des rapports contraires d'officiers d'artillerie. (Le laiton est attaqué par la poudre et la détériore.) On trouve exposés, preuves à l'appui, les tripotages honteux auxquels ont été mêlés MM. Laveissière, Secrétan, Gevelot, de Rothschild. Un gouvernement, soucieux de la nation qu'il dirige, aurait déjà poursuivi ces gens, mais...

[1] Cette galerie a été vendue en juillet dernier; le produit de la vente s'est élevé à 7 millions environ.

[2] La France avant d'adopter le fusil Lebel avait d'abord pris les fusils à magasins Kropatschek et Gras.

qui a proposé à l'administration de la guerre une enveloppe en fer suédois, plus dure que le maillechort, aussi malléable et flexible. On l'a éconduit. Il présentait des modèles fort bien faits, on a fait des essais satisfaisants, le prix était beaucoup moindre, et cependant l'administration continue à faire usage des enveloppes en maillechort, qui ne sont pas meilleures et coûtent beaucoup plus cher. Pourquoi ?

Aujourd'hui l'armée active française est presque entièrement pourvue de sa nouvelle arme à répétition [1].

La cavalerie aussi est munie de carabines du même système. Les armées allemandes, italiennes, autrichiennes, anglaises et belges ont aussi le fusil à répétition. L'armée russe ne l'a pas adopté.

Ce fusil présente des avantages et des inconvénients ; s'il permet le tir rapide plus aisément qu'un autre, il pèse plus lourd quand toutes ses cartouches sont dans le magasin ; son mécanisme est plus compliqué et plus fragile. La fréquence et la rapidité du tir ne tardent pas à échauffer le canon au rouge sombre, ce qui, ainsi que le changement du centre de gravité, causé par le fait que le magasin se vide, est nuisible à la précision du tir.

Les nouveaux fusils ont en général un calibre de 8mm, tandis que les anciens en avaient un de 11. Aux expériences belges du camp de Beverloo [2], on a essayé les fusils Mannlicher, Nagant, Lebel, Pieper, Schulof, Mauser et Engh, ce seraient ces deux derniers les meilleurs ; l'appareil de fermeture du fusil Lebel laisserait à désirer et le magasin serait mal placé.

[1] Le fusil Lebel a un magasin de 9 balles ; il pèse 3 kilogr. 950.
[2] *XIXe Siècle*, 18 février.

Les Allemands avaient d'abord adopté comme fusil à répétition le Mauser transformé ; le mécanisme était défectueux, l'auget fonctionnait mal, l'éjecteur n'expulsait pas toujours l'étui, la poussière enrayait le mouvement. Aussi ils l'ont abandonné et ont pris le Mannlicher modifié par M. Oyandtmann [1]. Avec cette arme, le tir est à volonté unique ou à répétition ; le magasin à cartouches n'est pas en saillie, son calibre est de 8mm. La fabrication de ce fusil est poussée avec la plus grande activité, et à la fin de cette année, l'armée active et la landwehr allemande en seront toutes munies ; nuit et jour, les manufactures d'armes de Steyr, Spandau, Darmstadt, etc., travaillent à cette fabrication, en même temps que l'industrie privée reçoit d'importantes commandes de pièces détachées. L'Autriche-Hongrie [2], l'Italie [3] ont adopté le même fusil et là encore sa fabrication est menée fébrilement [4].

L'Angleterre a pris le fusil petit calibre 7mm 8, système Lee ; le magasin à 8 cartouches est mobile ; il pèse un peu plus de 4 kilogrammes, et son tir a une longueur de 2,560 mètres qui est à peu près la même que celle des fusils Lebel et Mannlicher.

La Serbie, la Russie ont conservé leurs anciens fusils Peabody et Berdan.

La Turquie a pris elle aussi le fusil à petit calibre Mau-

[1] On a dit que le gouvernement allemand avait adopté un nouveau fusil plus simple, tirant douze coups à la minute, inventé par M. Faforke. (*Matin*, 25 mars.)

[2] L'Autriche a adopté, en 1886, le Mannlicher de 11mm avec magasin fixe à 5 coups. En 1888, elle a pris un nouveau Mannlicher à 8mm.

[3] L'Italie a d'abord adopté le Vetterli de 10mm,4 avec magasin à 12 cartouches

[4] *Revue du Cercle militaire*, 1889.

ser, modèle 1887. Cette mesure ne s'est accomplie que dernièrement, de sorte que la transformation de l'armement dans ce pays est loin d'être terminée.

La vitesse initiale des balles des fusils de petit calibre est respectivement de 670 mètres à la seconde pour le Lebel 520 mètres pour le Lee, et 600 mètres environ pour le Mannlicher-Oyandtmann[1]. Une vitesse initiale aussi grande produit la tension de la trajectoire qui augmente la zone dangereuse, et assure la justesse du tir. Le fusil Lebel ne recule presque pas, ce qui est fort avantageux pour le tireur.

La balle de cette arme pèse 15 grammes, poids sensiblement égal à celui des autres projectiles des fusils à répétition et à petit calibre.

Le pouvoir perforant des balles Lebel est beaucoup plus grand que celui des balles modèle 1874. Les expériences faites en présence de la commission de Gavre en 1887-88 l'ont prouvé. A 200 mètres, une balle modèle 1886, traverse une plaque de tôle de fer de 6 centimètres d'épaisseur et une poutre de sapin de 60 centimètres.

La poudre en usage pour toutes ces nouvelles armes est elle-même nouvelle. Elle ne produit pas de fumée et serait composée d'un mélange à combustion lente de fulmi-coton et de collodion[2]. Les Allemands, les Autrichiens, les Italiens et les Belges possèdent la poudre de

[1] Une nouvelle poudre, fabriquée par l'établissement de Wetteren, permettrait d'avoir une vitesse initiale de 725 m. La poudre est sous forme de grain, et n'a aucune action sur le métal. (*Moniteur industriel*, 29 août.)

[2] Il y aurait, d'après la *Saint-James Gazette*, plus de 1 milliard et demi de cartouches Lebel dans les poudrières françaises. (octobre 1888). Actuellement cette quantité doit dépasser 2 milliards et demi.

Rothweill ou Wetteren[1], sans fumée et aussi bonne que la poudre Lebel[2].

Si les fusils et les cartouches se sont si complètement transformés, le reste de l'armement et de l'équipement des troupes n'a pas moins changé. La baïonnette française est maintenant une lame droite, cannelée et à section quadrangulaire. Les Allemands ont complètement abandonné l'exercice à la baïonnette, ce n'est plus pour eux qu'une arme de parade. Leur équipement a d'ailleurs été modifié au grand avantage des soldats. La charge a été allégée. La poitrine des hommes ne supporte plus comme avant la pression du manteau, de la musette et du bidon. Le jeune empereur semble avoir pris à tâche dans le nouveau règlement militaire [3] de ne point imposer aux hommes une fatigue inutile : ainsi il a supprimé les temps d'arrêt dans le maniement des armes et a défendu de frapper sur celles-ci pour les faire résonner [4]. Les soldats allemands portent la musette et le bidon accrochés au ceinturon, tandis que les Français les portent en sautoir.

[1] La poudre en question est fabriquée d'après un procédé appartenant à la société belge de Wetteren (près Gand), qui a vendu le secret à une société allemande dont le prince de Bismarck est un des gros actionnaires. La société allemande a établi des usines à Rothweill sur une propriété appartenant à Bismarck lui-même.

[2] Il est question en France d'une nouvelle cartouche de puissance égale à celle du fusil Lebel, mais coûtant 70 p. 100 moins cher, car elle supprime la douille métallique. (*Matin*, 30 mars.)

[3] *Presse*, 27 février.

[4] En France, certains officiers subalternes aiment à entendre sonner les armes dans l'exercice du maniement ; d'autres préfèrent la nouvelle manière allemande; il résulte de cette divergence de vue que les soldats réservistes pendant leur période de vingt-huit jours sont souvent dépaysés ; le maniement d'arme ne s'exécutant pas comme ils l'ont appris.

L'équipement du fantassin français n'a pas subi grande modification, sauf celui des troupes alpines qui est approprié au climat du pays où elles manœuvreraient en temps de guerre[1]. En Russie, on abandonne le havre-sac pour le remplacer par des sacoches portées en sautoir au moyen de larges courroies. L'armement de la cavalerie subit aussi des modifications. Tous les régiments de cavalerie en Allemagne[2] sont maintenant munis de lances, et la cuirasse est complètement abandonnée, car elle ne garantit plus l'homme contre les balles ennemies.

La cavalerie française[3] est armée de carabines à répétition; la lance est en essai, et la moitié des régiments de cuirassiers ne porte plus la cuirasse. Cette arme défensive, reste de l'ancien armement, est bien inutile maintenant, avec les fusils à longue portée et à projectiles, doués d'une grande puissance de perforation.

La cavalerie, dont le but est surtout de surveiller, d'explorer, de protéger l'infanterie et enfin rarement de charger, n'a nullement besoin de la cuirasse qui ne peut que la gêner et l'alourdir. La Russie[4] ne possède que

[1] Les troupes alpines composées de 12 bataillons à 6 compagnies par bataillon portent le béret basque, une capote courte avec capuchon, des jambières de laine, un bâton ferré et des cordages.

[2] La cavalerie allemande sur pied de guerre, compte 120 régiments, à 5 escadrons (1 de dépôt), composés de 23 officiers, 602 hommes et 38 soldats du train par régiment.

[3] La France possède en temps de paix 12 régiments de cuirassiers, 26 de dragons, 20 de chasseurs, 12 de hussards, 4 de chasseurs d'Afrique, 3 de spahis, 8 compagnies de remonte, en tout 77 régiments de cavalerie.

[4] La cavalerie russe compte : garde, 12 régiments de dragons et cosaques du Don, 5 sotnias de cosaques du Kouban, du Térek et de l'Oural ; armée : 46 régiments de dragons, 117 régiments de cosaques, 34 sotnias de cosaques et 72 d'opoltchenié. (*Revue du cercle militaire.*)

des dragons et des cosaques armés les premiers de carabines Berdan, les seconds de lances et de revolvers. L'Autriche, l'Italie, etc., ont aussi une cavalerie importante et bien instruite, surtout celle d'Autriche-Hongrie[1].

Le progrès incessant des sciences mécaniques et chimiques a surtout modifié l'armement des troupes d'artillerie dont le nombre augmente chaque jour.

L'artillerie allemande se divise en deux corps distincts : 1° l'artillerie de campagne; 2° l'artillerie à pied[2]. Sans parler des batteries de dépôt, l'Allemagne peut mobiliser environ 400 batteries d'artillerie de campagne, soit 2,400 canons.

Les artilleurs français sont munis du mousqueton et manœuvrent un nombre de canons sensiblement égal à celui des Allemands. Nous possédons une artillerie de forteresse et douze batteries d'artillerie de montagne pour la défense des Alpes.

L'Autriche-Hongrie sur le pied de guerre peut mettre en ligne 1,664 canons répartis en 221 batteries[3], tandis que la Russie en possède 3,228 répartis en 430 batteries

[1] Il y a en Autriche-Hongrie 14 régiments de dragons, 16 de hussards et 11 de uhlans. La Turquie mobilise 132 escadrons; les Belges possèdent 2 régiments de chasseurs, 2 de guides, et 4 de lanciers, tandis que les Bulgares n'ont que 16 escadrons (Calu).

[2] C'est l'ancienne artillerie de forteresse, il y en a 62 bataillons à l'effectif de 1,002 hommes et de 22 officiers ; le bataillon de landwehr compte 22 officiers et 601 hommes.

[3] Cette répartition se fait de la manière suivante:

159	batteries	lourdes à 8 pièces	(canon de	9	centimètres).
26	—	légères à 8 pièces	—	8	—
10	—	à cheval à 6 pièces	—	8	—
26	—	de montagne à 4 pièces	—	7	—

Il existe cinq groupes mobiles de batteries de siège, composées chacune de 4 canons de 12 centimètres, de 2 batteries de 4 mortiers de 15 centimètres, soit 12 pièces, 81 voitures, 534 hommes, 409 chevaux.

d'artillerie de campagne[1]. Selon Th. Cahu, la Turquie a 1,116 pièces de campagne réparties en 180 batteries; en cas de mobilisation, elle aurait 252 batteries. Son artillerie de forteresse et de côtes se compose de 78 batteries.

La Belgique met en ligne 40 batteries de campagne et 48 de forteresse. L'armée italienne compte 2,400 pièces de campagne formant 264 batteries et l'armée bulgare possède seulement 192 canons ou 24 batteries.

L'unique régiment d'artillerie de l'armée régulière anglaise compte 203 batteries, mais avec la milice et les volontaires, on peut compter sur un effectif total de 800 batteries environ.

Les canons, obusiers ou mitrailleuses, employés dans les diverses armées, sont de différentes espèces; tous se chargent par la culasse et sont à tir rapide. Les canons de Bange, Krupp, Gruson, Armstrong, etc., sont respectivement en usage dans les armées françaises, serbes, allemandes, turques, russes, autrichiennes, italiennes, etc... Elles ont aussi des mitrailleuses Gattling, Gardner, Nordenfeld, Maxim, à calibre de fusil et à tir excessivement rapide.

Avec le canon Tronson, une pièce servie par un seul homme peut tirer 18 coups à la minute, tandis qu'avec deux servants, elle lance trente obus. Les canons à calibre de 37^{mm} et 57^{mm} que fabrique l'usine Gruson pour l'artillerie de campagne, n'exigent que deux

[1] Il y a 384 batteries montées et 46 batteries à cheval. L'artillerie de forteresse est complètement distincte de celle de campagne; elle doit comprendre normalement 50 bataillons à 4 compagnies réparties dans 15 places de la Russie d'Europe.

La Russie possède encore 2 équipages de siège de 400 bouches à feu et un autre de 200 bouches.

hommes pour leur maniement avec un tir de 35 coups à la minute. Leur portée est de 2,400 à 4,500 mètres; le poids du projectile varie de 450 grammes à 2 kilogr. 720.

Les mitrailleuses Nordenfelt, adoptées par l'armée austro-hongroise ont cinq canons de fusil et tirent 700 coups à la minute [1].

La portée de ces pièces et des canons de campagne ordinaires, n'égale pas à beaucoup près celle des grosses pièces de siège ou de marine. En effet, tandis que les premiers ont une portée maximum de 8 kilomètres avec les obus lourds, les autres atteignent des distances de 12, 14 et même 16 kilomètres !

L'idée de l'armement et de la guerre hante tellement les esprits qu'on ne sait qu'inventer pour perfectionner les moyens de se détruire. On finira peut-être par arriver à une telle perfection que la guerre ne sera plus possible.

Quelques puissances ont expérimenté et adopté le canon pneumatique à dynamite de Zalinski [2]. Long de 18 mètres, il pèse 35 tonnes et coûte 200,000 francs. L'obus de ce canon est en cuivre de forme cylindro-conique (aux deux bouts), a une longueur de 3^{m}, 70, pèse 400 kilos et coûte 4,000 francs. Le tir a une faible portée, mais les effets sont effrayants, car l'obus est rempli de dynamite.

D'autres inventeurs, comme M. O'Hara, ont imaginé une torpille obus bien supérieure, paraît-il, aux obus à mélinite ou à roburite. Ce projectile peut se tirer à toutes distances, comme un obus plein, il produit des explosions terribles; sa manipulation est sans danger.

[1] *Revue du Cercle militaire.*

[2] *Peuple*, 19 février.

On sait que les obus à mélinite sont dangereux. Les explosions de Belfort, etc., l'ont prouvé. Ces obus sont à parois minces, chargés de mélinite ou d'un autre explosif et produisent des effets destructifs considérables.

La puissance des explosifs que tous les gouvernements possèdent maintenant est extraordinaire. La mélinite que la France emploie pour le chargement des obus de siège, de marine et même de campagne, mélangée dans ce dernier cas à de la crésilite, a été inventée par M. Turpin sous le nom de panclastite. Cet inventeur a vendu récemment à la maison anglaise Armstrong son procédé de fabrication. Donc la France n'est pas seule à posséder la mélinite qui, toutefois, a été perfectionnée, dit-on, par nos ingénieurs des poudres et salpêtres[1]. Cet explosif serait de même nature que les picrates. Il n'explose pas sous le choc, mais sous l'effort d'une fusée. Toutefois les obus à mélinite éclatent quelquefois sans aucun motif apparent. Les recherches faites à ce sujet ont montré que l'explosion était due à la formation d'un picrate de fer produit par le contact de l'obus en acier et de la mélinite. La direction de l'artillerie a alors imaginé d'étamer l'intérieur des obus pour éviter ce contact. Les procédés d'étamage sont fort coûteux, car on n'a rien trouvé de mieux que de scier chaque obus en deux, de fileter les parois, d'étamer la cavité, et de visser ensuite les deux parties.

M. M... dont nous avons déjà parlé a proposé au ministère de la guerre un procédé plus simple et moins cher. On ne l'a pas écouté, en vertu de cet axiome que M. M... est civil et que, par suite, ce qu'il propose est moins bon que ce que fait un militaire. D'ailleurs, si l'étamage

[1] *L'Art de tuer*, 1889.

empêche la formation d'un picrate de fer, il n'empêche pas la formation d'un picrate d'étain qui explose aussi, souvent sans raison. Les propriétés destructives de la mélinite sont certes fort grandes, mais dans une guerre, nous aurons peut-être bien des mécomptes. Les obus, chargés et depuis longtemps en magasin, pourront éclater et tuer ceux qu'ils devraient protéger.

Toutes les matières explosives ont reçu des noms plus ou moins extraordinaires : roburite, bellite, silovoter, ségurite, romite, méganite, etc. [1]. Elles ressortent toutes des produits de la nitrification ou de la classe des picrates. La dynamite est maintenant presque partout abandonnée comme explosif de guerre, parce que ses effets destructifs ne peuvent être comparés par leur violence à ceux des nouveaux explosifs.

Les expériences faites à Saint-Cyr, au fort de la Malmaison, avec les navires *la Belliqueuse* en France, et *la Résistance* en Angleterre, ont prouvé que les forts ne sauraient résister à un bombardement de quelques heures.

Lors de l'explosion de chaque obus, il se produit de telles vibrations de l'air, que des pans entiers de murailles se détachent. A bord d'un navire, un obus ne contenant que quatre kilos de mélinite a suffi pour défoncer le pont, allumer des incendies, etc.

Les Allemands et les Italiens, dit-on, possèdent un explosif de même nature, dont la composition est absolument secrète. Quant aux Russes, ils ont adopté le silovoter qui aurait, dit-on, des propriétés dix fois plus puissantes que celles de la mélinite. L'Angleterre possède la panclastite ou mélinite Turpin peu différente de la nôtre.

Les poudres, en usage pour le chargement des canons,

[1] *Revista generale de Marina*, 1888.

mortiers et mitrailleuses, comme celle des fusils, ne produisent pas de fumée. Cela est ainsi du moins en France et très probablement aussi en Allemagne, Italie, Autriche.

On a pu voir par l'exposé précédent, que l'armement et les armées de toutes les nations sont analogues. Les services auxiliaires de la télégraphie, des chemins de fer, des colombiers militaires, des aréonautes, de l'intendance ne font que confirmer cette analogie.

Toutes les armées ayant le même but et les mêmes moyens ne peuvent qu'être semblables.

Le nombre considérable de fusils, de canons que cet état de préparation à la guerre nécessite, exige une quantité incroyable d'obus et de cartouches. Ainsi en moyenne un canon de campagne est approvisionné de 200 obus, shrapnels[1] et boîtes à mitraille placés dans le caisson. Les armées européennes comptant plus de 10,000 canons de campagne, cela fait au minimum 2 millions d'obus pour approvisionner, une fois seulement, les caissons de l'artillerie.

C'est donc par centaines de millions, par milliards même que l'on compte les obus et les cartouches qui sont dans les magasins militaires des divers pays de l'Europe.

La grande portée des fusils et des canons, le nombre des hommes qui seront sous les armes pendant une guerre, étendront fatalement le front des batailles. Des kilomètres entiers seront couverts de troupes. Or il importe que le généralissime, commandant l'armée, puisse rapidement être informé de tout ce qui se passe de l'aile

[1] Les shrapnels sont des obus remplis de balles. Lorsqu'ils éclatent en l'air, et ils sont disposés pour cela, ces balles sont lancées avec force, et vont porter la mort au milieu des rangs ennemis.

droite à l'aile gauche, afin de pouvoir modifier ses dispositions suivant les progrès ou les reculs de l'ennemi. Autrefois, on se servait d'estafettes portant des ordres ou des renseignements; aujourd'hui, le télégraphe et le téléphone remplacent les cavaliers.

Chaque armée européenne a maintenant des troupes spéciales pour la télégraphie, en même temps qu'il existe dans chaque bataillon d'infanterie et escadron de cavalerie quelques hommes instruits pour remplir les fonctions de télégraphistes. Il y a des voitures portant des kilomètres de fil, des piles, des appareils transmetteurs et récepteurs. Des hommes portent dans un havre-sac un télégraphe ou un téléphone réduit à sa plus simple expression.

La pose des fils n'est pas longue, la moindre aspérité un peu élevée, branche d'arbre, corniche de mur, de maison, sert de support. On les laisse même traîner sur le sol. Quelques heures de travail, et le généralissime est relié télégraphiquement ou téléphoniquement à tous ses généraux de corps d'armée et de division.

Les soldats bicyclistes ou tricyclistes et les chiens de guerre, dont toutes les armées sont munies, complètent les systèmes d'information des divers corps de troupes entre eux sur un champ de bataille.

Dans les places assiégées, on fait usage comme messagers de pigeons voyageurs. Un service spécial a été créé à cet effet en Allemagne, en France, en Russie, en Italie. Partout il existe des colombiers militaires. De même qu'en France et en Belgique, les sociétés colombophiles sont nombreuses en Allemagne; la direction des colombiers militaires est à Cologne[1].

[1] *La Science en famille*, 1888.

La station centrale des colombiers militaires russes est Brest-Litowski qui dirige les nombreux postes, dont chacun a 250 pigeons, répartis dans la Pologne et la Russie occidentale. Le service des pigeonniers militaires italiens, non encore complètement organisé, ne compte que 12 stations. En Allemagne, on s'est même préoccupé d'atteindre les pigeons ennemis et pour cela l'administration de la guerre possède des faucons dressés. D'autre part, on a cherché à protéger les pigeons et on a essayé de les munir d'un sifflet qui fait un bruit strident quand l'oiseau vole : les faucons épouvantés s'enfuient ; ou bien encore on parfume la pauvre bête avec un produit désagréable à l'oiseau de proie.

Le télégraphe optique est aussi employé dans les armées pour relier les forts entre eux, si l'ennemi venait à couper les fils aériens ou souterrains des téléphones et télégraphes électriques. Les lanternes de ces télégraphes optiques ont une grande puissance d'éclairement, les rayons sont visibles à plus de 16 kilomètres par un ciel serein.

Dans les temps actuels, la nuit même n'interrompra pas les batailles. Les diverses armées possèdent, en effet, des foyers lumineux mobiles d'une grande intensité qui, le soir, éclaireront les combattants. On voit que toutes les découvertes de la science trouvent leur application dans l'art de la guerre qui est celui de se tuer.

Pour éclairer les armées en campagne ou en bataille, on ne se contente plus maintenant de reconnaissances d'infanterie ou de cavalerie, on fait usage de ballons captifs et même de soi-disant ballons dirigeables.

Tous les pays possèdent des parcs aérostatiques composés de ballons captifs, de chariots-treuils destinés au transport des ballons ou à leur manœuvre, de chariots portant les appareils pour fournir le gaz nécessaire au gonflement. Le ballon et sa voiture-treuil pèsent environ 1,600 kilogrammes; 8 hommes suffisent pour manœuvrer le treuil et descendre le ballon avec ses trois ou quatre aéronautes[1]. La grosse difficulté consiste dans l'appareil de gonflement. Il faut en effet produire vite le gaz nécessaire et avoir des appareils légers, facilement transportables.

Des constructeurs français sont arrivés à ce résultat. MM. Lachambre et Yon ont construit des parcs aérostatiques, pour les Gouvernements russes et italiens. En Angleterre, en Allemagne et en France, ce sont les services de la guerre eux-mêmes qui font cette construction.

Le ballon captif sera-t-il d'une grande utilité en temps de guerre? Nous en doutons, car les armées seront, le plus souvent, si éloignées les unes des autres que les aéronautes ne pourront rien observer avec précision. En outre, comme ces appareils sont à une petite hauteur (100 à 400 mètres au maximum), l'ennemi pourra les atteindre avec les obus. Il a été fait des expériences en Allemagne à ce sujet, au champ de tir de Kunersdorff. Les aérostats, placés à une distance de 5 kilomètres et à une hauteur variant entre 100 et 250 mètres, ont été atteints et sont tombés sous les coups de canons chargés avec des shrapnels à fusées fusantes. Il a fallu respectivement 10 et 26 coups pour faire choir les deux ballons[2].

Ces expériences prouvent que les ballons captifs ne sont pas appelés à jouer un grand rôle dans la prochaine lutte que les classes dirigeantes déchaîneront sur les peu-

[1] *Cosmos*, 1888.

[2] *Cosmos*, 17 janvier 1887.

ples. Les ballons libres, dont il a été fait un si utile usage pendant le siège de Paris en 1870, ne peuvent servir que pour une ville assiégée ; encore ont-ils le grand inconvénient d'aller où le vent les mène, c'est-à-dire quelquefois au milieu de l'ennemi. On ne peut donc considérer ces ballons comme d'un emploi usuel au point de vue militaire.

Quant aux ballons dirigeables, nous doutons fort qu'il y ait en ce moment une armée en possédant de vraiment dignes de ce nom.

Le jour où la navigation aérienne sera véritablement découverte, le jour où les ballons pourront aller dans l'atmosphère au gré des aéronautes comme le font actuellement les vaisseaux sur les océans, ce jour-là, la guerre sera transformée. Les hommes posséderont un terrible engin de destruction, auquel rien ne pourra être opposé, si ce n'est lui-même. Pour arriver à ce résultat tant cherché et si important par ses conséquences, il faut un aérostat marchant à une vitesse absolue de 15 mètres à la seconde (54 kilomètres à l'heure). Il pourrait alors sortir à peu près par tous les temps et aller contre le vent qui ne dépasse cette vitesse que pendant les ouragans et les tempêtes. La nation qui la première aurait cet engin serait la maîtresse du monde et pourrait lui imposer sa volonté.

Comment empêcher un semblable appareil, du haut des airs où il est inaccessible, de torpiller des forts, des villes et des vaisseaux cuirassés ? Il plane à 1,000 mètres et laisse tomber des torpilles à la mélinite à l'endroit désigné. Point n'est besoin de machines pour les lancer ; la pesanteur suffit pour leur faire acquérir une vitesse et par suite une force de pénétration suffisante. Les torpilles arrivent mathématiquement à leur but, avec une déviation négligeable, et là elles éclatent détruisant tout, parapets, casemates, tourelles, canons, hommes, etc.

Quelques aérostats semblables et en peu d'instants, les villes fortifiées comme Metz, Strasbourg ou Toul sont réduites en cendres !

Les routes, les voies de fer peuvent être coupées par ces torpilleurs aériens qui défient les balles et les obus. Changeant continuellement de place, ils ne peuvent offrir un objectif aux feux de l'artillerie ou de l'infanterie. D'ailleurs, la portée des balles et des obus n'atteint que difficilement les hauteurs où ils peuvent planer et encore pour cela faut-il que le tir ait lieu perpendiculairement, ce qui le rend très incertain comme justesse. Pour combattre ces aérostats, il faudrait en posséder d'autres. C'est le seul moyen. Il résulte de là que les nations qui, comme celles de l'Europe vivent sur un pied de paix armée continuelle, ont intérêt à chercher et à avoir un véritable ballon dirigeable. La possession d'une flottille leur permettrait de détruire aisément les forts d'arrêt, les flottes et même d'aller au cœur du pays ennemi, dans les villes, porter la désolation et la ruine, sans que les habitants puissent échapper à la mort qu'ils verraient venir.

L'éclairement des armées en marche, la reconnaissance des places fortes, etc., n'est pas la mission véritable du ballon dirigeable. Elle consiste essentiellement à torpiller l'ennemi et les positions qu'il occupe.

Le jour où l'on possédera cet appareil, on aura l'engin de destruction le plus terrible qui ait jamais existé.

Maître de l'air, maître du monde !

Le torpilleur aérien aura en outre l'avantage de réduire les budgets de guerre et de marine d'une façon considérable. A quoi servira en effet la construction de forts coûtant des dizaines de millions, pour que des ballons, revenant à une centaine de mille francs, les détruisent avec une torpille en coûtant dix mille. A quoi serviront ces lourds et immenses cuirassés dont le prix s'élève à 20 millions en général, lorsqu'un aérostat, les guettant du haut des airs comme l'aigle guette sa proie, pourra les anéantir en quelques secondes? Pourquoi avoir sous les armes des millions d'hommes qui, impuissants, se verraient décimés par les torpilles aériennes? Tout cela serait inutile, aussi les dépenses nécessaires à l'entretien des innombrables troupes et de leur armement seront-elles considérablement diminuées.

La découverte réelle de la navigation aérienne produira une révolution dans l'art de la guerre.

Nul doute que cette découverte, non encore faite aujourd'hui ou du moins non encore rendue publique, mais qui le sera sûrement demain, ne soit utilisée pour la guerre. L'emploi des torpilles aériennes n'est pas plus barbare que les moyens en usage actuellement. Les effets seront plus formidables, plus rapides, moins évitables que ceux des obus, des balles et des torpilles sous-marines.

On comprend après cela l'intérêt national que les divers pays ont à posséder un ballon véritablement dirigeable. On comprend les recherches auxquelles on se livre partout, car celui qui découvrira le moyen pratique de naviguer dans l'atmosphère aura rendu à son pays un service dont la valeur ne peut être estimée.

L'Allemagne s'en est occupée sans arriver à des résultats bien sérieux quoi qu'en disent ses journaux [1]. L'Italie, l'Angleterre, la Belgique attendent, avant de se livrer

[1] *Cri du Peuple*, avril 1887. *Petit Journal*, 4 octobre 1887. *Cosmos*, 16 mars 1885.

à des essais, que l'industrie privée ait résolu le problème de la navigation aérienne. Elles attendront probablement longtemps, car les capitalistes hésitent avant de lancer leurs fonds dans de semblables projets.

La Russie s'était adressée à un constructeur français, M. Yon, pour l'exécution d'un ballon dirigeable de son système. La construction a piteusement échoué grâce à l'ignorance de cet ingénieur. Il n'a même pas fait d'essais et l'aérostat n'est pas sorti du magnifique hangar construit aux frais du Gouvernement russe. Ce ballon, d'une longueur de 60 mètres et d'une largeur de 13 au maître-couple, devait porter une machine à vapeur de 50 chevaux?! de puissance. Son cube était de 3,800 mètres et il avait pour propulseur une hélice de 12 mètres de diamètre[1]. La machine prête, tout construit, on s'aperçut qu'étant donné le cube du ballon, et le poids de tous les appareils, il ne restait que 180 kilogrammes environ pour le poids des aéronautes et de l'eau nécessaire à la machine ! Cette machine à vapeur était si bien construite que trois fois elle fut essayée et trois fois se détraqua. Ces essais infructueux valurent à la Russie une perte de près de 100,000 francs et à M. Yon la possession du hangar.

L'aérostat Yon devait marcher à une vitesse de 11 mètres à la seconde, il ne s'est même pas enlevé ! Mais fut-il sorti, il n'aurait jamais marché ainsi, sa construction reposant sur une absurdité, mécanique, comme aussi celle des ballons dirigeables du commandant Renard.

Ce n'est pas ici le lieu de faire un cours de mécanique et de résistance des fluides, mais tout individu qui a une notion de cette science sait que, pour obtenir le plus

[1] *Cosmos*, 18 juin 1887.

d'effet d'une force mécanique quelconque, il faut que les centres de traction et de résistance coïncident. Or, dans les aérostats Yon et Renard, la puissance est appliquée bien au-dessous (plusieurs mètres) de la résistance; les centres ne coïncident donc pas. De là résulte que jamais un ballon de ce système ne pourra dépasser 6 mètres de vitesse à la seconde, quelle que soit la puissance mécanique dont il fasse usage.

C'est cependant pour un si piètre résultat que le Gouvernement français dépense des millions, depuis cinq ans. Il est vrai que M. Renard est du génie, bien qu'il n'en ait pas, et que M. Krebs, son collaborateur de la première heure, était un parent de M. Hervé-Mangon, ancien ministre. Ces deux officiers ont su, avec un réel talent, appliquer les procédés actuels de réclame et faire chanter par les journaux leurs succès présents et futurs. Ils ont suivi les traces de Marcel Deprez[1], et comme lui, un jour, ils seront de l'Institut, ce refuge des faux savants remuants.

En 1884-85, MM. les capitaines Krebs et Renard faisaient des expériences à Châlais-Meudon avec leur aérostat *la France*[2]. Ils purent rentrer au point de départ cinq fois sur sept ascensions; ils ne dépassèrent jamais la vitesse de 6 mètres à la seconde ou plus exactement 5m 999, millimètres (!!), ainsi que le leur indiqua le loch[3]. Ils avaient bien soin de ne sortir que quand le vent était nul ou à peu près.

[1] Il paraît que M. Marcel Deprez est juif? En tout cas, il mérite de l'être!

[2] Il avait pour mesure : longueur 50m,10; diamètre au maître-couple 8m,10; cube environ 2,100 mètres. La puissance des piles et du moteur électrique était de 9 chevaux de 75 kilogrammètres chaque. (Conférence de M. Renard, 1886. Compte rendu du vingt-sixième exercice de la Société de secours des amis des sciences.)

[3] *Revue scientifique*, 28 novembre 1885.

L'enceinte de l'Académie des sciences retentit alors des communications du commandant Renard. Il déclara que le problème était résolu, grâce au moteur merveilleux imaginé par M. Krebs et à la pile non moins merveilleuse imaginée par lui-même. Or, le moteur Krebs s'est détraqué à la seconde expérience, et c'est la maison Gramme qui a construit et imaginé le nouveau modèle employé dans les autres ascensions. Les piles Renard ont été décrites plus tard; elles ne présentent rien d'original et de neuf [1]. Depuis, le commandant Renard a casé son frère, capitaine du génie, à l'Ecole d'aérostation de Meudon. Il construisent ensemble un gigantesque ballon dirigeable dont le moteur est une machine à vapeur de 100 chevaux de puissance [2]. Elle pèsera 300 kilogrammes !! Depuis trois ans bientôt que la Presse politique ou spéciale a annoncé cette construction, aucune expérience n'a été faite. Quand les officiers de l'Ecole de Châlais se décideront à sortir leur aérostat, nous leur prédisons un bel échec. Il est probable, pour ne pas dire certain, que jamais ils ne parviendront à construire une machine à vapeur de 100 chevaux ne pesant que 300 kilogammes [3] !

[1] Le commandant Renard a, pour ces piles, acheté des plaques d'argent platiné; il en a eu pour une vingtaine de mille francs! C'est pour rien! Le seul bénéfice que les Français en ont retiré, c'est de les voir exposées au pavillon de l'aérostation (Esplanade des Invalides), où elles font bonne figure à côté du ballon *la France*.

[2] *Cosmos*, 1886. *Figaro*, 10 septembre 1888.

[3] Ces lignes étaient écrites, quand nous avons appris que les savants officiers de Meudon avaient renoncé à leur machine à vapeur de 100 chevaux; ils auraient essayé, paraît-il, des moteurs à acide carbonique et auraient échoué, ce qui nous semble tout naturel de leur part. Ils cherchent maintenant une pile à écoulement, puissante, constante, légère et de longue durée. Nous leur souhaitons bonne chance tout en doutant qu'ils trouvent quelque

Nous nous demandons à quoi pourront bien servir des ballons, dirigeables seulement en temps calme? Quelle utilité retirera-t-on de leur emploi à la guerre ? Ils ne sont propres qu'au service d'exploration et de découverte, car ils ne pourront être utilisés comme torpilleurs aériens qu'après que leur vitesse absolue aura atteint 12 à 15 mètres par seconde.

En ne considérant leur application que pour l'éclairage de l'armée, il nous paraît peu probable que les aérostats systèmes Renard puissent rend.. les services qu'on serait en droit d'attendre d'un appareil, si prôné par son auteur et si cher à la France.

Il existe au ministère de la guerre un bureau des services aérostatiques chargé de faire étudier par une commission les inventions qu'on lui soumet. Cette commission n'étudie pas du tout, mais n'en fait pas moins des rapports.

L'histoire suivante, que nous sommes prêts à prouver pièces en mains, en est un triste exemple :

Un ingénieur mécanicien, connu déjà par d'honorables travaux, M. X...,, écrivait, en 1884, au général Campenon, Ministre de la guerre, pour lui demander de faire examiner par une commission un projet d'aérostat dirigeable. M. X... ne voulait prendre aucun brevet avant que la commission ne se fût prononcée, afin de conserver le secret pour la France, sa patrie. Le Ministre de la guerre rejeta cette demande et répondit par lettre que M. X... pouvait prendre des brevets sans aucun

chose : ce qu'ils ont déjà fait est là, malheureusement, pour nous le faire craindre.

Il est regrettable toutefois que ce soit l'argent des contribuables qui paie toutes les absurdités mécaniques ou électriques des officiers de l'Ecole de Chalais.

inconvénient [1]. Pourquoi alors faisait-on tant de bruit autour de la prétendue invention de M. Renard, déclarant *urbi et orbi* la valeur de cette découverte considérable? Mystère et administration militaire !

M. X... ne se découragea pas, et en 1886, comme Boulanger occupait au ministère la place tenue précédemment par le général Campenon, il écrivit en faisant de nouvelles propositions [2].

Elles restèrent d'abord sans réponse, et ce ne fut qu'environ deux mois plus tard que M. X..., après des démarches près du colonel Yung, chef du cabinet du ministre, et auprès du colonel Leplus, chef du 4e bureau (télégraphie militaire), obtint d'être entendu par la section technique composée du lieutenant-colonel du génie Philippe, président, et des commandants Penel [3], Renard et un autre, membres. L'audition ne fut pas longue [4]. On convint que M. Renard visiterait le modèle de l'aérostat qui ensuite serait monté au ministère pour que la section le vit fonctionner. Cette visite ainsi que l'établissement du modèle au ministère n'eurent jamais lieu. Pourquoi ?

Cependant un lieutenant du génie, M. Letonné, vint voir le modèle et entendit devant témoins, pendant à

[1] Lettre de M. X... du 22 septembre 1884. Réponse de la *Commission mixte des armes et engins de guerre*, le 10 octobre 1884. Lettre n° 109.

[2] Lettre du 16 mars 1886.

[3] Ce commandant, devant M. X.., fit remarquer au colonel Leplus que M. Renard rejetait, *de plano*, tous les projets soumis à la section technique. Le colonel Leplus dit alors que cela ne se passerait pas de même.

Hélas ! il se trompait, la suite le prouvera : le commandant Pénel fut renvoyé de la section technique quelques jours après et placé dans un régiment d'artillerie à Versailles.

[4] Elle eut lieu le 7 mai 1886.

peine un quart d'heure, les explications volontairement incomplètes que M. X... donnait sur son appareil [1].

Notre ingénieur attendait patiemment que la section technique le prévînt d'avoir à monter son modèle au ministère, quand il reçut une lettre dudit Ministre. On lui écrivait : « que le modèle du ballon dirigeable avait été examiné..... il n'a pas paru possible d'apprécier sûrement [2]... » Par qui l'examen a-t-il été fait? A qui n'a-t-il pas paru possible d'apprécier? Ce ne peut-être qu'au lieutenant du génie, puisque lui seul a vu le modèle et a eu des explications pendant un quart d'heure !

Pourquoi diable alors avoir une section technique composée d'officiers supérieurs !

M. X... est Breton et inventeur, double raison pour être entêté; aussi, un mois plus tard, nouvelle lettre au Ministre [3] demandant l'examen au deuxième degré. Le lieutenant-colonel Philippe, chef de la section technique de l'état-major général (2e subdivision, télégraphie militaire) [4] répond et a ensuite un entretien assez long avec notre inventeur [5]. C'est dans cette conversation que cet officier supérieur fit la déclaration incroyable et cependant vraie qui suit : « *La section technique ne se considère pas comme technique*, le commandant Renard est seul compétent, et dans l'examen au deuxième degré, ce sera encore lui qui sera rapporteur. »

[1] 11 mai 1886.

[2] Lettre n° 11,857, 26 mai 1886.

[3] Lettre recommandée du 20 juin 1886.

[4] Lettre n° 12,225, 26 juin 1886.

[5] Le colonel Leplus s'est vu retirer de son service tout ce qui concerne la navigation aérienne. — L'entretien en question eut lieu le 28 juin 1886.

M. X..., outré de voir M. Renard à la fois juge et partie, situation passablement anormale et contraire à tout principe de justice, relate, dans une lettre[1] au Ministre, la conversation du chef de la section technique, à qui elle est transmise et qui est furieux de voir que M. X..., n'a pas hésité à faire connaître sa compétence à ses chefs et n'a pas voulu se laisser enterrer sans protester.

Enfin quelques jours plus tard, l'inventeur reçoit une lettre du ministère[2]; il croit à l'annonce de la nomination d'une commission sérieuse. Le chef de la section technique l'invitait à se présenter devant une délégation composée de deux membres, le lieutenant-colonel Philippe et un juif, le commandant Halphen. Au jour fixé[3], M. X..., est entendu par les deux délégués pendant environ une demi-heure. Mais il était dit que, dans cette histoire, tout devait être de plus en plus fort. En effet, pendant une courte absence de M. Philippe, le commandant Halphen déclare « qu'il ignore pourquoi on l'a appelé, car il ne connaît pas la question de la navigation aérienne ». Le lieutenant-colonel Philippe décide que le rapport de M. Halphen ne sera fait qu'après qu'il aura vu lui-même le modèle fonctionner, et qu'à cet effet il ira chez M. X... Celui-ci s'en va confiant. Hélas! la visite promise n'eut jamais lieu! Pourquoi?

Enfin, dix jours après, notre ingénieur reçoit une lettre[4] dans laquelle il était dit que : « dans l'exécution matérielle de l'aérostat, M. X..., rencontrerait de grandes difficultés ». Or, ni M. le lieutenant-colonel Philippe,

[1] Lettre recommandée du 3 juillet 1886.
[2] Lettre n° 12,188, 19 juillet 1886.
[3] 21 juillet 1886.
[4] Lettre n° 12,684, 30 juillet 1886.

ni M. Halphen n'avaient vu de modèle ou de dessin de l'aérostat.

Cependant ils avaient fait des rapports comme s'ils l'avaient vu! En présence d'un semblable oubli du devoir et d'un pareil manque de parole, n'excuserait-on pas des gens qui, moins polis que nous, diraient que le lieutenant-colonel Philippe possède un honneur très élastique? L'altération de la vérité faite en connaissance de cause a toujours été considérée comme un mensonge et par conséquent comme peu honorable.

Comme M. Renard dans le premier rapport, ils avaient jugé sans voir et sans étudier. Voilà à qui l'avenir de notre pays est confié! Si les autres commissions compétentes du ministère de la guerre ressemblent à celle-là, on s'en fait une triste opinion.

Notre ingénieur cependant ne désespère pas encore. Il vit le sous-chef du cabinet du ministre, le lieutenant-colonel Peigné, à qui il expliqua toute l'affaire; mais il redemanda[1] en vain un nouvel examen sérieux, il lui fut répondu[2] qu'on avait examiné son projet.

En résumé, le lieutenant-colonel Philippe a promis : 1° le 7 mai qu'il ferait monter le modèle du ballon X..., au ministère de la guerre pour que la section technique le vît fonctionner; 2° le 20 mai, il a renouvelé sa promesse; 3° le 21 juillet, il a déclaré qu'il irait chez M. X... voir fonctionner le modèle. Or, il n'a jamais été chez l'inventeur et n'a jamais fait établir le modèle au ministère. Il tient bien ces promesses, cet officier supérieur! nous l'en félicitons.

Il y a eu deux rapports de fait par MM. Renard et

[1] Lettre du 20 août 1886.

[2] Lettre n° 198, 1er septembre 1886.

Halphen; ils sont rédigés comme si un modèle ou des dessins de l'aérostat X..., avaient été examinés par les rapporteurs. (Les lettres n° 11,857 et 12,684 en font foi.) Or, ces officiers supérieurs n'avaient jamais vu ni dessin, ni modèle; ce dernier a été seulement l'objet d'un examen extrêmement rapide, fait en présence de témoins par le lieutenant Letonné qui n'a jamais rédigé aucun rapport. Nous nous abstenons de qualifier la conduite de la section technique, de son chef le lieutenant-colonel Philippe et des rapporteurs. Nos lecteurs sont édifiés, et cela nous suffit.

Quant au projet de M. X..., il n'est pas si ridicule et est au contraire très rationnel, car un mécanicien distingué, G.-A. Hirn, correspondant de l'Institut, disait dans un rapport « qu'avec ce système on atteindrait les vitesses maximum que l'on peut raisonnablement espérer ». La section technique n'a donc aucune excuse.

Quelques mois plus tard, le fils de M. X..., remettait au Ministre lui-même[1] la relation de ce qui précède.

Puis, mis en rapport avec M. Barbe, député et ancien officier d'artillerie, il lui donnait tout un dossier[2] afin d'étudier la question et de la recommander au Ministre. Les documents remis et reçus par M. Barbe[3] se composaient de : 1° un mémoire relatant tous les faits qui s'étaient passés avec la section technique; 2° une note descriptive du système d'aérostat X..., avec dessin (croquis) au 1/100; 3° la copie de toutes les lettres échangées entre le ministre de la guerre et M. X... Trois

[1] 20 janvier 1887.

[2] 15 février 1887.

[3] Lettre de ce député accusant réception, 15 février 1887.

semaines plus tard, l'inventeur recevait de M. Barbe la lettre suivante :

CHAMBRE DES DÉPUTÉS

Paris, 7 mars 1887.

Cher Monsieur,

J'ai remis moi-même le dossier de votre affaire au Ministre de la guerre.

Je m'empresserai de vous donner connaissance des communications que voudra me faire le Ministre à propos de votre invention si digne de son attention patriotique.

Bien cordialement votre,

BARBE.

Le ministre désigna alors son sous-chef de cabinet, le lieutenant-colonel Peigné pour examiner l'aérostat X...

Cet officier supérieur s'adjoignit[1] les capitaines Krebs et Bralet.

M. X... pensait enfin toucher au but qu'il poursuivait depuis si longtemps : l'examen sérieux de son système. Il se trompait une fois de plus. Conformément à une conversation qu'il eut avec M. Peigné, il vit les capitaines Krebs et Bralet, avec lesquels il discuta longuement[2]. Ces savants? contestèrent les deux points principaux que G.-A. Hirn approuvait, et déclarèrent « que la vue du ballon X... ne serait pour eux qu'un objet de curiosité banale ne pouvant modifier en rien l'opinion émise par les commissions précédentes ».

[1] On lisait dans la lettre du colonel Peigné adressée à M. X..., en date du 13 mars 1887 : « Vous avez fait remettre dernièrement à M. le Ministre une note sur votre aérostat dirigeable. M. le Ministre me charge d'assister à vos expériences. »

[2] Lettre du capitaine Bralet, 22 mars 1887. Entretien le 25 mars.

Ces deux officiers n'ont pas de parti pris ! L'ingénieur se refusa naturellement à le leur montrer [1]. Le lieutenant-colonel Peigné le vit quelque temps après [2]. Il se montra très sympathique à l'inventeur et à l'invention, mais déclara qu'il n'avait pas étudié la question à fond. Le ministère, d'ailleurs, n'avait pas d'argent disponible, Renard consommait tous les fonds pour n'aboutir à rien. Sur ces entrefaites le temps avait marché et le ministère Boulanger était tombé.

M. X... est tenace; il recommença avec le nouveau ministre, général Ferron. Une lettre [3] dans laquelle on lui écrivait « qu'en présence des avis émis par les diverses commissions, il n'y avait pas lieu à un nouvel examen », montra à l'ingénieur que, quand les bureaux veulent enterrer une affaire, ils le font avec succès [4].

Entre temps M. X... ne trouvant pas d'appui près du ministère de la guerre, cherchait chez les particuliers les quelques milliers de francs, nécessaires pour mener à bonne fin son œuvre dans laquelle il avait et il a encore la plus entière confiance. Il n'est pas riche étant inventeur, et pour trouver les fonds qui lui étaient nécessaires, il s'adressa à la famille des d'Orléans dont tout le monde connait la richesse, à Alphonse de Rothschild et à bien d'autres. Le comte de Paris répondit qu'il ne se mettait pas dans les affaires industrielles en voie de formation, les autres membres de la famille firent des réponses ana-

[1] Lettre au colonel Peigné, 26 mars 1887.

[2] 6 avril.

[3] Lettre du 30 juin 1887. Cabinet du ministre.

[4] Les auteurs de ce livre ont entre les mains toutes les pièces justificatives du récit ci-dessus (lettres et mémoires de M. X..., lettres du Ministre de la guerre et de M. Barbe, etc.). Leur examen prouve la véracité de ce récit.

logues. Rothschild déclara qu'il ne donnerait pas même mille francs pour l'expérience ; par contre il tenait des millions à la disposition de M. X... quand l'expérience serait faite et aurait réussi. Le patriotisme du juif vaut celui du judaïsant comte de Paris, car leurs réponses sont identiques. Tous deux aiment les affaires où on fait de « betits pénéfices » sans risque.

Telle est l'histoire de M. X... et de son invention ; elle prouve que les commissions du ministère de la guerre n'ont pas la moindre idée des graves responsabilités qui leur incombent, car elles n'étudient et n'examinent rien de ce qui émane du civil. Elle prouve que le patriotisme de la bourgeoisie ne va pas jusqu'à risquer quelques milliers de francs pour donner à la France une invention qui, peut-être, lui aurait assuré une suprématie certaine sur les autres nations. Elle prouve que les capitalistes, juifs ou judaïsants, ne risquent jamais un peu de leur or pour des œuvres nouvelles et scientifiques, dont la mise au jour ferait faire un grand pas au progrès. Elle confirme ce que nous avons démontré dans le premier chapitre de ce livre, à savoir que la bourgeoisie est pourrie par son égoïsme et son amour de l'argent. Quand un fruit est gâté, il tombe ou on l'abat, il en sera bientôt ainsi de la bourgeoisie française, allemande, etc., car toutes se valent.

Dans les fournitures militaires de tous les pays, nous voyons les fournisseurs voler à qui mieux mieux, souvent avec l'appui des commissions de réception. Quant au patriotisme, ils s'en moquent ; ils gagnent de l'argent et c'est là leur but.

En Allemagne, le Gouvernement fait arrêter M. Hagemann, M. Wollank et un de ses employés, fournisseurs de l'armée[1]; ils sont prévenus de corruption d'officiers d'intendance, à qui ils avaient distribué des pots-de-vin, afin de se faire payer des sommes importantes pour des fournitures non livrées. Ces voleurs ont été condamnés à de la prison.

En France les fournitures laissent beaucoup à désirer ; le Gouvernement a payé des avances à une maison sur des matières qui n'étaient pas livrées et qui pouvaient être refusées par les commissions d'acceptation. La société la Graineterie Française, qui fournit d'avoine et de fourrages nos troupes de l'ouest et du nord, se livre à toutes sortes de fraudes que les officiers signalent quelquefois. Le journal *le XIXe Siècle*[2] a pris la spécialité de les faire connaître au public. Les avoines étrangères, inférieures dont les chevaux ne veulent point, sont vendues sous l'étiquette d'avoines françaises ; à Brest, en septembre 1888, 12 p. 100 des avoines livrées étaient d'origine étrangère. Des foins, refusés par la commission d'acceptation, passèrent de nouveau dans la proportion de 8,400 kilogs sur 40,000. Un sous-traitant de ladite graineterie livrait de la paille de seigle au lieu de paille de froment.

Dans les fournitures de fourrage, cette Société, dont le président est M. Carnot-Pauchet, gagne des sommes énormes, elle vend à l'Etat 13 francs le quintal de foin alors qu'elle l'achète 8 aux agriculteurs qu'elle ruine. Elle maquille les fournitures en mélangeant de petites quantités de foin de bonne qualité avec de grandes quantités de mauvaise. Dans une garnison du nord, on constata que par bottes de foin de 4 kilogrammes, il manquait en moyenne 1 kilog. 500. C'était et c'est bel

[1] *XIXe Siècle*, 4 janvier-23 juillet.

[2] Numéro du 20 décembre 1888 ; 11, 18 et 23 janvier ; 19 février ; 5 avril.

et bien un vol. Cependant il n'y a pas eu de poursuites Quelles compromissions cache donc cette coupable indulgence[1] ?

Si la section technique de l'aérostation n'accomplit pas son devoir comme nous l'avons montré, celle des chemins de fer fait de même. Des inventeurs, — Dieu que ces gens sont ennuyeux ! — proposèrent, il y a quelque temps, un système de wagon pour le débarquement et l'embarquement de l'artillerie en rase campagne, sans qu'il soit besoin de quais comme il en existe dans les gares[2]. Ils présentaient un modèle qui, paraît-il, fut fort admiré. Ils demandèrent au Ministre de vouloir bien leur prêter un wagon et de faire les frais minimes de la transformation; car ils n'étaient pas riches. Un refus les accueillit, et maintenant encore il est impossible d'embarquer ou de débarquer en route l'artillerie. Encore une fois, à quoi servent donc les commissions techniques ?

En Italie, les dilapidations du ministère de la guerre ont été signalées en plein Parlement, par le général Mattei[3], président du comité d'artillerie. Pour se disculper, le Gouvernement a destitué de ses fonctions, le général Mattei et l'a déféré à un conseil d'enquête.

Quant à la lumière sur les faits articulés par ce député, on l'a mise sous le boisseau. Il est fort difficile de contrôler les dépenses militaires, car l'article 4 de la loi italienne du budget de la guerre accorde au ministre le droit de ne pas faire connaître l'emploi des crédits.

[1] Au camp d'Avor, un juif, M. Lehmann, fournit aux soldats des viandes avariées qui provoquèrent de graves accidents. (Journaux d'août.)

[2] Le *Figaro*.

[3] *Intransigeant*, 4 janvier. *Peuple*, 11 janvier. *Matin*, 14 janvier.

Le ministère italien a établi des règlements pour favoriser, clandestinement, certains fournisseurs privilégiés qui s'enrichirent. Deux Napolitains, en moins de trois mois, ont gagné une fortune sur la fourniture des mulets nécessaires à l'artillerie et au train des équipages de Massaouah.

L'éditeur Voghera est, sans adjudication, chargé, à un prix élevé, du monopole de tous les travaux d'impression du ministère. Les fonds votés par le Parlement, pour la fabrication des fusils, permettaient d'en faire 1,700,000; or, tout le crédit a été dépensé et il n'y en a eu que 1,500,000. Qu'est devenu l'argent des 200,000 fusils en moins, soit environ 25 millions?

Les entrepreneurs des fortifications font des fortunes scandaleuses et cependant les ouvrages fortifiés qui défendent Rome, Messine, la route du mont Genève à Clavières, les différents passages des Alpes, etc., sont loin d'être parfaits.

En France, la ligne de forts qui va de Dunkerque à Nice, avec quelques interruptions, est complètement achevée. La défense de nos frontières est assurée, si on admet la valeur défensive des forts. En fait, avec les nouveaux projectiles explosifs, ils sont tout à fait insuffisants; si des troupes mobiles n'en défendent pas les approches, ils ne pourront résister que quelques jours, peut-être même quelques heures seulement.

Ils sont donc en réalité parfaitement inutiles, et des centaines de millions ont été employés pour rien dans ces constructions. Des expériences ont été faites pour munir les forts de tourelles et de coupoles cuirassées. Les résultats auraient été satisfaisants, car la Belgique a commandé plus de 140 tourelles en fer laminé. En France, croyons-nous, il n'y a que quelques forts de la place de Toul qui en possèdent de semblables.

Ces ouvrages sont tous armés de gros canons, munis d'obus à mélinite ou à autre explosif, et sont en communication les uns avec les autres par le télégraphe et le téléphone.

Toutes les nations ont sur leurs frontières des forts établis dans les meilleures positions possibles pour arrêter l'envahisseur. La France a ses frontières du nord, de l'est et du sud-est, protégées par des camps retranchés, créés soit en jetant autour d'une place de guerre des forts détachés, soit en groupant entre elles des villes voisines[1]. La frontière nord est garantie par la place de Dunkerque, défendue par des forts et reliée à Bergues et à Gravelines, appuyées sur des ouvrages importants. Calais prolonge la base d'opérations et est redevenue une grande place de guerre. En seconde ligne se trouve Lille avec la douzaine de forts qui l'environnent. En descendant la frontière vers le sud, on trouve le formidable ensemble d'ouvrages constituant les deux camps retranchés de Valenciennes et de Maubeuge, reliés aux villes fortifiées de Condé, du Quesnoy, de Bouchain et de Landrecies. La frontière ardennaise n'est défendue que par quelques petites villes et quelques forts comme celui de Charlemont; mais en arrière, il a été créé deux immenses camps retranchés, ceux de Laon, La Fère, Soissons et de Reims. De nombreux forts forment la défense de ces places.

Sur la frontière d'Alsace-Lorraine, nous avons établi des centres de résistance reliés entre eux par de nombreux forts; ce sont : Saint-Mihiel, Verdun, Commercy, Toul, Neufchâteau, Epinal et Belfort. Il existe deux solutions de continuité. Une entre les Ardennes et Verdun,

[1] Gaffarel. *Les Frontières françaises.*

l'autre entre Neufchâteau et Epinal. Le Jura et les Alpes sont défendus aussi par une série d'ouvrages placés dans des conditions souvent inexpugnables. Les villes de Besançon et de Lyon sont des places de guerre de premier ordre; Grenoble, Nice sont aussi très bien protégées par une ceinture de forts.

Sur les côtes de la Méditerranée, nous trouvons toute une série de puissantes positions occupées par des batteries ou des forts et protégeant Antibes, Toulon, Hyères.

Marseille, Cette et la Corse sont à peine défendues. La frontière des Pyrénées est bien protégée, mais une invasion n'est pas à craindre de ce côté.

Sur nos côtes de l'Atlantique et de la Manche, il existe près de deux cents fortins ou batteries. Cependant on peut dire que nos ports de commerce, le Havre, Nantes, Bordeaux, sont à la merci de l'ennemi; les ouvrages qui existent sont tous d'ancien modèle et ne sauraient résister à une attaque de cuirassés. Brest est le centre de résistance de toute cette ligne de défense; c'est une formidable place, reliée à Saint-Malo et à Lorient par plusieurs forts; mais ces deux dernières villes ne sont garanties que par des ouvrages anciens. Rochefort et Cherbourg complètent le système de défense de nos côtes et sont également reliés par des ouvrages, peu importants il est vrai, à Lorient et à Saint-Malo.

En résumé si nos frontières de terre de Dunkerque à Nice ont une ligne sérieuse de forts, nos côtes sont à peine protégées.

A l'intérieur, nous n'avons aucune forteresse sérieuse, aucun camp retranché, sauf celui de Paris, défendu par sa double ceinture de forts; la première formée par Vanves, Issy, Montrouge, Bicêtre, le Mont-Valérien, Aubervilliers, Vincennes, Rosny, Noisy, etc...: la seconde par Montmorency, Montlignon, Domont, Cormeilles, Ecouen, Stains, Vaujours, Chelles, Noisy-le-Grand, Villiers, Champigny, Villeneuve-Saint-Georges, Palaiseau, Saint-Cyr et le bois d'Arcy. En outre de nombreuses batteries séparées aident à l'action de tous ces forts qui forment un immense camp retranché de 35 kilomètres de diamètre.

Les Allemands ont aussi une série de positions fortifiées sur toutes les frontières de l'ouest et de l'est. Les villes de Strasbourg, Metz, Mayence, etc., sont des places de premier ordre. Les côtes sont protégées par des forts et des batteries, notamment autour de Kiel, de Willhemshaven et de Dantzig.

La Russie, l'Angleterre, la Turquie ont établi des camps retranchés pour la défense de leur territoire. Le camp retranché de Brest-Litowski s'appuyant sur une série de forts d'arrêt défend d'une invasion toute la Pologne russe. Les ports de Cronstadt, dans la mer Baltique, et de Sébastopol, dans la mer Noire, sont des places de premier ordre.

L'Angleterre est bien en retard pour la protection de ses côtes mal fortifiées et mal armées avec de vieux canons se chargeant par la bouche. La Turquie a refait presque toutes ses places fortes qui répondent aux exigences actuelles, et la Belgique fortifie Namur sur les rives de la Meuse; elle veut faire là un camp retranché. Comme nous l'avons déjà dit, elle emploie dans ses forts des tourelles cuirassées.

Ces forts ont été faits pour arrêter une invasion ennemie, et les camps retranchés pour permettre aux armées de se reformer sous la protection de leurs canons, en cas de défaite. Malheureusement, étant donné les moyens perfectionnés dont disposent les troupes, il est certain qu'ils seront vite détruits, et n'arrêteront l'ennemi que peu de temps. Il n'en est pas moins vrai que des millions ont été dépensés pour leur construction. Ils ont servi, comme en Italie, à enrichir quelques entrepreneurs, c'est leur seule utilité.

L'Europe entière a non seulement des armées de terre, mais encore des armées de mer et des flottes qui obèrent le budget des peuples. Les vaisseaux cuirassés d'escadre qui coûtent de 15 à 20 millions chaque, et ont des cuirasses de plus de 30 centimètres d'épaisseur, les croiseurs cuirassés, les torpilleurs de haute mer, les torpilleurs de côtes, les transports, les avisos cuirassés ou non, les garde-côtes, etc., remplissent les ports militaires ou sillonnent les mers.

Des canons gigantesques de 100 tonnes et plus, à grand calibre, arment les cuirassés d'escadre. Les obus chargés de mélinite, de roburite, etc., pèsent plus de 500 kilogrammes. La charge de poudre dépasse 250 kilos. Il faut des grues à vapeur pour manœuvrer ces pièces et les charger. Les canons revolvers Hochtkiss ou autres, placés dans les hunes, menacent les torpilleurs ennemis qui approcheraient de ces Léviathans modernes, forts ambulants munis d'une tourelle blindée et d'un éperon terrible, quand ces masses sont en mouvement.

Les torpilleurs, dans lesquels certains marins avaient beaucoup de confiance, ne semblent pas devoir donner de si bons résultats pour la guerre offensive. Les naufrages récents de deux torpilleurs français ont en effet prouvé que ces navires ne peuvent tenir la mer lorsqu'elle est agitée par la houle. Leur emploi s'impose près des côtes et là leur rôle sera grand; rasant la surface de l'eau, ils sont à peine visibles, et peuvent échapper aux yeux des marins qui les guettent la nuit, tandis que des foyers électriques éclairent la mer. Ils lancent la torpille Whitehead, Shwarkoff[1], ou autre projectile fusiforme rempli d'explosif qui va, avec son éperon, se coller sur la paroi du cuirassé qu'elle fait sombrer en éclatant. Une torpille de quelques milliers de francs détruit un navire qui a coûté plusieurs millions.

Il paraîtrait qu'à l'étranger le torpilleur tombe en défaveur ; il existait en Allemagne une inspection des torpilles, on vient de la supprimer ; en Italie, le conseil supérieur de la marine aurait donné l'ordre d'arrêter net toutes les commandes de bateau de ce type[2].

Depuis quelque temps des inventeurs se sont occupés de la question des bateaux sous-marins. Elle n'est pas encore résolue d'une manière satisfaisante, mais un jour prochain, l'ennemi qui attaquera le cuirassé sera tout à fait invisible, et il lui sera impossible de se défendre de ses atteintes, tandis que maintenant il peut dans une certaine mesure, avec son filet, se garantir des torpilles.

En France, MM. Zedé et Krebs (celui du ballon dirigeable) ont imaginé un bateau sous-marin en forme de fuseau, de 18 mètres de longueur, de 1 mètre 80 à son plus grand diamètre, et jaugeant 30 tonneaux. Ce bateau, *le Gymnote*, mis en mouvement par un moteur électrique (Krebs) de 55 chevaux, actionné par des accumulateurs, a été essayé à Toulon[3]. Il a échoué dans ses essais ; le bateau Krebs vaut le ballon Renard !

[1] Cette torpille, adoptée par la marine allemande, est une arme plus puissante que la torpille Whitehead. (Pene-Siefert, *La Marine en danger*.)

[2] *Moniteur industriel*, 1er août.

[3] *XIXe Siècle*, 4 janvier.

M. Goubet, ingénieur français, a obtenu de meilleurs résultats avec des bateaux en bronze jaugeant 10 tonneaux. La Russie possède déjà plusieurs de ces bateaux sous-marins qui ne peuvent encore être employés qu'à la défense des ports. Les Allemands, les Italiens ont aussi des torpilleurs sous-marins.

Les cuirassés, qui, à cause de leur masse, sont peu maniables, reviennent à des sommes très élevées. Leur armement fort cher consiste surtout en canons de 37 centimètres qui ne peuvent tirer que six coups à l'heure. De là résulte une infériorité notoire de ces gigantesques navires vis-à-vis des croiseurs légers, rapides, et d'un maniement facile. Leur prix est moindre et leur armement aussi puissant que celui des cuirassés. L'abandon et le remplacement de ces derniers par des croiseurs semblent donc s'imposer à brève échéance; ce qui nécessitera encore de nouvelles dépenses.

La France possède près de deux cents bâtiments de guerre, dont 145 seulement filent au moins 17 nœuds à l'heure. Beaucoup de ces bâtiments sont vieux et ont été complètement usés dans les expéditions du Tonkin et de Madagascar. Les navires, qui sont sur chantier, avancent lentement; cependant il serait de toute nécessité que notre flotte soit augmentée et refondue, car les projectiles actuels à la mélinite ou autre explosif ont des effets désastreux sur les cuirassés. Il faut que ces navires soient cuirassés sur toute la surface, même sur leurs œuvres mortes. La vitesse de nos bâtiments est loin d'atteindre celle de la majorité des navires anglais, italiens ou allemands; notre flotte contient de nombreuses non-valeurs et les constructions nouvelles se font lentement, car au ministère règne une incurie fort grande. Les ingénieurs des constructions navales sont très routiniers;

en outre, un grand nombre sont juifs et ont des relations *très intimes* avec les sociétés de constructions maritimes. Dans un ouvrage spécial et fort intéressant, *La Marine en danger*, M. J. Pène-Siefert, a montré tout ce qu'il y a à refaire dans notre flotte.

Dans la marine, comme dans l'armée de terre, l'intérêt de chacun l'emporte sur l'intérêt de la patrie. Le vice-amiral Krantz, ministre de la marine, a été accusé par un journal, *le XIXe Siècle* [1] de favoriser la Société des forges et chantiers de la Méditerranée au détriment de l'Etat. Cet amiral est vice-président de ladite société; il a bien donné sa démission, mais on ne l'a pas remplacé dans cette fonction qu'on lui réserve pour l'époque où il quittera le ministère. Quoi qu'il en soit, M. Krantz a usé de son influence pour faire recevoir un aviso contre torpilleur, *La Lance*, examiné et refusé par deux commissions qui le trouvaient mauvais. Cinq autres navires du même type sont sans cesse en réparation. Pour les essais de navire devant les commissions, on *dudgeonne* au vu et au su de tous, c'est-à-dire qu'on fraude pour obtenir les résultats nécessaires à la réception et qui ne peuvent plus être obtenus ensuite.

Pour armer tous ses bâtiments, la France a en temps de paix 49,000 marins et officiers et en temps de guerre 125,000 environ. On sait que tous les hommes de 18 à 50 ans, qui sont marins, doivent le service en temps de guerre et trois ans en temps de paix.

La Russie possède deux flottes dans la mer Baltique et la mer Noire [2]. Elle n'a que trois cuirassés nouveaux

[1] Numéros des 1er, 5, 15, 25 janvier ; 2 février.

[2] Elles se composent respectivement : la 1re de 8 cuirassés, 15 corvettes, 112 torpilleurs, 4 batteries cuirassées; la 2e de 3 cuirassés, 2 batteries cuirassées. 30 torpilleurs et 12 croiseurs. (Th. Cahu. *L'Europe en armes.*)

modèles, les autres ne peuvent lutter avantageusement contre les bâtiments français ou anglais.

Sur les 180 bâtiments qu'a cette puissance, il n'y en a que 32 filant 17 nœuds à l'heure, tandis que l'Angleterre [1] en possède 160, l'Allemagne 101, l'Italie 121, et l'Autriche [2] 42.

La flotte italienne est remarquable par le nombre et la qualité de ses bâtiments [3]. C'est elle qui a les plus gros cuirassés comme le *Re Umberto*, qui a coûté 27 millions, le *Doria*, etc... La marine italienne, nombreuse, bien armée, douée d'une vitesse généralement grande, est une des premières de l'Europe; l'Angleterre et la France seules l'emportent. D'ailleurs, le ministre Crispi donne tous ses soins à la marine et ne lui ménage pas l'argent [4].

La flotte anglaise est la première de l'Europe. Bien que quelques-uns de ses bâtiments soient de vieux modèles et que l'armement laisse à désirer, elle n'en a pas moins une supériorité incontestable sur toutes les marines européennes.

La marine turque est peu redoutable, car en fait elle n'existe plus que sur le papier [5]. L'argent manque pour la maintenir en bon état.

[1] La flotte anglaise comprend 52 cuirassés, 69 croiseurs, 27 sloops, 18 avisos, 81 canonnières, etc. (Pène-Siefert.)

[2] Cette puissance possède 10 bâtiments d'escadre, 12 croiseurs torpilleurs, 23 torpilleurs de 1re classe, 20 de seconde et 8 de 3e, 3 avisos, 4 bâtiments de transport, 2 canonnières de rivière. (Th. Cahu.)

[3] On compte 18 cuirassés de 1er rang, 16 de 2e, 9 avisos, 17 canonnières, 106 torpilleurs. (Th. Cahu.)

[4] Le budget de la marine de l'exercice 1889 s'élève à 151,588,833 fr. (Th. Cahu.)

[5] Elle comprend 17 cuirassés, 10 avisos, 12 transports et quelques torpilleurs. (Cahu.)

L'Allemagne a une flotte qui, tout en n'ayant pas la valeur de la nôtre, surtout au point de vue des équipages, jouit d'une bonne renommée et est capable de tenir tête à la flotte française. La vitesse de ses bâtiments est plus grande que celle des nôtres [1].

Les tripotages se font dans la marine allemande comme dans toutes les autres. On a pu lire en effet, dans les journaux de juillet, qu'un ingénieur en chef des constructions navales avait été arrêté à Kiel pour concussion. Il en a été de même d'un secrétaire de bureau des chantiers. D'autres arrestations ont été faites dans les principales villes d'Allemagne. Un des personnages compromis et arrêté s'est suicidé en s'entr'ouvrant les veines.

On sait aussi ce que valent les administrations de marines russe et turque. L'Angleterre est la première nation maritime de l'Europe. Ensuite viennent la France, l'Italie, l'Allemagne, la Russie et l'Autriche. Si les flottes combinées de la France et de la Russie avaient à combattre contre celles de la triple alliance, jointes à la flotte anglaise, leur infériorité serait notoire quoique les équipages et les officiers français soient sans contredit les meilleurs de tous.

En résumé, l'Europe entière est en armes. Elle vit sur un pied de paix qui chaque année absorbe des centaines de millions pour la préparation à la guerre. La ruine ou la faillite sont au bout de cette route dans laquelle les nations sont poussées par les classes dirigeantes de tous les pays.

[1] La flotte allemande comprend 13 cuirassés d'escadre, 11 canonnières cuirassées, 8 croiseurs frégates, 7 croiseurs, 150 torpilleurs. (J. Pène-Siefert.)

Le budget de l'exercice 1889-90 s'élève à 13 millions de francs. (*Freisinnige Zeitung.*)

L'armement est sensiblement le même dans toute l'Europe ; très perfectionné, s'améliorant chaque jour, il laisse peu de place à la valeur personnelle.

L'esprit mercantile de la race bourgeoise et juive existe tout autant dans l'armée que dans le commerce et l'industrie ; c'est lui qui donne naissance à ces dilapidations, à ces vols que quelques individus ou quelques journaux signalent de temps à autre.

La société actuelle conduite par des dirigeants égoïstes aussi bien civils que militaires est pourrie. Elle ne tient plus debout que par un miracle d'équilibre, elle tombera avant peu. C'est « *la fin d'un monde* », ainsi que nous l'a fort bien démontré Drumont dans son dernier livre.

CONCLUSIONS

Dans l'Europe entière que nous avons seule examinée dans cette étude sociale, il y a donc deux classes bien distinctes, ayant des intérêts contraires et qu'un abîme sépare : la classe riche et la classe pauvre.

La première n'a qu'une base, l'argent. Noblesse et bourgeoisie se courbent devant cette puissance; le maître tout-puissant de l'Europe est un métal, l'or.

S'enrichir est pour l'homme le but suprême, la vie est si courte qu'il faut se la faire bonne. Jouir et posséder à tout prix est le cri de ralliement poussé des bords de la Tamise au Tibre, des rives de la Seine à celles de la Sprée.

Il résulte de cet appétit de jouissances et de propriété une démoralisation absolue, profondément décourageante pour l'observateur et le sociologue ; le *moi* féroce et lâche domine tout d'une telle hauteur que les plus intelligents, les plus indépendants quelquefois se courbent sous sa domination; son arme unique, mais invincible est l'or, avec lui les consciences s'achètent comme des marchandises ayant cours.

L'homme étant un animal sociable a créé des associations où les riches s'entendent pour exploiter la masse pauvre; cette organisation, comparable à une armée, comprend des troupes, des officiers et un état-major : les premières représentées par les petits commerçants, industriels, employés, etc., inintelligents par égoïsme, ne s'aperçoivent pas qu'on se sert d'eux-mêmes contre leurs intérêts : les officiers subalternes sont recrutés parmi le bas clergé et la petite magistrature; les officiers supérieurs parmi les politiciens, publicistes ou gens de lettres, les gros industriels et commerçants, la magistrature, le haut clergé, etc.

L'état-major peu nombreux mais puissant dirige tout, fait marcher les fils de la tragédie qui se joue sur la scène du monde, c'est en un mot la Haute Finance.

Autocratie la plus absolue qui ait jamais existé, cette finance fait la guerre ou signe la paix; tout se courbe devant elle et lui obéit : empereurs ou rois, tzar ou sultans, présidents de République ou pape.

Maîtresse du monde par son or, elle égare l'opinion publique par sa Presse avilie, élève sur un pavois les hommes dont elle a besoin et abaisse ceux qu'elle peut craindre en achetant leur entourage, tire profit enfin de tous les incidents, soutenant ici les radicaux, là les réactionnaires, ailleurs les libéraux, voire même les socialistes.

En Russie comme en France, en Allemagne comme en Italie, en Autriche comme en Angleterre, la finance règne partout poursuivant sans relâche le même but : l'accaparement des richesses foncières, mobilières et immobilières qui lui assurera l'empire du monde.

L'état de choses d'aujourd'hui est pire que celui d'il y a cent ans.

Les barons de la finance ont remplacé les marquis d'autrefois. Si les rois n'existent plus de nom, il y a les milliardaires de fait et aussi puissants que les rois d'hier, ils peuvent enfreindre les lois sans courir aucun risque.

Nous sommes arrivés à un point tel que ce n'est plus le voleur qu'on arrête, c'est celui qui crie « au voleur », quelquefois même celui qui a été volé; l'autre, on l'honore et on le décore.

Actuellement trois mots à peu près synonymes résument toutes les plaies de notre société : financiers, voleurs et Juifs.

L'histoire accolera sans doute le nom de Cartouche à celui de Rothschild, mais si quelqu'un avait à s'en plaindre, ce ne serait certainement pas le dernier!

Ces voleurs hypocrites de la finance n'ont même pas le courage des maltôtiers et des bandits de grand chemin, qui, l'estoc à la main, arrachaient une obole en risquant leur vie.

Les gains sont plus lucratifs aujourd'hui et les petits tripotages s'opèrent tranquillement dans les bureaux.

Notre Société agonise, rongée par un mal que l'on n'a osé signaler que depuis bien peu de temps, et ces Juifs, financiers hébraïsants, députés et ministres agioteurs, sont comparables à des milliers de sangsues attachées au flanc des nations.

La solidarité est ignorée de tous ces bourgeois formant l'association dont nous venons de parler plus haut; aussi un économiste, J.-B. Say, a osé dire : « A parler « rigoureusement, la société ne doit aucun secours, « aucun moyen de subsistance à ses membres. »

Un autre, Malthus, prétend que « l'homme qui naît « dans un monde déjà occupé, si sa famille n'a pas le « moyen de le nourrir, ou si la société n'a pas besoin « de son travail, cet homme n'a pas le moindre droit à « réclamer une portion quelconque de nourriture, il est « réellement de trop sur la terre ».

Un troisième enfin, Thiers, le massacreur de Transnonnain et de mai 1871, déclarait que la misère était la condition inévitable d'une certaine classe d'individus, dans le plan général des choses et que la société actuelle, reposant sur les bases les plus justes, ne pouvait être améliorée[1]!

En vérité, on reste stupéfait devant un semblable égoïsme qui n'est compréhensible qu'en admettant une complète altération du sens moral de toute la classe bourgeoise représentée par ces sophistes.

Ils semblent ignorer que le bien-être de chacun doit être en proportion du concours qu'il apporte à l'œuvre sociale, que le travail est un devoir pour tous et que celui qui ne travaille pas nuit à autrui.

Ils ne veulent point comprendre que c'est une Société reposant sur des bases fausses qu'une Société dans laquelle il en est qui jouissent sans travailler, qui travaillent sans avoir jamais l'espérance de jouir, qui passent leur vie dans la misère, tandis que d'autres la passent dans l'opulence, et qui ont toutes les charges sans avoir aucun droit.

Cette égoïsme monstrueux de la classe dirigeante se retrouve inconscient et bête parmi un grand nombre de salariés qui deviennent alors les alliés de leurs pires ennemis, de ceux qui les font travailler pour vivre eux-mêmes de leur travail ; c'est l'éternelle histoire de l'esclave se liguant avec son maître contre d'autres esclaves comme lui, des grévistes reprenant le travail et dénonçant les meneurs aux patrons.

Ces individualités qui ne considèrent que le temps présent sont des jouisseurs aussi dans leur sphère d'action ; ils

[1] Cité par Letourneau in *Evolution de la morale.*

ne s'occupent que d'eux et quelquefois des leurs. Pourquoi aider ses semblables ? disent-ils, m'a-t-on aidé, moi, qui me suis fait tout seul ? si je suis à l'aise c'est que j'ai travaillé ; que les autres en fassent autant. La vie est courte, jouissons vite !

Ce qu'ils n'ajoutent pas, c'est que souvent ce travail consistait à vendre des épices falsifiées et des draps fraudés ; souvent aussi à utiliser le génie, l'intelligence ou le travail d'une masse de gens leur coûtant moins qu'ils ne leur rapportaient.

Les insensés ne s'aperçoivent pas que si courte, soit-elle, la vie est encore longue pour celui qui ne s'occupe que de ses plaisirs et ignore ses devoirs. Mais la solidarité, la fraternité, le devoir, disent-ils, qu'est-ce que c'est donc que ces mots dont la signification est incompréhensible ?

Celui qui aura lu les pages précédentes, avec la même impartialité que celle qui nous a guidé en les écrivant, sera certes écœuré des quelques tripotages que nous avons cités ! Mais combien d'autres sont ignorés, combien d'avérés ne peuvent être répétés et publiés. Il faudrait des volumes entiers pour établir le bilan de la classe dirigeante de l'Oural à l'Atlantique, de l'Océan glacial à la Méditerranée.

Les possédants de tous les pays se figurent que la propriété est sacrée, mais ils oublient que la propriété individuelle a pour origine unique le vol et il suffit d'étudier l'évolution de la propriété pour voir le fait prouvé d'une façon irréfutable. Elle est d'organisation sociale et comme telle modifiable, si la Société en décide ainsi, sans pour cela attenter au Droit, le Droit n'étant que l'ordination des décisions de la Société.

Voilà ce que comprennent difficilement les amateurs nombreux et utilitaires du *statu quo.* La Société existe comme cela, donc c'est bien, tel est le raisonnement de ces gens, valets par l'esprit qu'ils ont, maîtres par l'or qu'ils possèdent.

Signalons en passant cependant quelques exceptions, trop rares, de dirigeants bourgeois que la gangrène n'a pas envahis et qui se trouvent révoltés instinctivement ou rationnellement par les iniquités, qui chaque jour, se commettent impunément.

Ils abandonnent alors leur classe pour prendre en mains la défense des prolétaires.

Cette évolution de certains esprits est notable dans toute l'Europe et s'accentue d'autant plus que la misère s'accroît.

Nous en trouvons la preuve[1] dans les mouvements agraires d'Irlande et de Russie; les troubles antisémitiques d'Algérie et de Roumanie; les grèves de France, d'Allemagne, d'Italie et d'Angleterre.

[1] Une autre preuve en est dans ce fait qu'aux élections législatives de 1889, les Parisiens ont pu voir afficher sur les murs de Paris *le Manifeste du Comité de la Ligue Nationale antisémitique de France*, la profession de foi d'un antijuif M. A.-E. Badaire, publiciste, candidat dans le XVIIIe arrondissement, et la proclamation antisémite de M. A. Willette, le directeur du *Pierrot*.

Voici des extraits du Manifeste :

Français,

. . . .

Les chefs conservateurs sont implacables pour le Français pauvre que la faim pousse à voler un pain; ils sont pleins de respect pour le baron juif allemand élégamment vêtu qui a volé des millions. . . . .

..... Notre patrie est asservie à une bande de Cosmopolites. C'est Bamberger, Juif prussien, ancien secrétaire de Bleichrœder, lequel est l'associé de Rothschild et l'homme à tout faire de Bismarck, qui achète l'usine Cail et jette nos ouvriers sur le pavé. C'est. . . . .

Les congrès ouvriers, agraires, socialistes et antisémitiques se succèdent pour ainsi dire sans interruption ; les publications sociales et antijuives ont un grand et légitime succès : les meetings et les réunions publiques ont de jour en jour plus d'adhérents.

La plèbe européenne se soulève de toutes parts. Les paysans irlandais résistent par la force aux policiers des Landlords ; les paysans russes brûlent les récoltes et incendient les maisons des nobles propriétaires fonciers ; les Italiens, chez lesquels la misère est arrivée à un état extrême, pillent les usines qui ne leur donnent plus de quoi vivre : en Allemagne, en France, en Angleterre l'état n'est pas encore aussi aigu et les désordres par conséquent sont moins grands, mais le mal s'accroît chaque jour et par suite les désordres vont s'accentuant.

Le prolétariat de toutes les nations, campagnard ou

Notre programme est un retour aux principes de toute justice, aux règles les plus élémentaires du sens commun. Et si nous demandons la convocation d'une Chambre de Justice, chargée de vérifier l'origine de certaines fortunes scandaleuses... et de faire rendre gorge à ceux qui ont volé, nous ne faisons qu'indiquer à la France, ce qu'il lui importe de faire si elle veut vivre.

. . . .

Le Président du Comité,
ÉDOUARD DRUMONT.

Le Secrétaire,
J.-E. MILLOT,
ouvrier socialiste.

Le Délégué général,
Jacques DE BIEZ.

Voici des extraits de l'affiche de M. A.-E. Badaire :

AUX ÉLECTEURS DE MONTMARTRE

La Campagne Antijuive à Paris

« Le Juif n'a pas de Patrie. »
Signé : Général HOCHE.

Le nombre des Parisiens, ayant les Juifs en horreur, est légion,

urbain, prépare le mouvement social qui aura lieu inévitablement d'ici à peu d'années, peut-être même à peu de mois, et qui aura pour résultat de modifier profondément la Société, de la base au sommet, par une Evolution complète.

Le mot Société implique absolument l'idée de solidarité entre ses membres ; chaque composant ayant des devoirs et des droits aussi sacrés les uns que les autres, il est évidemment injuste qu'ils ne soient pas équivalents. C'est cependant ce qui arrive dans la Société actuelle où les uns ont tous les droits tandis que d'autres ont tous les devoirs.

Une Société reposant sur des bases aussi fausses ne peut continuer à vivre et marche fatalement vers la décadence, l'agonie et la fin; comme tous les organismes vivants, elle lutte pour la vie, mais se débat en vain dans les affres de la mort qui la guette.

mais, jusqu'à présent, ils ne s'étaient pas *groupés*. Certains d'entre eux osaient à peine avouer le dégoût et le mépris que leur inspirent les Juifs. . . . .

Les fonctionnaires juifs ne prennent pas les intérêts de la France, ils prennent uniquement ceux de leurs coreligionnaires. Les Juifs que l'on a nommés fonctionnaires français en Algérie ont ruiné ce pays. . . . .

Nous voulons et nous devons être gouvernés et administrés par des hommes de notre race, par de *vrais* Français, issus de familles françaises et catholiques, parce que la plupart des Français sont catholiques. Nous ne voulons pas dire, par là, qu'il faille être catholique *pratiquant*, nous estimons qu'il faut appartenir *à la race dominante*. Ce principe est d'accord avec celui de la suprématie des majorités. Cela suffirait pour que les Français ne permissent pas aux Juifs de les administrer et, surtout, de les gouverner. Mais il y a encore d'autres raisons à cela. Elles résident dans l'essence même de la *race* juive, qui est *malfaisante*. De là le mouvement antijuif qui se produit dans tous les pays de l'Europe.

..... Ils (les Juifs) s'efforcent de faire croire que les peuples en veulent aux Juifs à cause de leur croyance, tandis que partout on abhorre le Juif uniquement parce qu'il est la négation de toute

Quelques propagateurs des idées nouvelles ont essayé de mettre hardiment la hache dans l'édifice social vermoulu que nous habitons et qui craque de toutes parts, de crier casse-cou aux dirigeants qui ont des yeux pour ne point voir et des oreilles pour ne pas entendre. Peines perdues, Drumont, Chirac, Benoit-Malon, etc., semblent prêcher dans un désert; les gémissements des meurt-de faim de la glèbe et de l'atelier n'arrivent pas jusqu'en haut et cependant le monde bourgeois de 1889 tremble sur sa base comme cent ans avant tremblait le monde noble!

Etant donné le désir inconscient que possèdent les masses de se servir de la force brutale d'une part; de l'autre, l'opposition de la classe dirigeante à toute Evolution pacifique, et l'augmentation de l'exploitation générale par cette même classe, il est à craindre que le changement de la Société n'arrive à s'accomplir que par une

idée noble et généreuse; parce que sa nature le fait le parasite de l'humanité.................................

Les Juifs, en général, et les Rothschild en particulier, sont cause de tous les désastres financiers, dont ils ont toujours profité. Cela n'est pas seulement vrai en France, mais dans tous les pays du monde, en Autriche par exemple, où les antisémites viennent de triompher aux élections municipales. Partout, on est las de la doctrine du laisser faire et laisser passer, à laquelle la bande juive doit l'impunité de ses exactions.............

Les Juifs prêchent l'égalité, le cosmopolitisme, la libre-pensée; ils exigent des Chrétiens que ceux-ci ne fassent aucune différence entre les citoyens des différentes races, mais eux, les Juifs, ils donnent toujours la préférence aux individus de leur race, et n'emploient des Chrétiens que quand ils ne peuvent pas faire autrement. Nous avons connu un Juif franc-maçon qui, en Loge, fulminait contre les « cléricaux » et les « réactionnaires » qui ne veulent pas prendre d'employés « libres-penseurs »; or ce même Juif n'a jamais employé que des Juifs. Il tenait un hôtel. Pour les Juifs, la pension était de cinq francs, pour les Chrétiens, de quinze francs par jour. — Et nous, imbéciles, nous nous sommes laissé endoctriner par ces fourbes, et nous en sommes arrivés à nous persuader à nous-mêmes qu'il serait injuste, honteux, barbare de

Révolution terrible liquidant dans le sang la situation fort obérée du Monde.

Drumont, Chirac l'ont prédite avant nous et peu de mois peut-être nous en séparent.

Que sera cette nouvelle Révolution? plus terrible certainement que les précédentes. Le sang coulera à flots, celui du peuple se mêlera à celui du riche et la tombe enfermera pêle-mêle exploiteurs et exploités !

En publiant ce livre où nous cherchons à démontrer les lâchetés des dirigeants, la cupidité des financiers, les exactions et les hontes qui s'accumulent sur notre Société, nous serons peut-être accusés par quelques-uns d'excitation à la Révolution.

Nous tenons à répondre à l'avance, que nous ne sommes pas partisans d'une Révolution, cataclysme épouvantable dans lequel le sang de l'innocent vient se mêler à celui du coupable.

Si cette Révolution pouvait s'accomplir sans effusion de sang; si elle pouvait se transformer en une Evolution ;

faire une différence entre Juifs et Chrétiens. Nous sommes comparables à des soldats que l'ennemi persuaderait de jeter leurs armes, alors que lui conserverait les siennes. Non, réellement, nous avons été trop bêtes. Il faut que cela finisse. . . . .

Nous ne sommes pas des utopistes, et nous ne demanderons pas l'impossible. Nous ne voulons pas non plus pousser à des violences ni à des illégalités. Mais, nous tous, antijuifs de France, nous demanderons aux hommes que nous enverrons au Parlement de *s'opposer avec la plus grande énergie à la nomination de Juifs à des fonctions publiques*, parce que cette nomination est contraire au principe de la *majorité*. Quant aux autres moyens légaux à employer pour détruire l'influence des Juifs en France, ils sont innombrables; ne pas prendre d'employés de race juive; ne rien acheter à des Juifs; ne pas recevoir de Juifs dans son intimité; mais avant tout, et surtout, *ne pas élire de députés ni de conseillers municipaux de race juive ou compromis avec les Juifs*. Nous ne voulons ni massacrer ni chasser les Juifs, nous voulons simplement les empêcher de nuire.

si le peuple, au lieu de faire le coup de feu derrière les barricades, pouvait s'ériger en tribunal souverain à la barre duquel viendraient comparaître les accusés, certes cela vaudrait mieux.

Mais, hélas ! lorsque le peuple sera déchaîné, lorsque après avoir souffert pendant de longues années, il se précipitera tout à coup ivre d'une juste fureur et rouge de sang, qui pourrait se charger de l'arrêter ?

Peut-on opposer une digue aux torrents d'un fleuve grossi par les pluies d'hiver et qui se précipite dans les campagnes en ravageant tout sur son passage ?

Non. Et le peuple ne s'arrêtera que de lui-même, lassé de carnage et voyant les victimes joncher le sol autour de lui.

. . . .

En résumé, nous désirons ardemment une Evolution sociale et pacifique, absolument indispensable, vu l'état aigu de l'ordre de choses actuel; mais, dût cette transformation inévitable n'arriver qu'à la suite d'une Révolution dont nul ne saurait prévoir les terribles conséquences, nous la préférerions au *statu quo*. Le principal est d'arriver avant tout au but poursuivi : le CHANGEMENT RADICAL DE CETTE SOCIÉTÉ CONDAMNÉE.

INDEX ALPHABÉTIQUE

DES NOMS CITÉS

C

D

I

J

K

L

N

O

P

Q

R

S

T

U

V

W

X

Y

Z

TABLE DES MATIÈRES

CHAPITRE II

CHAPITRE III

CHAPITRE IV

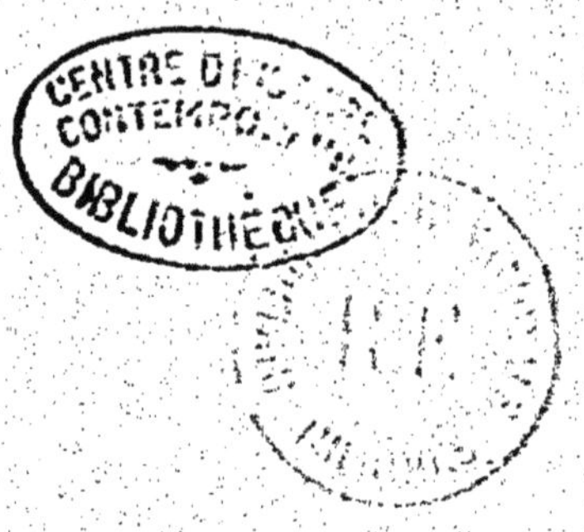

ÉVREUX, IMPRIMERIE DE CH. HÉRISSEY

www.ingramcontent.com/pod-product-compliance
Ingram Content Group UK Ltd.
Pitfield, Milton Keynes, MK11 3LW, UK
UKHW021101220726
13924UKWH00005B/2190

9 782019 925352